La Guerre des Amériques

Claire Meynial

La Guerre des Amériques

PLON
www.plon.fr

Toutes les interviews réalisées ont fait l'objet de reportages filmés et enregistrés.

92, avenue de France
75013 Paris
Tél. : 01 44 16 09 00
Fax : 01 44 16 09 01
www.plon.fr
www.lisez.com

Dépôt légal : octobre 2024
ISBN : 978-2-259-32022-1
Mise en pages : Nord Compo

Introduction

Le jour où tout a commencé

Le ciel est gris sur Washington. L'air a l'odeur métallique des jours où la neige hésite. Il est 8 h 49 et les lampadaires sont encore allumés, près de la Maison-Blanche. Sur mon téléphone, j'ai entré la direction « Ellipse grounds », à vingt-et-une minutes à pied de mon hôtel. C'était inutile. Il suffit de suivre les banderoles et les casquettes rouges. Devant moi, un homme porte un drapeau américain dont les étoiles sont remplacées par le chiffre 76, allusion à la déclaration d'indépendance des États-Unis, en 1776. Nous sommes le 6 janvier 2021 et les partisans de Donald Trump, qui doit parler dans l'Ellipse, un parc bordant la Maison-Blanche, pensent qu'ils sont en guerre. Ils pensent que ce sont eux, les nouveaux patriotes. J'ai vu ces drapeaux, entendu ces slogans mille fois. Depuis des mois, je descends au Washington Plaza, près de Dupont Circle, un hôtel prisé en été en raison de sa grande piscine. Jackie Kennedy y fuyait la touffeur de la capitale. Mais il est resté figé dans les années 1960, avec ses baignoires tachées et sa moquette aux cercles beiges et marron. L'hiver, les prix dégringolent. Ces derniers mois, les chambres sur l'arrière étaient à 73 dollars.

Mais en ces temps où le Covid a mis la planète sur pause, toute manifestation de Trump est une manne pour les hôteliers. Hier soir, la moindre chambre était à 300 dollars. Le hall est plein de fans de Trump coiffés de casquettes Maga, acronyme de *Make America Great Again* (« Rendez sa grandeur à l'Amérique »). Le président républicain Ronald Reagan, le premier, a utilisé ce slogan lors de sa campagne, en 1980, mais Trump se l'est attribué, au point que les initiales sont devenues un substantif et un adjectif synonymes de trumpiste. Je sais ce qu'ils vont me répondre, je me demande si j'ai eu raison de venir.

J'ai atterri hier soir, dans un avion aux passagers doublement masqués. Trump a perdu l'élection présidentielle le 5 novembre 2020 et refusé de reconnaître sa défaite. Cela fait des semaines qu'il a lancé des recours en justice et des recomptages par État, qui ne font que confirmer la victoire du démocrate Joe Biden. Le 18 décembre, sur Twitter, il a posté un article du journal conservateur *The Washington Examiner* qui a interviewé l'un de ses conseillers : « Peter Navarro a sorti un rapport de 36 pages qui affirme que la fraude électorale est "plus que suffisante" pour attribuer la victoire à Trump. Un super rapport de Peter. Statistiquement impossible d'avoir perdu l'élection de 2020. Grosse manif à D.C. le 6 janvier. Soyez là, ça va être dingue ! »

Covid et rage politique

Je ne vis pas encore aux États-Unis, je fais des allers-retours avec la France depuis septembre. Les frontières ont fermé le 23 mars 2020 pour « limiter la propagation du coronavirus », selon le Département de la Sécurité nationale. Début mars, j'étais en reportage sur l'île de Lesbos, en Grèce, dans un camp de réfugiés qui débordait parce que Recep Erdogan, le président de la Turquie, avait cessé de les arrêter. J'y ai attrapé un vilain Covid, qui m'a ensuite permis de me porter volontaire pour ce qui s'est révélé l'une des années les plus denses de ma vie de reporter pour *Le Point*. Ce virus ne pouvait pas être pire qu'Ebola, que j'avais couvert au Liberia en 2014. Six ans plus tard, 2020 m'a offert le silence des halls gigantesques d'aéroports fantômes, le confort coupable des rangs vides dans les avions et les contrastes de coins de la planète où le Covid agissait comme un révélateur. En Suède, j'ai découvert la confiance des citoyens envers un gouvernement qui ne faisait rien comme les autres. Au Danemark, j'ai vu la réouverture maîtrisée des écoles. En Grèce, j'ai arpenté les allées de Santorin aussi désertes qu'un parc d'attractions fermé. Au Brésil, j'ai consolé une jeune femme dans la terre rouge d'un cimetière qui ne cessait de s'étendre dans la forêt amazonienne, et salué les gangs armés de kalachnikovs à l'entrée des favelas qui s'organisaient contre la maladie. Aux États-Unis, le pays était frappé de schizophrénie, entre les États « bleus », démocrates, calfeutrés, terrifiés, et les États « rouges », républicains, où l'on refusait masques, confinements et vaccins au nom de la liberté. Le Covid a servi de fuel à la rage politique. Ce 6 janvier 2021 est une vague de rouge dans le bleu, d'habitants d'États républicains dans une capitale fédérale qui a voté à 92 % pour Joe Biden. Même San Francisco, ville ultra-démocrate de Californie, est derrière, avec 85 %. Washington se sent assiégée. Les rues, les hôtels, les quelques restaurants ouverts sont envahis par des partisans de Trump venus du Texas, de Floride ou de Pennsylvanie, non masqués.

Depuis mars 2020, pour entrer, il faut obtenir une « National Interest Exception », qu'on attend entre quatre jours et… six semaines. Fin décembre, à mon retour en France, je l'ai redemandée. J'ai quitté mes montagnes bien-aimées de Chamonix le 3 janvier au soir, au cas où. Le lendemain soir, la NIE tombait dans ma boîte mail et j'ai sauté dans l'avion le 5 janvier. Le 6 au matin, je suis en décalage horaire, j'ai froid, je n'ai rien mangé d'autre que les Petit-Beurre de l'avion depuis le déjeuner de la veille, et je me demande ce que je fais là. Le journal veut un article sur New York, je n'ai rien préparé parce que je pressens que ce jour à Washington sera important. Ou pas ?

Les drapeaux du 6 janvier

Devant le Washington Monument, symbole de la ville qui ressemble à un obélisque, les vendeurs MAGA se sont adaptés au climat, avec bonnets, écharpes et gants. Un homme propose un tee-shirt « Biden craint ["*sucks*", littéralement “suce”], Kamala [Harris, sa vice-présidente] avale ». La foule s’amasse, hérissée de drapeaux. Il y a Donald Trump en Rambo, avec son bandeau sur le front, ses biceps aux veines saillantes et son lance-roquettes, avec le slogan : « Aucun homme, aucune femme, aucun commie [communiste] ne peut l’arrêter. » Il y a le drapeau blanc orné d’une arme, avec l’injonction « *Come and take it* » (« Essayez de nous le prendre »), lancée par des soldats du Texas aux forces mexicaines qui voulaient saisir leur canon, lors de la bataille de Gonzales, en 1835. Il y a le drapeau de Gadsden, un crotale dressé, sur fond jaune, qui prévient : « *Don’t tread on me* » (« Ne me marche pas dessus »). Dessiné par un brigadier indépendantiste en 1775, pendant la révolution contre les Anglais, c’est devenu un symbole libertarien de défiance envers le gouvernement.

Dans la file d’attente, les participants s’interpellent entre les chicanes. « Mec, t’es pas noir ! » lance un Afro-Américain à un autre. « Hein ? Je comprends pas les blagues racistes. » La foule baisse les yeux. Les partisans de Trump répètent qu’ils ne sont pas racistes, même s’ils sont en majorité blancs et que Trump a notamment gagné, en 2016, en insultant les immigrés mexicains. « Je veux dire, Biden a dit que toi et moi, on n’existait pas, que Trump n’avait pas d’électeurs noirs », hurle le premier. Tout le monde rit. En mai, le candidat démocrate a déclaré à Charlamagne tha God, dans son émission *The Breakfast Club* : « Je vais vous dire, si vous avez du mal à savoir si vous êtes pour moi ou pour Trump, vous n’êtes pas noir. » Trump et ses partisans ont traité Biden de raciste niant aux Noirs tout libre arbitre, comme s'ils étaient prisonniers de leur lien historique avec le Parti démocrate qui s'est battu pour leurs droits civiques. Un instant, la foule oublie les 4 degrés. Je sautille avec elle pendant deux heures et demie, tentant d'identifier sur les écrans géants les orateurs qui, comme toujours, comblent l'attente avant Trump. Mo Brooks, représentant de l'Alabama, harangue la foule : « Aujourd'hui est le jour où les patriotes américains commencent à noter des noms et à botter des culs… Nos ancêtres ont sacrifié leur sang, leur sueur, leurs larmes, leur fortune et parfois leur vie… Vous êtes prêts à faire pareil ? » Rudy Giuliani, avocat de Trump, propose une application médiévale de la loi, « un jugement par combat ».

Tous les quatre ans, après chaque élection, le 6 janvier, la Chambre des représentants et le Sénat comptabilisent les votes des grands électeurs. Le résultat est déjà connu, c'est une formalité solennelle en présence du vice-président. À 1 heure du matin, Trump a tweeté : « Si le vice-président @Mike_Pence se mobilise pour nous, nous remporterons la présidence. » Il veut qu'il « renvoie les voix aux États » pour qu'ils « corrigent les erreurs » dues, selon lui, à des fraudes. Pence, évangélique rigoriste aux cheveux blancs, n'a pas ce pouvoir mais la foule l'ignore. J'avise trois femmes, dont deux portent des vestes faites maison, dans un tissu imprimé des mots *FAKE NEWS* en rouge, et en noir : « Le truc le plus ridicule que vous lirez jamais », « Faux faux faux », « ABSURDE », « N'IMPORTE QUOI », « Que des mensonges ». Je lance : « Bonjour, je suis membre des *fake news*, mais françaises » et ça les fait rire. Les journalistes étrangers bénéficient, auprès des trumpistes, d'une curiosité teintée de bienveillance, alors qu'ils haïssent les grands médias américains. Michele R., 58 ans, comptable pour des entreprises de pétrole et de gaz, est venue de l'Oklahoma avec sa sœur installée en Arizona rejoindre une amie qui vit ici. Elles ont traversé dix États, en dix-neuf heures trente de voiture. « C'était sympa, raconte Michele, on ne se voit pas souvent, c'était l'occasion. » Pensent-elles que manifester empêchera Biden de devenir le président des États-Unis ? « On espère bien ! On veut montrer à nos élus, censés nous représenter, que tant de gens peuvent venir de partout, se battre. » Hier avait lieu le deuxième tour d'une élection décisive, en Géorgie, où deux postes étaient en jeu pour le Sénat à Washington. Les démocrates, Raphael Warnock et Jon Ossof, ont gagné. Le résultat donne 50 sièges à chaque parti. La voix de la cheffe du Sénat, la vice-présidente Kamala Harris, est déterminante. Le Sénat vient donc de passer aux démocrates, de justesse. Je le dis à Michele, ça la consterne : « On est foutus. Ils vont transformer Washington et Porto Rico en États, ça fera plus d'élus démocrates, ils vont supprimer les grands électeurs, nommer des juges de gauche à la Cour suprême. »

« Nous allons marcher sur le Capitole »

Trump devait parler à 11 heures, il arrive, comme toujours, une heure en retard. Des flocons volètent sur la foule pétrifiée, qui se réchauffe avec sa chanson d'entrée, « God Bless the USA », de Lee Greenwood. Trump s'avance sur scène, poing levé, vêtu d'un long manteau noir, mèche jaune au vent, tandis que résonne : « Et je suis fier d'être un Américain, où au moins je sais que je suis libre », aussi patriotique que syntaxiquement incorrecte. Cette foule croit que les États-Unis sont le seul pays où la liberté existe et que si Biden est investi, il imposera une dictature communiste. Trump commence de façon classique : « Nous avons des centaines de milliers de personnes ici et je veux qu'elles soient reconnues par les *fake news*. Tournez vos caméras s'il vous plaît et montrez ce qui se passe vraiment, ces gens ne vont plus supporter ça longtemps… Ils sont venus du monde entier (Michele lance : "Même de France !"), enfin, de tout le pays… Notre plus gros problème, ce sont les médias. » La foule se tourne vers la tribune des médias accrédités et la hue : « Bouuuh ! » Cette technique éprouvée me rappelle le Venezuela, que j'ai couvert pendant des années. Discréditer les journalistes permettait à Hugo Chávez, puis à Nicolás Maduro, de nier leur légitimité quand ils enquêtaient, par exemple, sur des dissidents torturés. « Nous tous ici présents, nous ne voulons pas voir notre victoire électorale volée par des démocrates de gauche radicale enhardis. Et volée par les *fake news*. Nous n'abandonnerons jamais, nous ne céderons jamais. Ça n'arrivera pas. On ne cède pas quand il y a un vol. » Il parle de la Russie, de la Chine, de la *cancel culture*, de la guerre contre l'État islamique, des « preuves écrasantes de fraude ». Michele hésite : « Il se répète, quand même… on est dans le froid depuis longtemps. Mais ça ne se fait pas, de partir quand mon président parle. » Son amie a le syndrome de Raynaud, connu des alpinistes, ses mains sont bleues. Elles disparaissent.

Les démocrates ont davantage voté par correspondance, par peur du Covid, et leurs bulletins ont été comptés après ceux qui ont été glissés dans les urnes. Le « mirage rouge » prévu s'est produit : les premiers décomptes donnaient l'avantage à Trump. Le rééquilibrage, tard dans la nuit, était pour lui une « explosion de conneries ». Une femme à côté approuve : « J'en peux plus, de ces conneries. » La foule scande : « Connerie ! Connerie ! » Trump continue : « Pour votre amour extraordinaire envers ce pays incroyable et ce mouvement incroyable, merci. » La foule : « On aime Trump ! On aime Trump ! » Il balance des chiffres, des milliers de bulletins de vote frauduleux dans les États clés, il s'en prend à la Cour suprême qui a refusé d'entendre son cas. Un homme derrière moi : « Il faut un grand jury de citoyens avec des audiences publiques, des sentences publiques, des exécutions publiques. » Son voisin : « Ouais, retransmises à la télé. » Trump parle de la Géorgie qu'il a perdue. « Ils peuvent pas t'arrêter ! T'as gagné ! Amérique, réveille-toi ! » hurle un homme. « Tu nous gracies si on prend les armes ? » demande un autre. « Si Mike Pence fait ce qu'il faut, nous gagnons les élections », continue Trump. « Accorde-nous la grâce préventive ! » lance un homme en riant. Un autre, sérieux : « Pendez-les tous ! » Trump poursuit : « C'est maintenant au Congrès de faire face à cette attaque flagrante contre notre démocratie. Et après ça, nous allons marcher, et je serai là avec vous, nous allons marcher sur le Capitole et nous allons encourager nos courageux sénateurs et membres du Congrès et pour certains, nous n'allons probablement pas tant les encourager. Parce que vous ne reprendrez jamais notre pays par la faiblesse. Il faut faire preuve de force et il faut être fort. Je sais que tout le monde ici se rendra bientôt au Capitole pour faire entendre sa voix de manière pacifique et patriotique. » Je me dis que ça va mal tourner, la foule est chauffée à blanc. Cela fait une heure dix qu'il parle, certains s'en vont. « Et on se bat comme des diables. Et si vous ne vous battez pas comme des diables, vous n'aurez plus de pays. » Le public enchaîne : « Battez-vous pour l'Amérique ! Battez-vous pour Trump ! » Il conclut : « On va tenter de donner à nos républicains, les plus faibles, parce que les plus forts n'ont pas besoin de notre aide… On va tenter de leur donner le genre de fierté et d'audace dont ils ont besoin pour reprendre notre pays. Alors descendons Pennsylvania Avenue. »

La marée humaine s'ébranle, compacte (on a évoqué 80 000 personnes, dont 30 000 à l'Ellipse), sur les deux kilomètres qui mènent au Capitole. Côté ouest, des échafaudages sont destinés à la cérémonie d'investiture de Joe Biden, le 20 janvier. Des centaines de personnes y grimpent. Une bannière proclame : « Nous, le peuple, nous mettrons Washington à genoux. Nous avons le pouvoir. » Un slogan résonne : « C'est chez qui ici ? C'est chez nous ! » Et puis : « USA ! USA ! », « Halte au vol (de l'élection) ! » ou « Nous, le peuple ! », premiers mots de la Constitution. Mon cerveau fatigué commence par ignorer des chiffres, sur un tee-shirt, il croit que c'est encore une histoire de faux bulletins de vote. Mais non : « 6 millions, c'était pas assez » fait référence au nombre de morts juifs de la Shoah. L'escalier de la terrasse ouest, en bas duquel je me trouve, est pris d'assaut. À gauche, des dizaines de participants appuient des échafaudages au mur pour l'escalader, puis franchir le parapet. L'un d'eux lâche prise et s'effondre. Un autre tente d'envoyer un drapeau sur la terrasse, il retombe sur le crâne d'un homme. Un tir retentit, un deuxième. Un groupe court en se frottant les yeux, la police a dégainé les lacrymos. Mark, 33 ans, livreur de fruits et légumes bio de Caroline du Nord, émacié, « espère que ça va pousser Pence à ne pas certifier les voix ». Il en a le pouvoir, d'après la Constitution, « enfin, c'est ce qu'a dit Trump tout à l'heure ». Il pense que les élus, s'ils certifient une élection « totalement frauduleuse », seront passibles de la cour martiale, pour trahison. Son ami Ken, ancien militaire, de l'État de Washington, trouve que cette manifestation ne sert à rien : « Mais si Biden est investi sans audit des élections, ça peut tourner à la guerre civile. J'ai combattu en Afghanistan et en Irak, ça ne me pose pas de problème de me battre. » Mark pense que les États-Unis seront gouvernés par un « pouvoir universel, global, socialiste ». Il croit au complot de QAnon. « Pourquoi vous croyez que tous ces gens de Hollywood sont si beaux ? » Je suggère la chirurgie esthétique. « Ouais, mais pas que. C'est surtout à cause de l'adrénochrome, c'est une molécule, ça vient des enfants quand ils ont peur. Ils mangent des enfants, c'est un truc de vampire. » Toute l'élite en consomme :

« Obama, Hillary Clinton, Jeffrey Epstein, son île, ça servait à ça, Oprah Winfrey, l'une des participantes les plus actives de cette secte sataniste. » Je lui oppose que si Hillary Clinton et Nancy Pelosi, présidente de la Chambre, en prennent, l'adrénochrome a une marge de progrès. « Hillary, avec tout ce qu'elle a vécu, elle est pas si mal. Et Pelosi, elle a 82 ans, c'est louche », insiste-t-il. Je reprends : « Vous croyez vraiment à tout ça ? C'est sombre, comme vision du monde. » Il me répond, grave : « Je sais bien », soulagé que je prenne conscience de la réalité. Les drapeaux et casquettes ornés d'un Q et la formule « WWG1WGA », (« Là où l'un de nous va, nous allons tous »), cri de ralliement de QAnon, sont partout. Un ami de Mark et Ken les rejoint, surexcité, il dit que ça chauffe à l'intérieur, que le FBI a évacué Mike Pence, que la séance est levée. Je me dis que dans le Capitole des États-Unis, dix personnes ont dû entrer, quelques minutes. Impossible de vérifier, il n'y a plus de réseau. Des alertes vrombissent sur les téléphones : la maire, Muriel Bowser, décrète un couvre-feu à 18 heures.

« Vous êtes tous des gens bien »

Les manifestants se replient, leurs bus les attendent pour retraverser les États-Unis, ils reprennent Pennsylvania Avenue en sens inverse et moi aussi. Je repère une colonne d'hommes en treillis, avec gilets pare-balles, casques et lunettes de combat, calmes, chacun la main sur l'épaule du précédent. Les manifestants s'écartent avec respect, je suppose qu'ils appartiennent à la milice des Oath Keepers. « C'était sympa, une bonne journée, on a pris des lacrymos en pleine gueule », tonne un homme. Daniel N. est venu de Houston avec sa femme, il est inspecteur de tuyauterie sous pression dans des usines pétrochimiques. Ils ont pris trois nuits au Trump Hotel, où les chambres, à 470 dollars quand Trump a annoncé la manifestation en décembre, sont à 8 000 dollars ces jours-ci. Il crie que le résultat de l'élection doit changer, « sinon tout ce pays va partir en vrille ». Il lance : « Les gens sont furax ! Il s'agit de nos voix ! C'est pour ça qu'on a un pays libre ! Si notre voix ne compte pas, on n'a pas de république ! On est comme le reste du monde, des cons ! » Daniel est sûr que si Biden est investi, « les globalistes prendront le pouvoir ». Il poursuit : « Ils vont devoir se battre, parce qu'on n'a plus d'armes, la plus grande armée de citoyens au monde, ils savent pas qui ils ont décidé de faire chier. » Il pense que les États-Unis vont devenir le Venezuela, et je revois l'enterrement de Miguel Castillo, étudiant, 38e mort des manifestations à Caracas en juin 2017, abattu par un garde national, alors qu'il manifestait, les mains levées en signe de paix. « On a défoncé deux barricades, on a bataillé, on a réussi à monter là-haut sur la terrasse et puis on a été bloqués, je t'ai vue, tu criais : “Ah, il m'a eue !” », décrit Newman et sa femme ponctue : « Ouais ! Ouais ! » Il ajoute : « On a manifesté pacifiquement, mais ils ont pas l'air de nous entendre... S'ils tentent d'investir Biden sur cette scène ici, ça pourrait devenir vilain. Il a déjà dit : “On veut personne ici”, ouais, il veut pas ça ! » Elle rit. « C'était un petit exemple de ce qui l'attend. C'est ce que j'essaie de vous dire, poursuit-il. Biden ne peut pas attirer une foule d'un million de personnes. Trump, il peut attirer 10 millions de personnes, armées. Ça pourrait très mal tourner. » Je lui demande s'il est sérieux, ça l'enrage : « Vous pensez pas que le peuple américain a les tripes pour se battre ? » Je réponds que beaucoup ne souhaitent sans doute pas la violence. « C'est comme ça que notre pays s'est formé », philosophe-t-il. Nous arrivons devant l'hôtel, Daniel propose de terminer l'interview dans le lobby. Un garde, à l'entrée, refuse parce que je ne suis pas cliente. « C'est absurde, on nous a demandé d'être hyper stricts alors que vous êtes tous des gens bien », s'excuse le colosse en civil. Je crois alors qu'il n'a pas conscience de ce que ces « gens bien » viennent de faire. J'ai depuis compris que je n'avais rien compris : « ces gens bien » sont blancs et les forces de l'ordre sont en majorité pro-Trump.

Les sirènes hululent, les rues s'emplissent de silhouettes lasses, drapeau sur l'épaule. Il me faut quelque chose de chaud, j'entre chez Wawa, sorte de station-service en ville, qui vend des sandwiches, comme si le pays ne venait pas de vaciller. « Quelle journée… » lance le caissier. À l'hôtel, les portes des chambres sont ouvertes, les manifestants circulent en chaussettes dans le couloir, téléphone en main, pour montrer leurs exploits. « J'ai été gardien de prison pendant vingt ans, j'ai trouvé ça marrant, c'était comme une mutinerie », rigole Kevin, qui offre des bières dans sa chambre, où d'autres sont affalés sur le lit ou par terre. Il est entré dans le Capitole en escaladant avec son fils John, qui a filmé. Dans un éclair de lucidité, ils refusent de m'envoyer leur vidéo. À la télé, on voit les élus recroquevillés entre les sièges, avec des cagoules en plastique transparent sur la tête, protection contre les attaques chimiques. « Rha les cons ! On les a bien fait flipper, ces fiottes ! » lance Kevin. Ashli Babbitt, manifestante de 35 ans, a tenté d'entrer, à travers la porte vitrée qu'un homme venait de briser, dans le Speaker's Lobby, couloir menant à la Chambre des représentants agrémenté de portraits, de cheminées, de lustres. Elle a été abattue. Kevin trouve ça moins « marrant ». Une femme passe en titubant, elle crie que « cette femme a donné sa vie pour la cause ». Kevin ajoute, en référence aux émeutes qui ont suivi la mort de George Floyd, homme noir tué par un policier blanc l'été dernier à Minneapolis : « Contrairement aux antifas et aux Black Lives Matter, on n'a pas brisé de vitrines dans le centre-ville. On est juste allés dans notre maison. » Mike demande comment bloquer un numéro sur iPhone. Sa mère est horrifiée par « la violence, la profanation du Capitole ». Il se marre : « Elle pense que je suis dans une secte. » La télévision montre la reprise de la séance, Biden est en passe d'être déclaré président. Ça valait la peine, tout ça ? John hausse les épaules : « C'était un super voyage. » Kevin a adoré : « En descendant, j'ai vu des patriotes défoncer le matos de CNN et d'Associated Press. Le plus beau jour de ma vie. » Le journal admet que « l'angle du papier » a changé, je peux oublier New York. Je suis fourbue et furieuse. Le sort des États-Unis vient de basculer et je suis passée à côté. Je ne me suis pas approchée de l'entrée. Qu'est-ce qui est arrivé ? Comment ce pays a-t-il pu se diviser à ce point ? Va-t-il guérir avant l'élection de 2024 ? Je vais passer trois ans à tenter de comprendre.

1

Le jour d'après

York, Pennsylvanie.

Devant le bâtiment de briques rouges, de grosses cylindrées attendent leur propriétaire. Certains fument sur le parking, en blouson de cuir, tatouages et bandana. La Pennsylvanie, hors de Pittsburgh et de Philadelphie, centre culturel et berceau de la démocratie, est affublée du surnom « Pennsyltucky », mot-valise avec le Kentucky : elle est rurale, blanche, pauvre et conservatrice. York, dans la vallée du fleuve Susquehanna, a servi de capitale aux colonies américaines entre 1777 et 1778, devant l'avancée de l'armée britannique. C'est un poumon agricole, connu pour son lait, sa volaille, ses pommes et son usine de Harley-Davidson. Et elle a voté pour Trump à 61,5 % en 2020.

La plupart des membres de la Freedom Biker Church (Église motarde de la liberté) appartiennent à la milice Three Percenters, lancée par le militant antigouvernemental Mike Vanderboegh en 2008. L'idée est qu'une minorité de patriotes (3 %) peut renverser un pouvoir tyrannique. À l'entrée, un garde est assis sous une affiche qui montre des impacts de balle, avec la phrase : « Je suis un propriétaire d'armes acharné et accroché à ma religion. » Sur une autre, le canon d'une arme et : « Nous, on n'appelle pas la police. » Il y a un flipper, un magasin de tee-shirts, une cuisine. Le pasteur attitré, Jim Quoss, ne prêche pas ce dimanche. Il avait prévu de disputer un tournoi de billard, auquel il n'a pas participé parce que le propriétaire de la salle exigeait qu'il porte un masque. « Personne ne peut m'y obliger, ça fait partie du plan pour changer les États-Unis, ça commence par les petites choses », assure-t-il. Le masque obligatoire est l'une des mesures de Biden les moins acceptées dans cette communauté où l'on prend la route cheveux au vent et la liberté très au sérieux. Avant la messe, les fidèles, non masqués mais arme à la ceinture, boivent un café au bar, en piochant dans les gâteaux. Ils parlent de l'assaut du Capitole, trois jours plus tôt. La plupart sont d'anciens militaires, accompagnés de leur chien de service pour le stress post-traumatique. Ils sont convaincus que l'élection a été volée à Trump, comme 77 % des républicains. « Biden ne sera jamais mon président », martèle Judy, qui refuse de donner son nom, de peur des « représailles sur Facebook ». George Matheis, responsable de la sécurité, n'a aucun doute, c'est un coup monté. « Au Capitole, on passe des tas de contrôles de sécurité… Et là, ils sont entrés comme ça ? Ça sert *leur* récit politique. » George a pourtant évité le 6 janvier car il prévoyait des violences. Jim « n'approuve aucune effraction », mais « toute l'année, on a eu des émeutes de Black Lives Matter et d'antifas, et on nous a dit que c'étaient des manifestations pacifiques. Et là, on nous traite de voyous, de criminels… Toute la matinée, il y avait des dizaines de milliers de manifestants à Washington et les médias n'ont pas couvert l'événement. Mais quand ils ont envahi le Capitole, c'était partout à la télé. Personne ne nous écoute. Là, ils ont attiré l'attention. » Jim pense que le risque de guerre civile n'est pas nul. « Parce que les gens se battent pour des valeurs et que si le but, c'est un pouvoir globalisé et socialiste… »

« Même Fox News devient gauchiste »

Le 7 novembre 2020, j'étais derrière le capitole de Harrisburg, capitale de la Pennsylvanie, où les pro-Trump avaient organisé une manifestation « *Stop the Steal* » (« Halte au vol » de l'élection) quand la victoire de Biden a été annoncée, après trois jours de comptage. C'est là que j'ai rencontré George, militaire et policier à la retraite. Son bras droit était couvert du tatouage : « Ne me marche pas dessus », il portait un gilet plein de munitions et un AR-15, fusil semi-automatique chéri des Américains. Biden était un « sac à merde » illégitime, m'avait-il dit. Que comptait-il faire s'il était investi ? « Regardez-moi, vous pensez que je vais faire quoi ? » Prendre les armes ? « C'est déjà fait. » Il m'avait invitée dans son église, le lendemain. Jim, en jean et tee-shirt noirs, longue barbe grise et lunettes de soleil aux branches ornées d'un drapeau américain, avait prêché de sa voix douce : « Notre démocratie est fondée sur le fait que chacun vote. Donc si Joe Biden a eu ses grands électeurs parce que plus de gens ont voté pour lui, que Dieu le bénisse [silence dans l'assemblée]. Mais sinon, il faut qu'il affronte la justice ["Ouais !"]. On doit pouvoir compter, vérifier et voir chaque vote. Prions pour ça. » Il avait fait tourner une botte de motard pour la quête. Après la messe passait un diaporama des photos du dernier entraînement au tir de la communauté. « C'est moi, là ! » avait-il dit au milieu d'une phrase.

Le 9 janvier, c'est le pasteur Aaron qui officie, entre la batterie rouge à paillettes, les guitares, la basse et un tabouret où trône une figurine de Hulk. Un groupe de hard rock se charge des chants, comme « Mon cœur est libre, pas de chaînes sur moi » et « Les murs s'effondrent, yeah, ils s'effondrent ». Derrière Aaron, une fresque représente une croix dans la fourche d'une Harley-Davidson. « Nous subissons un bombardement permanent contre la vérité, même Fox News devient gauchiste. Le psaume "Ta parole est une lampe à mes pieds et une lumière sur mon sentier" montre qu'il est important de suivre le message de Dieu pour ne pas être égaré par les *fake news* », explique-t-il.

La bataille de la narration est lancée. Le 6 janvier 2021, les participants se vantaient de leurs exploits. Une autre version a suivi. « Certains, parmi ceux qui ont envahi le Capitole aujourd'hui, n'étaient pas des partisans de Trump, a déclaré Matt Gaetz, représentant de Floride, le soir même. Ils se faisaient passer pour et étaient en fait membres du groupe terroriste violent antifa. » Le 9 janvier, par texto, Michele R. m'écrit : « La violence a été organisée par d'autres groupes (pas des partisans de Trump) et ensuite les pro-Trump ont suivi. Ces gens qui grimpaient aux murs ne ressemblent pas à ceux qui étaient aux meetings. Habillés en noir, avec des bonnets

Maga. Et ils étaient préparés. Cordes, casques, etc. Ils sont venus avec un plan. » Elle joint une photo de la terrasse sous laquelle je me trouvais, pixélisée, où le contraste a été poussé. Tous les vêtements ont l'air noirs. Michele, sa sœur et leur amie sont rentrées à l'hôtel après le déjeuner, elles n'ont rien vu, cette version leur va. « Tout va passer à la clandestinité, ajoute Michele. Personne ne veut avoir une cible de la gauche dans le dos. Ils sont la *cancel culture*. On ne veut pas perdre nos boulots, etc., juste parce qu'ils n'aiment pas ce qu'on dit. »

Les déçus de QAnon

Le mouvement Maga est pour l'instant privé de ses moyens de communication les plus efficaces. Twitter confisque à Donald Trump son haut-parleur. Le « réseau social équilibré » Parler, lancé en 2018, est fermé. Son attrait résidait dans les inscriptions de personnalités comme Rudy Giuliani, Roger Stone, ancien conseiller du président Richard Nixon, « sale escroc » autoproclamé et conseiller de Trump, Sean Hannity, présentateur de Fox News, Mark Levin, animateur de radios d'extrême droite et autres bannis des réseaux grand public, comme Alex Jones, de la chaîne complotiste InfoWars, David Duke, ancien chef du Ku Klux Klan, Gavin McInnes, fondateur du groupe violent des Proud Boys ou Enrique Tarrio, son chef. En mai 2020, Twitter a commencé à pointer les inexactitudes dans les tweets de Trump. Ses soutiens ont ouvert des comptes sur Parler, comme le sénateur républicain du Texas Ted Cruz ou Nikki Haley, ex-gouverneure de Caroline du Sud et ancienne ambassadrice à l'ONU de Trump. La migration s'est accélérée en octobre 2020, quand Facebook, Instagram et YouTube ont sévi contre les posts complotistes. Les discours d'extrême droite, révisionnistes, antisémites ou sur l'élite mondiale pédophile ont proliféré. Après la suppression d'un groupe Stop The Steal de 300 000 personnes sur Facebook, Parler est devenu son refuge, pour convoquer les manifestations. Après l'élection, plus de 4,5 millions de personnes se sont inscrites, portant le nombre d'utilisateurs à 10 millions, retombé à 8 millions en décembre (Twitter en compte alors 340 millions et Facebook, 2,7 milliards). Le 6 janvier, 618 vidéos y ont été postées du Capitole. Google, puis Apple ont ôté Parler de leurs plateformes et Amazon a cessé de l'héberger sur ses serveurs, après avoir repéré 98 appels à la violence dans la semaine, dont celui de Lin Wood, avocat pro-Trump : « Ils les ont laissés entrer. Préparez les pelotons d'exécution. Mike Pence passe en premier. » Les utilisateurs n'ont pas disparu. Ils se tournent vers des plateformes comme Gab ou MeWe, des sites comme TheDonald.win ou des chaînes Telegram et Signal, applications de messagerie cryptées.

Les adeptes de QAnon, eux, sont en pleine crise de foi. Après l'élection subsistaient l'espoir des recomptages de voix et les procès. Puis Trump les a invités à Washington en promettant un 6 janvier « dingue » et ils étaient partout lors de l'assaut du Capitole. Mais le 20 janvier, leur messie s'est envolé vers la Floride et les a plantés là. Biden a prêté serment, et toujours pas la moindre « tempête », c'est-à-dire la prise de pouvoir par les militaires, l'arrestation des démocrates sataniques et des figures de Hollywood par Trump, censé envoyer tout ce beau monde à Guantánamo après avoir été réinvesti. Q (lettre désignant un haut niveau d'accès à la Maison-Blanche) est un anonyme qui postait des prophéties absconses sur Internet, suivi par des dizaines de millions de fans. Ils ont migré sur Telegram, où ils échangent avec passion, lettres capitales et points d'exclamation. Le 20 janvier au matin, l'excitation est à son comble. « Quoi qu'il arrive, restez calmes. Rien ne peut arrêter ce qui va arriver. Dieu gagne », écrit un membre. Ils guettent des signes : Trump, à la base Andrews, parle devant 17 drapeaux (Q est la 17ᵉ lettre de l'alphabet). Mais le temps reste stable et glacial à Washington. Et pas la moindre tempête. Le 21 janvier, les messages sont sombres. Faith se lamente : « Tout était faux. Je suis brisée. Je ne crois plus à Q. » Un groupe naît, Q Recovery and Support, sorte d'Alcooliques anonymes pour les déçus de QAnon. Le premier intervenant est désespéré. « Je voulais juste que la corruption soit exposée et que justice soit faite. Je ne peux pas dire que j'ai cru aux lézards ou à la famille royale ou aux Kennedy qui voyagent dans le temps. J'ai été aspiré par la cabale parce que c'est tellement logique. » La tentation de la séparation subsiste. « Ce qu'on a dit sur la balkanisation et la sécession doit se produire, écrit Jacob. On ne peut plus vivre en paix avec eux », les démocrates ou non-croyants, les *normies*, « normaux ». Ce groupe de repentis compte 149 membres, quand ceux des croyants en comptent 32 000 pour We the Pepe, 26 000 pour Pepe Lives Matter, ou 53 000 pour Great Awakening Channel. Chez eux, l'espoir renaît. Le 21 janvier, sur We the Pepe, on tance les déçus : « Je suis choqué de voir combien de “patriotes” pensent que c’est terminé. Vous ne suivez pas les bonnes personnes. Surtout pas Dieu ! »

Décor de Bureau ovale

Comme chaque fois qu’une promesse de Q ne se réalise pas, ils s’adaptent. Biden n’a jamais prêté serment : ni lui ni Kamala Harris n’ont touché la Bible (c’est démenti par les photos). Jill Biden portait des chaussures beiges, puis bleues. C’est louche. Biden siège dans un décor, le Bureau ovale de Castle Rock Pictures, qui avait construit une Maison-Blanche à Los Angeles pour *The American President* en 1995. La vraie inauguration, celle de Trump, aura lieu le 4 mars. Car depuis 1971, l’État fédéral est une entreprise, régie par une Constitution secrète qui ne s’applique qu’à Washington, et détenue par les banques de Londres. Le président est un vassal de la City de Londres et de la Couronne d’Angleterre, mais obéit aussi aux Illuminati et au Vatican. Matthew QAnon l’assure : « Trump sera le 19e président des vrais États-Unis, pas de l’entreprise USA possédée par des banquiers. » L’autre hypothèse est que Biden est dans le coup. « Trump a passé un accord avec l’État profond après que tous ont été arrêtés : leurs vies seront épargnées et ils termineront leurs mandats, mais toute loi, tout décret dans les quatre ans passera par Trump. Il les contrôle et ils ne sont là que pour exécuter ses ordres. Comme c’est un individu incroyablement généreux, il prétendra peut-être qu’il n’aime pas ce gouvernement, pour maintenir la légende, mais soyez-en sûrs, c’est le président qui agit par des intermédiaires. » Un an plus tard, en février 2022, selon Public Religion Research Institute, un Américain sur cinq croit à QAnon, et un républicain sur quatre. Ils sont moins visibles, mais bien là.

La plus petite investiture présidentielle

À l'approche de l'investiture de Joe Biden, la capitale se change en caserne. Mon hôtel héberge des centaines de gardes nationaux en treillis, sur les 25 000 déployés à Washington. Des barrières sont dressées autour du Capitole, quatre ponts vers la Virginie sont fermés, une partie du centre est condamnée. Les accès sont contrôlés par des checkpoints militaires. Le National Mall, avenue herbeuse qui s'étend du Monument au Capitole, est grillagé. Le Comité de reporters pour la liberté de la presse, l'Association nationale des photographes de presse, le *New York Times* et le *Washington Post* ont demandé, en vain, aux services de renseignements l'autorisation de porter un équipement de protection. « Une photojournaliste s'en est tirée le 6 janvier parce qu'elle portait un gilet pare-balles quand elle a été poignardée », ont-ils argué.

C'est la plus petite investiture présidentielle depuis celle de Franklin Delano Roosevelt, le 20 janvier 1945, dont la cérémonie avait été bouclée en quinze minutes dans la Maison-Blanche, avant un buffet de salade de poulet, de gâteaux et de café pour 2 000 invités. Cette année, les invités sont moins nombreux que les 1 600 que l'installation peut accueillir. Au matin, une dizaine de curieux se frottent les mains en attendant Biden sur le chemin de l'église St. Matthew, première étape de sa journée d'investiture. « Je sais qu'on ne va rien voir, mais ce n'est pas grave. Rien que de savoir que Trump a quitté la Maison-Blanche, ça me va », sourit Javier Lugo. Il fait partie des rares enthousiastes qui n'ont pas annulé leur voyage, malgré les consignes du Parti démocrate. Il est venu de San Diego, où il est consultant pour des restaurants, avec son fils, Javier Antonio, 17 ans, qui porte une casquette FDT (« *Fuck Donald Trump* »). Ils ont oublié leurs manteaux à l'hôtel, il neigeote, peu importe. « J'ai voté Trump en 2016, je voulais qu'il change Washington, admet Javier. J'ai tout de suite vu que c'était une erreur. Le seul point positif, c'est qu'on a vu combien ce pays était raciste. Il a tout fait sortir. »

Biden n'est pas le premier à entamer un mandat dans des circonstances étranges. Les quatre investitures de Franklin D. Roosevelt ont eu lieu dans des contextes de crise ou de guerre. Lyndon Johnson a prêté serment à bord d'un avion, le 22 novembre 1963, alors que JFK venait d'être assassiné. Biden est investi dans une ville barricadée, déserte et militarisée. « Mes amis, c'est un moment éprouvant, déclare-t-il. Nous faisons face à une attaque contre notre démocratie et la vérité, à un virus ravageur, à une inégalité croissante, à la douleur du racisme systémique, à un climat en crise. » Il semble être l'homme qu'il faut pour apaiser le pays.

Mais sur BLM Plaza, rue rebaptisée en l'honneur de Black Lives Matter, Nadine Seiler, mascara bleu et masque « *Madam VP* », garde un mémorial où sont exposées des photos des victimes de violences policières sur une palissade devant la Maison-Blanche. Des Proud Boys ont tenté de les arracher. Nadine est soulagée que la journée se soit déroulée sans violence, et inquiète pour la suite. Le plus important, pour elle, est une réforme de la police. Le 6 janvier lui a confirmé une différence de traitement entre Noirs et Blancs. « Quand on parle mal aux policiers, ils viennent à cinquante à vélo, ils nous encerclent et nous arrêtent. Un jour, ils m'ont sortie de ma voiture et tabassée. Et les pro-Trump ont pu entrer dans le Capitole ? » Nadine ne va plus manifester trois fois par semaine, comme sous Trump. « Mais si Biden ne va pas assez à gauche sur des sujets comme la santé ou la réforme de la police, je reviendrai. » Pour une partie du pays, il est déjà trop modéré.

Pourquoi Trump n'a pas été destitué

La peur de la violence flotte sur Washington et 5 600 gardes nationaux y restent jusqu'à la mi-mars, d'autant que le procès en destitution de Trump commence le 9 février. Seuls Andrew Johnson, en 1868, et Bill Clinton, en 1998-1999, ont subi la même procédure. Aucun n'a été condamné. Pour Trump, c'est la deuxième fois. Selon l'article 2, section IV, de la Constitution, « le président, le vice-président et tous les fonctionnaires des États-Unis peuvent être démis de leurs fonctions sur la base de la mise en accusation et la condamnation pour trahison, corruption ou autres crimes et délits majeurs ». L'accusation est votée par la Chambre des représentants, le procès a ensuite lieu devant le Sénat. La culpabilité doit être votée par les deux tiers, 67 sénateurs. Son premier procès en destitution, en janvier 2020, découlait d'un appel à Volodymyr Zelensky. Trump avait suspendu l'aide militaire à l'Ukraine, en guerre contre la Russie de Vladimir Poutine, qui avait envahi la Crimée en février 2014. Il sous-entendait qu'il ne la rétablirait pas si Zelensky ne lui fournissait pas avant la présidentielle des faits incriminant Biden et son fils Hunter, qui siégeait au conseil d'administration de l'entreprise de gaz naturel Burisma, en Ukraine. Les chefs d'accusation étaient l'abus de pouvoir et l'entrave au Congrès. Après trois semaines de procès, du 16 janvier au 5 février 2020, 52 sénateurs républicains ont voté contre le premier, et 53 ont voté contre le second.

Les républicains étaient terrifiés à l'idée d'encourir l'ire de Trump et de se couper de sa base électorale. Mais dans un livre, *Unchecked*, Rachael Bade et Karoun Demirjian, du *Washington Post*, racontent comment, pendant des mois, Nancy Pelosi a refusé d'enclencher la procédure, de peur de fragiliser sa majorité : certains démocrates siégeaient dans des comtés gagnés par Trump et se représentaient aux élections générales de novembre 2020. Elle a exclu d'autres chefs d'accusation, comme la corruption de Trump, qui convoquait les sommets dans ses hôtels, engrangeant des fortunes, ou ses mensonges au Congrès lors de l'enquête sur les ingérences russes dans l'élection de 2016. Le livre décrit comment elle a ignoré des républicains qui l'imploraient de présenter un cas plus solide, en convoquant des témoins comme John Bolton, ancien conseiller à la Sécurité nationale de Trump, qui aurait confirmé, comme dans son livre, que l'appel à Zelensky constituait du chantage.

En 2021, Trump n'est plus président, mais l'absence de conséquences créerait un précédent. Cela le confirmerait aussi dans l'idée qu'il est intouchable. En 2016, il a affirmé : « Je pourrais me planter au milieu de la 5e Avenue et descendre quelqu'un, je ne perdrais pas un électeur. » La condamnation ouvrirait par ailleurs la voie à deux votes, sur la privation de ses 200 000 dollars de pension par an et l'impossibilité de se présenter de nouveau à une fonction officielle. Le 13 janvier, la Chambre des représentants vote la mise en accusation, à la majorité simple. Tous les élus ont été témoins de l'assaut du Capitole, mais le 6 janvier au soir, 139 des 221 représentants et 8 des 53 sénateurs républicains ont refusé de certifier les voix des grands électeurs, à cause de la « fraude ». Parmi eux, Kevin McCarthy, leur chef à la Chambre, qui a demandé à Trump d'appeler au calme pendant l'assaut (ce qu'il a refusé de faire, avant d'enregistrer une vidéo où il invitait ses partisans à rentrer chez eux, tout en leur disant qu'il les aimait). McCarthy faisait aussi partie des républicains qui ont commencé par blâmer Trump, le 13 janvier : « Le président est responsable de l'attaque de mercredi contre le Congrès par une foule d'émeutiers. » Mais il vote contre l'enclenchement de la destitution. Le 28 janvier, il rend visite à Trump dans sa résidence de Mar-a-Lago, en Floride, pour discuter de la stratégie du parti en vue de regagner la majorité à la Chambre des représentants en 2022. McCarthy rêve d'être président de la Chambre, il aura besoin de son soutien. Même chose pour Mitch McConnell, chef des républicains au Sénat, qui accuse, le 19 janvier : « La foule a été abreuvée de mensonges. Ils ont été provoqués par le président et d'autres au pouvoir et ils ont essayé d'utiliser la peur et la violence pour arrêter une procédure de la première branche du gouvernement qu'ils n'aimaient pas. » Il répète qu'il n'y a aucune preuve de fraude électorale. « Après ce qu'il a fait, dont nous avons tous vu les conséquences, Donald Trump ne devrait plus jamais pouvoir se présenter. »

Ce deuxième procès en destitution dure trois jours. Pelosi a choisi neuf *impeachment managers*, qui ont rédigé un rapport de 80 pages. La plainte pointe « l'incitation par le président Donald J. Trump à l'insurrection contre la République qu'il a juré de protéger ». « Le 6 janvier 2021, sous la présidence du vice-président Michael Pence, le Congrès s'est rassemblé pour accomplir l'un de ses devoirs constitutionnels les plus solennels : compter les voix des grands électeurs pour le président des États-Unis. Ce rituel a marqué la passation de pouvoir pacifique depuis des siècles. Depuis l'aube de la République, aucun ennemi, étranger ou intérieur, n'a jamais fait obstruction au comptage des voix. Aucun président n'a jamais refusé d'accepter le résultat d'une élection ou enfreint la procédure légale de résolution des disputes électorales. Jusqu'au président Trump. » Le texte remonte à l'été 2020, quand Trump a prévenu que la seule explication à sa défaite serait une fraude électorale. Puis aux allégations de triche en Arizona, en Géorgie, dans le Michigan, le Nevada, en Pennsylvanie et dans le Wisconsin. « Le président Trump et ses alliés ont lancé 62 procès dans des tribunaux locaux et fédéraux, pour contester tous les aspects de ces élections. Mais l'ensemble de ces affaires ont été classées, à part une, mineure, en Pennsylvanie, qui n'a rien changé au résultat. » Le rapport rappelle que Trump a encouragé ses partisans à venir à Washington le 6 janvier pour « se battre » et changer le verdict des urnes. Il cite son discours devant le parc de l'Ellipse. Trump a lancé ses partisans, « comme un canon chargé », vers le Capitole.

Pour les avocats de Trump, la destitution ne s'applique pas à un ancien président. La dernière partie du mémorandum de l'accusation argue que les pères fondateurs n'auraient jamais imaginé qu'un président commettrait des crimes majeurs lors des dernières semaines de son mandat, anticipant qu'il serait bientôt protégé des poursuites. Trump refuse de témoigner lors de ce « processus anticonstitutionnel », ligne de défense de ses avocats et des républicains dans les médias qui évite d'aborder le fond de l'accusation. Ils affirment aussi que les propos de Trump sont protégés par le Premier amendement, la liberté d'expression.

Le 10 février, les plaidoiries commencent. À nouveau, même si Trump n'est plus président, peu de sénateurs sont prêts à s'aliéner sa base électorale, surtout s'ils se représentent aux élections générales de mi-mandat 2022. Fin janvier, selon un sondage Marist, 90 % des électeurs républicains souhaitent que Trump soit acquitté et 5 %, qu'il soit condamné. La proportion est inverse chez les démocrates. La semaine que vient de traverser le GOP (Grand Old Party, surnom du Parti républicain) résume sa transformation : des déclarations de l'élue de Géorgie, Majorie Taylor-Greene, ex-adepte de QAnon, qui suggérait qu'on colle une balle dans la tête de Nancy Pelosi, ont refait surface. Les démocrates ont demandé qu'elle soit expulsée ou démise de ses fonctions. Au même moment un vote de censure a été proposé contre Liz

Cheney, élue du Wyoming, qui a voté pour la condamnation. Le parti s'est réuni, a ovationné Taylor-Greene qui s'est excusée, puis a voté sur le cas de Cheney, qui reste numéro trois du parti – elle sera démise de ses responsabilités lors d'un autre vote, le 12 mai. Pelosi s'est d'abord opposée à la procédure, suivant la volonté de Biden qui ne souhaitait pas que cette actualité occupe le premier mois de son mandat. À nouveau, elle accélère l'enquête et exclut les témoignages. Le 13 février, seuls sept sénateurs républicains rejoignent les démocrates. Le total est de 57 votes « coupables ». Trump est acquitté. « Ce que nous avons vu au Sénat aujourd'hui, c'est un groupe de républicains lâches. Ils ont eu peur de défendre leur fonction et de respecter l'institution dans laquelle ils servent », accuse Pelosi. Elle annonce la création d'une « commission indépendante, du style de celle qui avait enquêté sur le 11 septembre [2001, l'attentat contre les tours jumelles de New York] » pour « enquêter sur les faits et causes liés au 6 janvier 2021, l'attaque terroriste intérieure contre le Capitole des États-Unis… l'ingérence dans la transmission pacifique du pouvoir ». Trump félicite ceux qui « ont fièrement soutenu la Constitution que nous révérons tous, et les principes sacrés au cœur de notre pays ». Il ajoute : « C'était une étape de la plus grande chasse aux sorcières de l'histoire de notre pays. Aucun président n'a jamais subi ce genre de chose. » Le pays va entendre cette expression pendant quatre ans. La classe politique vient de refuser de régler le problème Trump et la justice va prendre le relais, sans apaiser les tensions entre deux Amériques qui ne se comprennent plus.

2

Proud of your boy

Washington, District de Columbia.

De loin, on dirait un lacet. De près, c'est une tresse arrachée, qui gît sur l'asphalte. Un policier relève une femme noire qui vacille, le visage en sang, son téléphone explosé, au sol. « Alors, ça fait quoi, salope ? » hurle une voix. Il est 22 h 30, le 14 novembre 2020, à Washington, ça fait une heure que les Proud Boys sillonnent le centre, à la recherche d'antifas. La veille, Enrique Tarrio, leur chef, m'a prévenue : « La manif va bien se passer mais le soir, ça va chauffer. »

White Power

Le 4 novembre au matin, Donald Trump, voyant les chiffres basculer en sa défaveur avec le dépouillement des votes par correspondance, a demandé qu'on cesse le décompte. Sur Facebook et Parler, des groupes Stop the Steal ont émergé, relayés par des républicains comme Marjorie Taylor-Greene, représentante de Géorgie. Le slogan, lancé par Roger Stone en 2016 pour pousser la candidature de Trump aux primaires républicaines, devait être dégainé pour contester une éventuelle victoire d'Hillary Clinton. En septembre 2020, Trump l'a ressuscité dans ses tweets en prévenant, deux mois avant l'élection, qu'il ne reconnaîtrait pas sa défaite à cause du vote par correspondance – traditionnellement utilisé par les militaires en opération extérieure mais étendu pour cette élection à cause du Covid. Le 4 novembre, les nouveaux groupes Stop the Steal, notamment celui du militant Ali Alexander, commencent à convoquer à des manifestations dans les États pivots. La première que je couvre a lieu le 6 novembre, à Madison, dans le Wisconsin, derrière Alexander Bruesewitz, 23 ans, mèche brune de gendre idéal, fossette à la joue gauche, voix posée, et l'une des plus réactionnaires du trumpisme. Ils sont quelques dizaines. Je suppose que le mouvement mourra une fois le résultat définitif annoncé. Le lendemain, à Harrisburg, en Pennsylvanie, ils sont des milliers. Cinq jours plus tard, le 12 novembre, à Richmond, capitale de la Virginie, je suis sur le passage de la caravane de la Million Maga March, manifestation Stop the Steal prévue deux jours plus tard à Washington. Owen Shroyer, du site complotiste Infowars, émerge d'un tank et clame dans un haut-parleur, devant une petite foule : « Joe Biden n'est pas le président ! On va inverser le résultat du Michigan, du Wisconsin, de la Pennsylvanie ! »

Le lendemain, Enrique Tarrio me donne rendez-vous « devant Trump » (il veut dire le Trump Hotel, sur Pennsylvania Avenue, dans l'ancienne poste), puis finalement chez Harry's. Le restaurant de l'hôtel Harrington, QG des Proud Boys, se distingue par ses burgers flapis, ses frites molles, l'absence de masques chez les clients et le filtrage par un homme à casquette Maga qui me laisse entrer sur un signe de Tarrio. « Je déteste me lancer dans des prévisions, mais je dirais que 10 000 personnes vont venir », me dit-il au sujet du lendemain. C'est le nombre pour lequel Women for America First, l'un des groupes organisateurs, a demandé un permis. Mais le 14 au matin, les manifestants débordent de Freedom Plaza, qui peut contenir 13 900 personnes. Le sol de cette place voisine de la Maison-Blanche est un plateau qui reproduit une partie du plan conçu en 1791 par l'architecte français Pierre Charles L'Enfant pour Washington. Son nom rend hommage à Martin Luther King, qui a travaillé sur son discours « I Have a Dream » à l'hôtel Willard, l'un des trois qui bordent la place. En 2011, c'était l'un des sites du mouvement altermondialiste Occupy. Le 14 novembre, ils ne sont pas un million, mais des dizaines de milliers, malgré le Covid et la convocation de dernière minute. Depuis la 13e Rue, des centaines de Proud Boys descendent sur la place. Ils sont incapables de défiler en colonnes, leurs accoutrements sont dépareillés, mais c'est une marée de polos noir et jaune, gilets tactiques, foulards sur le nez, casques, lunettes de soleil miroir et longues barbes. Les poitrines scandent : « *Whose streets? Our streets!* » (« À qui ces rues ? À nous ! ») ou : « *Fuck antifas!* » Certains forment le signe OK, l'index et le pouce en O, les trois autres doigts dressés, qui signifie aussi White Power (« pouvoir blanc ») : les trois doigts écartés composent un W, le pouce et l'index forment la boucle du P. Le terroriste Brenton Harrison Tarrant, qui a tué 51 personnes dans une mosquée en Nouvelle-Zélande, l'a arboré, tout sourire, à son procès, en mars 2019. C'est devenu un signe de reconnaissance d'extrême droite.

Les Proud Boys ont été créés sur une mauvaise blague. Gavin McInnes, Canadien né au Royaume-Uni en 1970, a fondé en 1994 le magazine *Vice* qu'il a déplacé à New York en 2001. Dans son émission *The Gavin McInnes Show*, il appelle à la violence, présentée comme la solution à tout. Lors d'un spectacle de l'école de ses enfants, à Williamsburg, quartier hipster de New York, il a été révulsé par un élève de 12 ans, qui chantait un morceau de la comédie musicale *Aladdin* : « Proud of Your Boy ». « Ce gamin portoricain déboule et il dit : "Je vais te rendre fier de ton fils !" ["*I'll make you proud of your boy.*"] C'était la putain de chanson la plus gay possible. En regardant, je me suis dit que c'était forcément le fils hispanique d'une mère célibataire. Il a ensuite tapé dans la main d'un homme, mais c'était sûrement pas son vrai père. » McInnes déplore la « guerre contre la masculinité » et pour lui, « ce gamin est l'incarnation de notre dérive ». À l'antenne, la phrase « *Proud of your boy!* » devient un cri de ralliement sarcastique. Certains auditeurs viennent boire dans le studio, un mouvement se crée. Le 26 mai 2016, McInnes annonce qu'il lui a donné un nom, les Proud Boys : « Un gang qui s'appelle les Putains de Meurtriers ou un truc comme ça, c'est des fiottes. Vous savez lesquels c'est, les gangs les plus dangereux ? Ils s'appellent genre les Chialeurs ou les Petits Garçons à leur maman… ces mecs-là, c'est des putains de meurtriers. C'est ce qu'on est. On est les Proud Boys. » Le groupe adopte un uniforme, un polo de la marque Fred Perry, noir à liseré jaune. McInnes le présente comme un club d'hommes qui aiment boire et se battre, sans idéologie. Il n'empêche qu'ils se rendent dans les manifestations où ils trouvent des antifas à tabasser. En 2018, le FBI, dans un rapport, les qualifie de « groupe extrémiste lié au nationalisme blanc », notamment à cause de leur participation à la manifestation néonazie Unite the Right, en août 2017, à Charlottesville, en Virginie, où un homme a tué Heather Heyer, une contremanifestante, en lançant sa voiture dans la foule. En novembre 2018, Gavin McInnes, effrayé par la classification du FBI, quitte les Proud Boys. Enrique Tarrio est élu à sa suite.

« Stand back and stand by »

Tarrio est petit. Des lunettes de soleil cachent son strabisme divergent. Ce n'est pas un ancien militaire, contrairement à beaucoup de membres. Mais il est afro-cubain, argument de poids face aux accusations de racisme contre les Proud Boys. Tarrio est né dans le quartier Little Havana de Miami, en 1984, a abandonné l'école au lycée et s'est mis à vendre des pièces détachées. Il a ensuite mis la main sur des tests de glycémie pour diabétiques, dont il a changé les numéros de série et dates d'expiration avant de les revendre hors de l'État. En décembre 2012, il a été condamné, avec ses complices, à dix mois de prison fédérale ferme à Pensacola, puis à cinq mois dans un centre de réhabilitation proche de Little Havana. Il a plus tard monté une entreprise de sécurité, Spie Security LLC. En mai 2017, elle est engagée pour une fête dans une demeure de Miami, en l'honneur de Milo Yiannopoulos, provocateur d'extrême droite et rédacteur de *Breitbart News*, le site de Steve Bannon. C'est là qu'il rencontre Alex Gonzalez, futur chef des Proud Boys de Miami. Il rejoint le groupe, avec lequel il participe à Unite the Right. En 2018, il devient aussi chef des Proud Boys de la Floride du Sud et cofonde la branche Vice City des Proud Boys de Miami. Mais il organise déjà des événements au niveau national. Le groupe multiplie les manifestations, en particulier à Portland, dans l'Oregon, bastion de l'extrême gauche. Le 29 septembre 2020 a lieu un débat entre les candidats à l'élection présidentielle, Joe Biden et Donald Trump. Chris Wallace, le modérateur de Fox News, demande à Trump : « Vous avez plusieurs fois reproché à [Joe Biden] de ne pas avoir spécifiquement dénoncé les antifas et d'autres groupes d'extrême gauche. Mais êtes-vous prêt, ce soir, à condamner les suprémacistes blancs et les milices et à dire qu'ils doivent se retirer et ne pas aggraver la violence dans un certain nombre de ces villes, comme nous l'avons vu à Kenosha et à Portland ? » Trump : « Je suis prêt à faire n'importe quoi. Je veux la paix… Donnez-moi un nom, allez-y, qui voulez-vous que je condamne ? » Chris Wallace : « Les suprémacistes blancs et les milices de droite. » Biden : « Les Proud Boys. » Trump : « Proud Boys, mettez-vous en retrait et tenez-vous prêts » (« *Stand back and stand by* »). Pas vraiment un appel au calme.

Les Latinos for Trump

Le jour de l'élection, le 3 novembre 2020, je suis à Miami. J'ai couvert l'Amérique latine pendant des années, en particulier les pays « bolivariens » et j'ai vu monter, dans les groupes WhatsApp de Vénézuéliens, l'argument selon lequel Biden est un « communiste ». Le parti démocrate voit les Latinos (que certains appellent « Latinx », en écriture inclusive, terme dans lequel 2 % à 3 % se retrouvent) comme non blancs et donc démocrates, comme les Noirs. Or ce sont des immigrés et non des descendants d'esclaves, venus pour travailler et, pour beaucoup, attachés aux valeurs du travail, de la famille, souvent opposés à l'avortement. Beaucoup ont fui des régimes d'extrême gauche. En 2020, la communauté qui a le plus voté pour Trump, ce ne sont pas les Cubains, mais les Boliviens, arrivés après l'élection de 2019 où Evo Morales, que la Constitution interdisait de se représenter, s'était porté candidat au nom de ses « droits humains », malgré le refus de la population par référendum. En octobre 2019, à El Alto, en Bolivie, j'ai suivi les troubles et la répression, parlé à des journalistes qui m'ont raconté la mainmise croissante sur les médias et l'arrestation d'un jeune charpentier qui avait hurlé : « La Bolivie a dit non ! » sur le passage d'un convoi d'Evo, pour « manque de respect envers le président ». Les Boliviens de Miami ne voteront pas à gauche de sitôt, pas plus que les Vénézuéliens, ou les Colombiens qui les ont vus déferler chez eux pour fuir le régime de Maduro.

Le 3 novembre, Biden perd la Floride. C'est là que j'ai rencontré les Latinos for Trump, dont le chef est Enrique Tarrio. J'ai commencé par l'interviewer au téléphone. Il se remettait d'un coup de poignard à l'abdomen, subi dans une rixe à Washington le soir de l'élection. Il jurait, pourtant, que les Proud Boys n'étaient pas violents. « Il y a deux types de gens : d'abord, il y a ceux qui souffrent de dissonance cognitive, qui, quoi qu'on fasse, diront toujours qu'on est violents, qu'on est des suprémacistes blancs. Je peux leur montrer ma couleur de peau, ce que j'ai dit et fait. Ces gens sont juste complètement cons. Et je me fous de savoir ce qu'ils pensent de moi. En me traitant de quelque chose que je ne suis pas, ils veulent juste me diaboliser. Ensuite, il y a ceux qui ne savent pas. La télévision leur dit qu'on est violents, qu'on est des suprémacistes blancs, mais ils ne nous connaissent pas. C'est ceux auxquels je tente de m'adresser. Je comprends que tout le monde ne soit pas fan de nous, on jure comme des charretiers, on picole, on sait très bien se défendre… Mais je préfère qu'on nous déteste pour les vraies raisons. » Il avait insisté : « On est juste un groupe de mecs qui veulent devenir des hommes meilleurs, des fils, des frères, des pères… » Il présentait son conservatisme comme culturel, logique pour un Cubain. « Quand Castro a pris l'île, ils ont repéré une grande ferme, qui appartenait à une famille riche, près d'un village qu'ils voulaient prendre. Che Guevara la voulait comme QG et quand la famille a refusé, les soldats ont reçu l'ordre de prendre les deux hommes, de les mettre à genoux, de leur nouer les poignets dans le dos et de leur tirer une balle dans la nuque. Leur nom de famille, c'était Tarrio et j'ai leur sang dans mes veines. » Tarrio est un beau parleur.

« Pinochet n'a rien fait de mal »

Le 14 novembre, sur Freedom Plaza, au passage des Proud Boys, la foule lance des « *Thank you for your service* », phrase de gratitude que l'on adresse aux militaires. Ils hochent la tête, graves, et répondent : « On est là pour vous protéger. » De quoi ? Tarrio est introuvable. Quand on l'appelle, on tombe sur sa messagerie : « Salut, c'est Roger Stone ! Enrique ne peut pas décrocher pour le moment. » Il m'a confirmé que Stone lui-même l'avait enregistré, il a aussi des messages d'accueil par Gavin McInnes, Milo Yiannopoulos et Alex Jones, fondateur d'Infowars, dont il assure la sécurité aujourd'hui. Sans lui, interviewer les Proud Boys est compliqué. L'un d'eux me lance : « Ma mère a fui l'Allemagne communiste pour me mettre au monde, ce n'est pas pour vivre dans un pays communiste ici. » Puis : « Je ne vais pas te parler, t'es mon ennemie ! *Fake news*! » Une femme juge utile de m'expliquer : « C'est parce que vous tordez tous les propos. Vous, les médias, vous mentez tout le temps. » Elle exige mon nom. Certains tentent de donner une autre image du groupe. Joe, 42 ans, fait partie des 50 Proud Boys venus de l'Ohio. Il est allé à Paris et à Saint-Rémy-de-Provence, qu'il a adoré. Il ne parle pas français, mais vénère Édith Piaf : « "Padam, padam", "La vie en rose". En 1963, elle a sorti un coffret de 33 tours. Eh ben, j'en ai un. Quelle tristesse, la vie de cette femme. J'ai lu des tas de trucs, c'est horrible… » Il assure que ce qu'il aime, chez les Proud Boys, c'est la fraternité : « Après l'élection, on a tous perdu des copains qui refusaient de nous parler. Faire partie des Proud Boys, ça permet de voir des gens qui pensent comme nous, qui sont ouverts. » Tout ce qu'ils font, m'assure-t-il, c'est boire dans des bars ou chez des potes, et faire des tournois de beer-pong. « On n'est pas racistes, on a des membres juifs, noirs, latinos… »

La veille, chez Harry's, Tarrio m'a dit qu'il avait ordonné à « ses gars » de « ne rien prendre qui pourrait ressembler à des armes », interdites à Washington. Sur Pennsylvania Avenue, je tombe sur George Matheis, de l'église de York, avec son fils. Il ouvre son manteau, narquois, et me montre son Glock 19. Il a le droit de le porter, parce qu'il est ancien policier, soutient-il, et je me demande combien font pareil. George, de toute façon, pense que tout peut servir d'arme, un drapeau, par exemple. Il croit aussi que la soirée sera longue. Des Proud Boys, il me dit : « Je ne les connaissais pas avant le débat, je les respecte. Dans un combat armé, on les défoncerait, mais s'il fallait se battre aux poings, ils sont plus jeunes, ce serait serré… » La manifestation monte jusqu'à la Cour suprême, derrière le Capitole. Trump a prévenu qu'il allait demander aux neuf juges d'annuler ce qu'il considère comme des voix frauduleuses dans les États pivots. Devant le bâtiment, une poignée de manifestants vêtus de noir, certains avec des tee-shirts Black Lives Matter, se tiennent debout, immobiles, derrière des boucliers artisanaux. Ils sont séparés des pro-Trump par une barrière et un cordon de police. Une jeune femme porte un tee-shirt où il est écrit : « Te parler me donne envie de nettoyer mon arme. » Elle leur hurle : « *Fuck you!* », majeur dressé, visage déformé par la haine. La foule scande : « Les médias sont nazes ! »

En fin de journée, je retrouve Tarrio au Dubliner, bar irlandais proche du joyau architectural qu'est la gare Union Station de Washington, avec sa façade néoclassique et sa voûte à caissons ornée de feuilles d'or. Tarrio a commandé un burger et des ailes de poulet, après une bonne journée : il me dit que 300 Proud Boys sont venus. Il a ôté son gilet de protection et montre son tee-shirt. Tarrio est avant tout un vendeur de produits dérivés Maga, sur le site 1776.com. Il porte une de ses créations qui proclame : « Les démocrates mangent et baisent des enfants. » Je sais qu'il ne croit pas à QAnon, il m'a dit que c'était « un horoscope pour mamans trumpistes ». Il s'esclaffe : « Mais ça vend tellement bien. » Un de ses copains porte le classique : « Pinochet n'a rien fait de mal. » Et un autre : « Biden, plus gros recruteur de l'année pour les Proud Boys. » La veille, Tarrio m'a expliqué qu'après le débat, le recrutement « avait explosé de 300 % en Floride ». La mention de leur nom devant 73,1 millions de téléspectateurs, dans un segment qui a ensuite tourné sur les réseaux sociaux, leur a apporté une notoriété inespérée. Tarrio prétend que son euphorie n'a duré qu'un temps. « Joe Biden a annoncé sa candidature à cause de la suprématie blanche à Charlottesville. C'est ce qui lui a donné envie de se présenter », rappelle-t-il. Les premiers mots de la vidéo officielle d'annonce de la candidature de Biden sont : « Charlottesville, Virginie », dont il rappelle l'importance historique (la demeure de Thomas Jefferson, auteur de la Déclaration d'indépendance des États-Unis, s'y trouve). On y voit quelques secondes de Unite the Right, où les néonazis, avec leurs flambeaux, crient : « Les Juifs ne nous remplaceront pas ! » Biden rappelle que Trump a assuré qu'il y avait « des gens bien des deux côtés ». « Il nous a aussi présentés comme des milices et des suprémacistes blancs au premier débat, alors qu'on n'est ni l'un ni l'autre. D'ailleurs, quand un membre de milice veut adhérer, on vérifie ses antécédents, a ajouté Tarrio. Je ne veux pas qu'on soit une milice… » Les milices s'entraînent au combat. Les Proud Boys, eux, sont catalogués parmi les groupes haineux par le Southern Poverty Law Center, institut de recherche classé à gauche. Selon le FBI, leur « objectif principal est de promouvoir l'animosité, l'hostilité et la malveillance à l'encontre de personnes d'une race, d'une religion, ayant un handicap, une orientation sexuelle ou une origine ethnique/nationale différentes de celles des membres de l'organisation ». Le Canada a classé les Proud Boys parmi les « entités terroristes » en février 2021, à cause de son rôle le 6 janvier. Mais le groupe, dans la tradition de McInnes, qui présentait les Proud Boys comme des clowns fêtards un peu sanguins, se revendique « chauviniste occidental ».

Tarrio a poursuivi : « Biden a dit vouloir se présenter pour mettre un terme au suprémacisme blanc et il nous a comparés à ça. Donc je vois ça comme une promesse de campagne, il l'a dit tant de fois. Quel est le groupe de droite le plus connu ? Les Proud Boys ! Donc ce n'est pas absurde de penser qu'il va s'en prendre à moi et à mon groupe. Pour moi, ce combat est plus qu'un choix entre deux voies pour le pays, ça peut être : moi en train de bouffer des putains de sandwiches à la saucisse tous les jours, ou moi dehors. » Il parlait du menu en prison, qu'il connaît bien.

« Right Wing Death Squad »

Au Dubliner, il répète que tout ça n'est qu'une blague, que « la gauche a perdu tout sens de l'humour ». Certains portent un écusson sur l'épaule, RWDS, pour « Right Wing

Death Squad », « Escadron de la mort d'extrême droite ». De la provocation, me dit-il. « La culture du club, c'est de se marrer, de se foutre de la gueule des gens et de nous-mêmes. On a une vague de candidatures en ce moment, il faut vérifier que ces gens ne la changent pas. » Depuis le débat, les *party boys* (les gars qui aiment faire la fête) sont remplacés par les *rally boys* (qui cherchent les rassemblements politiques). Tarrio prétend que les idées du groupe sont « la vénération des femmes au foyer, l'antiracisme et l'entreprenariat ». Il est en train de m'annoncer la création prochaine des Proud Girls, quand son bras droit Jeremy Bertino, barbe noire, aussi grand et longiligne que lui est trapu, l'interrompt : « On a un problème. » Des Proud Boys seraient « bloqués dans un restaurant » où des « putains d'antifas balancent des putains d'explosifs ». Quelqu'un derrière : « Ça commence ! On y va ! » Tarrio : « On se calme, on va nulle part. » Il passe un coup de fil : « J'ai des gars coincés dans un restaurant, et le problème, c'est que j'en ai 25 chez Harry's, qui sont chauds… Tu les sors ? » Il se tourne vers Bertino : « Shane va les sortir. » Il s'agit de Shane Lamond, lieutenant de police de Washington à la tête de la cellule de renseignement. Je demande à Tarrio s'il travaille avec la police, il me répond : « Je ne dirais pas vraiment que je travaille avec eux, je… » Bertino l'interrompt, surexcité : « BLM est en train d'attaquer des partisans Trump partout en ville. Y'a des putains de vidéos. Ils sont en train de les démonter. » À l'entendre, des militants de gauche massacrent des grands-mères trumpistes. « Ah ouais ! On y va ? » lance une voix. Tarrio avale son burger, remet son gilet, soupire : « La journée était terminée, ils étaient rentrés à l'hôtel, mais ils sont ressortis pour acheter de l'alcool. » Lui ne boit pas. « Merci, les gars, je voulais prendre une douche, me changer, me poser dans ma chambre, mais il a fallu que vous ayez envie de faire la fête, hein ? » Bertino : « Moi aussi, je voulais me reposer ! » Tarrio : « Tu mens. » Lui aussi. Les Proud Boys vivent pour ces moments, pour lesquels ils se chauffent toute la journée. Quelqu'un crie : « On va défoncer des communistes dans les rues ! » Un colosse à barbe rousse demande s'il peut venir. Le groupe se met en marche, ils sont 19, ils hurlent « Uhuru ! », terme swahili qui signifie « liberté » et détournement du nom d'un mouvement africaniste de gauche qui milite pour le paiement de réparations aux Noirs. Bertino demande à Tarrio que je dégage, il répond non. Il veut parler en chemin, qui sera long : Tarrio est banni d'Uber, il faut marcher. J'ai fait venir un journaliste anglais, qui lui décrit les ressorts du hooliganisme : de la violence, clanique. « Il y a un petit peu de ça dans ce qu'on fait », réfléchit Tarrio à voix haute. C'est, encore une fois, nier la dimension idéologique.

À la nuit tombée, l'ambiance a changé. L'objectif initial était de sauver les partisans de Trump « prisonniers » de militants de gauche, mais la situation a été réglée. Ça n'a jamais été qu'un prétexte. Le groupe grossit, s'échauffe : des coups, des bouteilles auraient été envoyés. Des antifas auraient volé des casquettes Maga, qu'ils auraient incendiées. Ils auraient balancé des feux d'artifice. Le but est désormais d'en trouver. Ils crient : « *Fuck antifas!* », « *Whose streets? Our streets!* », « Quatre ans de plus ! » (de Trump), « Christ est roi ! » Un Proud Boy, fier de sa voix dans un mégaphone, répète : « Joe Biden est un pédophile. » Parfois, Tarrio, puisant dans ses racines, clame :

« *¡Hasta la vista, antifascista!* » Les passants l'arrêtent pour demander des selfies. Des femmes lui lancent : « Allez les Proud Boys, allez vous les faire ! » La police à vélo se contente de bloquer des rues. « Pourquoi ils ne nous laissent pas faire le boulot ? On pourrait nettoyer la zone », demande un Proud Boy. Ce que je ne comprends pas, moi, c'est pourquoi la police ne les stoppe pas. Le groupe compte maintenant une centaine d'hommes, ils se contentent de contourner la police. Parfois, ils trouvent ce qu'ils cherchent. Deux femmes noires qui les insultent sont exfiltrées par la police. Tarrio guide maintenant son armée ivre et assommée par le cannabis, à trottinette. « Il faut qu'on arrête de courir, sinon on va être trop fatigués pour se battre », lance une voix. Une autre : « Quand on les trouvera, ne frappez pas en premier. » Cela finit par arriver : une autre course, des coups sourds, un homme à terre. Puis une deuxième fois. Celui qui portait le tee-shirt Pinochet en sort, un œil tuméfié et un coup au front. Il crâne : « Je leur ai fait pire. » Puis une troisième fois. C'est la femme noire à la tresse arrachée. Elle est vêtue de noir et porte un casque, comme les antifas. Ce soir-là, une personne est poignardée et vingt autres, arrêtées.

« Début janvier, on prépare un truc pas mal »

Le 18 novembre, jour où la Géorgie doit terminer l'audit et le recomptage des voix, je revois Tarrio à une manifestation Stop the Steal à Atlanta, en Géorgie, État pivot, qui peut basculer du côté démocrate ou républicain, contrairement à la plupart des autres, figés d'un côté. Dans une allée du centre électoral de Marietta, où des équipes composées d'un républicain et d'un démocrate procédaient méticuleusement au recomptage demandé par Trump, j'ai compris que la réalité n'importait plus. « Vous ne trouvez pas bizarre qu'on ne puisse pas s'approcher ? Ils nous cachent quoi ? » avait demandé une républicaine. Nous étions, elle et moi, à moins d'un mètre des tables, derrière un ruban. Le 19 novembre, le secrétariat d'État de la Géorgie confirme la victoire de Joe Biden. À Atlanta, plusieurs jours de suite, les manifestants tournent autour du capitole, avec des panneaux « Révoquez Raffensperger », « Auditez Kemp » et « Kemp renégat ». Le 20 novembre, le gouverneur Brian Kemp, en présence du secrétaire d'État, Brad Raffensperger, prend acte de la victoire de Biden dans l'État et signe la certification qui lui attribue les 16 grands électeurs. « Les chiffres ne mentent pas, déclare Raffensperger. En tant que secrétaire d'État, je crois que les nombres présentés aujourd'hui sont corrects. » Tous deux sont républicains et, pour les Maga, ce sont des traîtres. Le 21 novembre, la foule prie devant le Capitole, scande : « USA ! USA ! » Les femmes prennent des selfies avec Tarrio dans sa pose favorite, pouces calés dans les bretelles de son gilet pare-balles. Sa voiture a été volée, il est persuadé que « c'est un antifa ». Je lui demande si le groupe prévoit encore beaucoup de manifestations, alors que l'investiture de Biden semble inéluctable et que je compte rentrer en France pour Noël. Une deuxième Million Maga March est prévue à Washington, le 12 décembre. Il ajoute : « Ensuite, on va se calmer pour la fin de l'année. Mais début janvier, on prépare un truc pas mal. » J'ai oublié. Et puis, le 19 décembre, j'ai vu le tweet de Trump.

3

La machine à juger le 6 janvier

Miami, Floride.

Les équipes de télévision s'entassent, sous une pluie battante, le long du café Versailles, à Miami. Les touristes sont déçus lorsqu'ils abordent la Calle Ocho, dans le quartier Little Havana, par ce côté. Ils imaginaient des ruelles tortueuses, des églises coloniales, des balcons en fer forgé et des pavés inégaux. Ils découvrent une avenue à quatre voies où les enseignes américaines se mêlent aux restaurants cubains d'où s'échappe la salsa de Celia Cruz. Le Versailles, aux salles ornées de miroirs ciselés, lustres et dorures, est connu pour ses *croquetas*, croquettes au fromage et au jambon, que les serveuses apportent avec des « *mi amor* », « *cariño* » ou « *mi vida* », ses pâtisseries à la goyave, sa *ventanita*, comptoir extérieur où les clients s'accoudent pour avaler leur *cortadito*, café cubain serré, et sa tradition anticastriste. On raconte que les exilés y ont comploté contre le Líder Máximo. En 2006, quand Fidel Castro a été hospitalisé, les médias se sont installés sur le parking. Et quand il est mort, le 26 novembre 2016, la diaspora a fait la fête toute la nuit. En ce 11 juillet 2021, elle est là. Des milliers de jeunes, sur l'île, à 200 kilomètres et quelques messages WhatsApp de là, sont descendus dans la rue pour réclamer la liberté, excédés par les privations aggravées par le Covid qui dépouille l'île des recettes du tourisme. Ils hurlent : « À bas la dictature » et des rappeurs ont enregistré un titre, à Miami et en cachette, à Cuba : « Patria y vida ». C'est une gifle pour le régime, un démenti à la phrase de Fidel Castro, en 1960, devenue slogan du pays : « *Patria o muerte, venceremos* » (« La patrie ou la mort, nous vaincrons »). La chanson a été vue des millions de fois sur YouTube et la dictature se trouve impuissante face à ce cri qui traduit la fatigue des vieux idéaux guévaristes. Ce qu'exige la jeunesse de 2021, c'est la patrie et la vie.

Une minorité contre l'autre

Miami a été prise de court. Cela fait trois jours que je n'ai pas parlé anglais, les avenues et même, un jour, une bretelle d'autoroute sont noires de gens qui vivent, aiment et angoissent pour leurs proches, en espagnol. L'enclave cubaine, qui fait basculer les élections à Miami et en Floride, vit des heures décisives et le reste des États-Unis l'ignore. La diaspora demande une intervention militaire irréaliste au gouvernement Biden ou, au moins, qu'il aide à rétablir Internet sur l'île. Le régime a tabassé et arrêté en masse. Black Lives Matter, l'organisation née en réponse aux violences policières, marxiste, a déclaré son soutien aux Cubains « affectés par les pénuries dues aux sanctions américaines ». Pour les manifestants, c'est une trahison : « Dans les vidéos, les gens à Cuba crient : "*¡Libertad!*" Même sans parler espagnol, on comprend qu'ils ne demandent pas du pain ou des vaccins ! » s'indigne une femme. Certains prétendent qu'ils ont soutenu la communauté noire après la mort de George Floyd et sont ulcérés qu'elle ne leur rende pas la pareille. Les deux minorités se tiennent chacune d'un côté de la fracture politique américaine. En Biden, ces Cubains et ces Vénézuéliens voient l'ancien vice-président de Barack Obama qui, selon eux, a naïvement essayé d'instaurer la détente avec Raúl Castro. Dans les cortèges, ils agitent des drapeaux : « Biden, montre-toi ! », « Biden, on veut des réponses », ou : « Biden, gros con ! » En Trump, pour qui presque tous ont voté, ils voient celui qui a durci les sanctions contre Cuba. Les grands médias, épuisés d'avoir couvert Trump pendant quatre ans, veulent tourner la page. Beaucoup pensent qu'il est fini. Le 11 juillet, j'étais à la Convention d'action politique conservatrice, à Dallas, sommet républicain bisannuel dont le couple organisateur, Matt et Mercedes Schlapp (Cubaine de Miami), a fait une grand-messe à la gloire de Trump. L'ancien président répétait, huit mois après l'élection, qu'on lui avait volé la victoire, devant 4 000 fans. Lors du sondage interne sur le candidat préféré pour la présidentielle de 2024, il avait remporté 70 % des voix, devant Ron DeSantis, jeune gouverneur de Floride, à 20 %. Trump était toujours le héros, le chef du parti.

Les Proud Boys à Miami

Les manifestations de Miami ne font que le confirmer. Sur le parking du Versailles, les rappeurs chantent « Patria y vida », introduits par des politiciens locaux, comme Francis Suárez, maire de Miami, d'origine cubaine. Le 17 juillet, la diaspora organise un rassemblement « Maga Save Cuba ». Un soir, dans la foule, je tombe sur Enrique Tarrio, avec une dizaine de ses hommes. Ils déploient un drapeau : « *Proud Boys San Isidro Chapter, Abajo con Díaz Canel y los comunistas* » (« Branche des Proud Boys de San Isidro. À bas Díaz-Canel et les communistes »). San Isidro est le collectif d'artistes formé en 2018 contre la censure du régime castriste. En novembre 2020, ils ont entamé une grève de la faim à La Havane et l'assaut de la police pour les déloger a alimenté la grogne qui a mené au 11 juillet.

Tarrio porte un nouveau tee-shirt, dont le slogan s'étale sur deux lignes, précédées par des cases. La première est cochée, elle est suivie de la mention : « Capitole des États-Unis ». La deuxième est vierge, devant les mots : « Capitole de Cuba ». « J'ai fait le truc le plus provocant possible », me lance-t-il en souriant. Il existe bien un « Capitolio nacional », à La Havane, mais depuis la révolution, il abrite l'Académie des sciences et du ministère de la Science, de la Technologie et de l'Environnement. Peu importe, il s'agit de jouer sur l'idée que Biden instaure une dictature communiste. Les convictions de Tarrio ne m'ont jamais semblé bien solides. À Atlanta, il a ironisé sur l'obsession de ceux qui croyaient que « le mec orange » avait gagné. Je le pousse sur les raisons de sa présence. « J'ai des cousins sur l'île, proteste-t-il, ils ne sont pas joignables depuis des jours, bien sûr que ça m'importe. » Il enchaîne : « Soyons honnêtes, quel meilleur président que moi pourrait avoir Cuba ? »

L'ambiguïté est l'un des traits de Tarrio. Avec les journalistes, en petit comité, il est amical, raisonnable, séducteur. Ce n'est pas pour rien qu'il est porte-parole. Ses posts sur Telegram, glorifiant la violence, semblent émaner d'une autre personne. « C'est un super endroit pour recruter, on fait du réseau, admet-il. Ces rues-là, je les travaille depuis des années. On est aussi là pour installer un état d'esprit conservateur, s'assurer que la Floride ne soit pas un État pivot, qu'il ne soit même pas envisageable pour les démocrates. » Ils déploient un drapeau : « Trump a gagné, reprenez l'Amérique. » Tarrio assure que depuis le 11 juillet, les Proud Boys de Miami ont reçu beaucoup de candidatures. C'est sûrement vrai. Fin janvier, Reuters a révélé qu'il avait été informateur pour le FBI, en échange d'une réduction de peine pour son affaire de trafic de tests d'insuline. En août, il a été démis de sa position de chef de la branche Vice City et il en a créé une nouvelle, Villain City. Mais ici, personne ne lui en veut, il est arrêté à chaque mètre pour des photos. Une journaliste de la chaîne mexicaine Univisión tente un direct, les Proud Boys crient devant la caméra : « *¡Univisión, comunistas! ¡Jorge Ramos, comunista!* », référence au journaliste star de la chaîne, qui s'en est pris à Trump pour ses saillies racistes et sa politique migratoire. Tarrio est aussi là « pour s'amuser, parce que c'est un truc à voir ». On en oublierait presque la mention RWDS sur sa casquette. Je lui demande ce qu'est devenu le projet des Proud Girls, la réponse fait honneur à la misogynie de McGinnes : « Les Boys ont voté contre. Les filles, entre elles, elles sont terribles. Elles disent des horreurs les unes sur les autres. Les Boys aussi, remarque. » Tarrio a beau faire le malin, il est nerveux à cause de ses procès.

Premières arrestations

Le 6 janvier, à Washington, j'ai cherché, en vain, les polos noir et jaune. Tarrio avait été arrêté le 4 janvier, à la sortie de l'aéroport Ronald-Reagan, pour avoir brûlé une bannière Black Lives Matter lors de la deuxième Million Maga March, le 12 décembre 2020. Lorsqu'ils ont barré la route à son Uber, alors qu'il venait de quitter la Virginie pour le district de Columbia, les policiers qui l'ont fouillé sont tombés sur des chargeurs de munitions de haute capacité, dont la possession constitue un crime à Washington. Après le paiement de sa caution, le 5 janvier, Tarrio avait ordre de quitter la ville, il s'est installé dans un hôtel de Baltimore. J'avais tenté de le joindre, mais on lui avait confisqué son téléphone. Le 6 janvier, il a suivi l'assaut du Capitole à la télévision. Ses Boys étaient en première ligne, mais n'avaient pas revêtu leurs couleurs. Au Versailles, sept mois plus tard, à la table où je les rejoins pour comprendre ce qu'ils font là, il y a les groupies habituelles, autour de Gabriel García. Le 6 janvier, cet ancien capitaine de l'armée s'est filmé à l'intérieur du Capitole et a lancé, d'un ton menaçant :

« Nancy… Viens jouer… » à l'adresse de Pelosi. Il a encouragé la foule à « envahir cette merde » et traité les policiers de « putains de traîtres ». García est l'un des cinq Proud Boys qui ont siégé au comité exécutif du parti républicain de Miami-Dade, son organe dirigeant local. Il a succédé à Tarrio à la tête de la branche des Proud Boys de Miami. Le 19 janvier, il a été arrêté, mais en attendant son procès, il s'est lancé dans une tournée de soutien aux accusés du 6 janvier. Il s'est plaint que son bracelet électronique lui coûtait des clients, pour son entreprise de toiture. Il y a aussi Gilbert Fonticoba, barbu, massif, garde du corps de Tarrio, autre élu du comité exécutif du parti républicain local. Il me demande d'où je viens et me coupe : « T'es pas française, tu sens pas mauvais. » La Vénézuélienne très maquillée à côté de lui le reprend : « Gilbert ! Ce n'est pas gentil… » Parce qu'on a des manières, chez les Proud Boys. Fonticoba n'en démord pas, une journaliste française les a suivis et elle sentait mauvais. Je réponds : « C'est à cause de nos lois, en France. On n'a pas le droit de se doucher. » Il me regarde, effaré : « Sérieux ? » Je reprends : « Oui, ou alors uniquement au vin rouge. Et ça colle, c'est cher, tout le monde ne peut pas se l'offrir. » Il hoche la tête : « Tu dois être super contente d'être ici… » La table s'esclaffe, il se reprend : « Tu te fous de ma gueule, en fait ? » Fonticoba aussi est entré dans le Capitole, il était avec les meneurs, Joe Biggs et Ethan Nordean, quand ils ont renversé une barrière. Le 6 au soir, il a rejoint Tarrio à Baltimore. Il n'a pas encore été arrêté. Ça ne saurait tarder.

La plus vaste enquête fédérale de l'histoire des États-Unis

Car le FBI enquête. Les abribus du pays sont couverts de montages de photos de participants prises le 6 janvier, avec leurs casquettes et bonnets Maga, leurs drapeaux, bouche ouverte parce qu'ils sont en train de crier un slogan, ou couverte par un foulard. On peut y lire : « Aidez le FBI à identifier les individus qui sont entrés illégalement dans le Capitole et ont attaqué des agents fédéraux. Vous reconnaissez quelqu'un ? » Suivent des liens vers des formulaires sur Internet. L'agence épluche des millions de photos et d'heures de vidéo. Une communauté en ligne de citoyens bénévoles s'est créée, les Chasseurs de sédition, qui a élaboré une carte interactive géolocalisant les vidéos des réseaux sociaux et une base de données des visages. Le 6 janvier a déclenché la plus vaste enquête fédérale de l'histoire des États-Unis, en nombre de documents et d'accusés. Chaque mois, le Département de la Justice publie une mise à jour des procès. En septembre 2024, plus de 1 488 personnes ont été mises en inculpation dans les 50 États, 547, accusées d'attaque, résistance, entrave à la fonction d'agents, dont 163 avec une arme dangereuse ou létale, ou pour blessure grave à agent. Environ 1 417 ont été accusées d'être entrées ou d'être restées sur un terrain fédéral interdit d'accès, dont 171, avec une arme dangereuse ou létale et 11 ont été arrêtés pour avoir attaqué des journalistes ou détruit leur matériel. Environ 944 ont été jugés, et 562 ont reçu des peines de prison. Fin 2024, l'enquête et les arrestations se poursuivent.

Ceux qui sont arrêtés sont jugés à Washington. Le tribunal E. Barrett Prettyman se trouve sur Constitution Avenue, à Judiciary Square, quartier des administrations. Le président Harry Truman a posé la première pierre le 27 juin 1950, jour où a éclaté la guerre de Corée. Ouvert en novembre 1952, il est un exemple du classicisme épuré des institutions américaines édifiées après la Seconde Guerre mondiale. Devant trône le mémorial du général de l'Union George Gordon Meade, qui a vaincu le confédéré Robert E. Lee à Gettysburg, en juillet 1863, bataille considérée comme le tournant de la guerre de Sécession. De 1861 à 1865, le conflit entre Nord unioniste et Sud confédéré a causé au moins 620 000 morts (750 000 selon des estimations récentes). Les désaccords portaient sur le rôle du gouvernement fédéral et sur l'esclavage, clé pour l'économie du Sud reposant sur les plantations. Le 6 janvier, des drapeaux confédérés flottaient sur l'océan d'étendards. Une photo emblématique montre un homme, dans la rotonde du Capitole, qui en porte un sur l'épaule gauche. En février 2023, le juge Trevor McFadden a condamné Kevin Seefried, mécanicien du Delaware, à trois ans de prison. Brandir ce symbole à cet endroit était « particulièrement choquant » et « honteux », a-t-il dit. « J'espère que vous vous rendez compte combien c'est outrageant », a-t-il insisté. « Je pensais que me faire entendre était protégé par la liberté d'expression, mais je sais que j'ai dépassé les limites, a répondu Seefried. Je n'ai jamais voulu envoyer un message de haine. » Les Américains appellent la guerre de Sécession la « Guerre civile ». Le tribunal Prettyman est l'illustration de cette plaie béante que la justice tente de panser, ce conflit entre deux Amériques qui se méprisent.

Les assaillants du Capitole devant les juges

Au début, je suis allée voir de « petits » procès. Comme, le 16 décembre 2021, Andrew Hatley, essoufflé, penché, mains sur le pupitre, jambes écartées, cheveux blonds tirés en catogan, barbe dépassant du masque, boudiné dans sa chemise bleue et son pantalon beige. C'était la première fois que je voyais le contraste entre les vidéos des accusés bravaches, avec leur accoutrement Maga le 6 janvier, et leur regard apeuré quand ils prennent conscience des conséquences de leurs actes, vêtus de la façon la plus formelle qu'ils connaissent. Sur le selfie dans le Capitole, où il a passé quinze minutes, Hatley portait un chapeau de cow-boy et un masque à gaz. Comme beaucoup, il avait commencé par nier que c'était lui. « J'étais terrifié, Votre Honneur », se justifiait-il. Le juge Thomas Hogan avait insisté : pourquoi un masque à gaz, s'il n'avait aucune mauvaise intention ? « Je pèse 136 kg, Votre Honneur. J'cours pas vite. Et j'avais vu que, dans d'autres manifs, ils gazaient les gens. » Hogan avait soupiré. C'était une histoire de chauffeur de camion esseulé, en Caroline du Sud, abreuvé de milliers d'heures de radio complotiste, qui pensait qu'il se ferait des amis. « Il s'agissait d'empêcher le processus démocratique de transmission du pouvoir. Certains disent que rien de grave ne s'est passé le 6 janvier. C'est une version que nous devons dégonfler », avait déclaré Hogan. Hatley avait écopé de trois ans de prison avec sursis.

Le tribunal Prettyman, certains jours, ne semble consacré qu'à ça. On peut passer une journée à écouter, d'une salle d'audience à l'autre, la description des couloirs saccagés, des élus terrifiés, des policiers tabassés, à voir les accusés sangloter ou tenir tête aux juges. Chacun (ils sont une vingtaine) siège dans sa salle lambrissée, à côté du drapeau dans lequel tant d'accusés se sont drapés, devant des bancs en bois souvent vides. Joe Biden a promis de réconcilier les Américains. A-t-il conscience de la profondeur du gouffre entre eux ? Andrew Hatley était un cas facile pour son avocat, Joseph Conte, dont c'était le 12e client du 6 janvier. Ses regrets semblaient sincères. Tous ne les expriment pas. Et tous sont sûrs que Trump a gagné l'élection. « Ils n'en démordent pas », m'avait-il dit.

Le lendemain, c'était le tour d'Anthony Mariotto, trader de porcs en Floride. Le juge Reggie Walton était ulcéré parce qu'il avait refusé le vaccin contre le Covid, comme beaucoup. S'il avait su, Walton aurait rendu sa sentence par visioconférence. La procureure, cas contact, était apparue sur un écran. Elle avait transmis des vidéos du téléphone de Mariotto dans lesquelles il forçait l'entrée, dépassant les policiers paniqués. Avec d'autres, il était monté à l'étage, avait tambouriné aux portes : « Coucou ! Où sont les traîtres ? », puis : « Défends ta Constitution, défends ton pays ! » Mariotto regrettait, mais à sa façon. « Si seulement le président Biden avait gagné à des milliards de voix, rien de tout ça ne serait arrivé », avait-il dit. « Il a gagné avec une marge de 7 millions de voix », avait répondu Walton. « J'aurais préféré 1 milliard », avait repris Mariotto. Walton avait déploré que certains aient été « assez crédules » pour accorder du crédit aux « allégations ridicules » de Trump. « C'est de la foutaise. Ceux qui ont fait ça, le 6 janvier, étaient tout sauf des patriotes. » Mariotto aussi a écopé de trois ans avec sursis. Et la « foutaise » ne se dissipait pas. D'après un sondage de Bright Line Watch en novembre 2021, seuls 27 % des républicains pensaient que Biden était le président légitime. La répétition du « grand mensonge » par Trump avait porté ses fruits. Dana Winn et Rachael Pert, de Floride, comparaissaient ensemble. Sur la photo dans le Capitole, elle était enroulée dans un drapeau Trump. Son avocat soutenait qu'elle était venue « pour que M. Winn n'aille pas seul à la manifestation à laquelle il tenait ». Le juge Trevor McFadden avait lu leur dialogue filmé. Pert : « Il y en a qui disent qu'on a arrêté le vote. » Winn : « C'est pas pour ça qu'on était venus ? » Le juge avait repris : « Je suis choqué que vous ayez pensé que vous pouviez faire la loi vous-mêmes. » Sentence : deux ans de sursis pour lui, un pour elle. Selon le sondage, 9 % des républicains approuvent les violences du 6 janvier, et 17 % y sont favorables pour réinstaller Trump au pouvoir.

À couteaux tirés

Contrairement au récit républicain d'une manifestation pacifique, il y a eu beaucoup de violence et beaucoup d'armes. Comme celles de Robert Palmer, 54 ans, cheveux blancs, qui comparaît en combinaison orange de prisonnier. Son fils, sa fille et une amie sont venus de Floride pour le soutenir. Le 6 janvier, Palmer portait un drapeau « Biden est un pédophile ». Sur la terrasse ouest du bas, près du « tunnel », une entrée dans la façade ouest où les combats ont été les plus violents, il a frappé des policiers avec une planche de bois, puis les a aspergés avec un extincteur, avant de le leur jeter. Il leur a ensuite balancé une barre en métal, avant qu'un d'eux l'atteigne à l'abdomen d'une balle en caoutchouc. Palmer a plaidé coupable. Puis il a collecté des fonds pour sa défense, en se présentant comme un « patriote » qui avait agi en état de légitime défense. La juge Tanya Chutkan est furieuse : « La fausse déclaration signifiait, au moment où il a plaidé coupable, qu'il niait toujours sa culpabilité. » Difficile de croire à ses remords. « Regardez derrière vous, ordonne-t-elle. Ce sont des U. S. marshals. Ils ont quitté ce tribunal en courant ce jour-là. Ils se sont mis en danger pour protéger les occupants du Capitole. Ce sont eux, les patriotes… Ils ne savaient pas s'ils reverraient leurs enfants le soir. » Palmer bredouille qu'il a honte. En prison, il s'est vu sur les images de la chaîne de gauche MSNBC, qu'il découvrait – elle est honnie des républicains. « J'étais horrifié, absolument dévasté », répète-t-il. Son avocat tente une défense : « Mon client a été poussé par Trump, qui l'a convaincu que l'élection lui avait été volée… » Il constate qu'aucun architecte [du 6 janvier] n'a été accusé d'aucun délit. Trump est l'éléphant dans ces salles d'audience, général en chef de ces accusés, jamais inquiété. Chutkan hoche la tête : « Je suis d'accord mais je n'ai pas d'influence là-dessus. » Elle tranche : « Chaque jour, on entend parler de violences potentielles lors des élections présidentielles de 2024. Il doit être clair que toute tentative de renverser le gouvernement par la violence, d'empêcher la transition pacifique du pouvoir et d'agresser les forces de l'ordre dans ce cadre entraînera une punition absolument certaine. » Elle condamne Palmer à cinq ans de prison ferme. À ce moment-là, le 17 décembre 2021, c'est la peine la plus longue pour l'assaut du Capitole.

L'« armée de Trump »

Tarrio, lui, est libre. Du moins, pour le 6 janvier. Le 23 août, il a été condamné à cinq mois de prison pour la bannière Black Lives Matter et les chargeurs. Il a plaidé coupable, même s'il dit que ce n'est pas lui qui a mis le feu au drapeau, alors qu'il s'en était vanté sur les réseaux sociaux. Il s'est accusé, me dit-il, « pour protéger ses gars ». Quand il sort de prison, le 14 janvier 2022, il annonce qu'il quitte la direction des Proud Boys et pense se lancer en politique locale. Le 4 février, la Commission d'enquête sur le 6 janvier le cite à comparaître. Les 231 pages de retranscription montrent un interrogatoire tendu au début, où Tarrio refuse d'expliquer son rôle au sein des Proud Boys. Ensuite, il parle, incapable de résister à un public d'aussi haut niveau. « Croyez-vous que l'élection a été volée ? » lui demande l'un des membres de la commission. Il répond, doctement : « J'ai une vision très compliquée de la chose. Je... je ne peux pas vous dire avec certitude que l'élection a été volée, ou que l'élection n'a pas été volée. Je ne sais pas comment marche chaque État… Je fonde mon jugement sur l'histoire des… que les États-Unis ont, d'accord. Et l'histoire des États-Unis est très sombre et sinistre… Je veux parler de, récemment, le gouvernement des États-Unis s'est mêlé d'élections d'autres pays. »

On lui fait lire un message qu'il a posté sur Parler : « Les Proud Boys viendront en masse le 6 janvier, mais avec une particularité cette fois : nous ne porterons pas nos traditionnelles couleurs noir et jaune. Nous serons *incognito* et répartis dans le centre-ville de Washington en équipes plus petites. Et qui sait ? On pourrait s'habiller en noir pour l'occasion. » L'idée, insiste-t-il, était de ne pas être reconnus par les antifas. « Donc, c'était de la désinformation antifa ? » demande un membre de la commission. « Correct », répond Tarrio. On lui demande s'il s'est coordonné avec les Oath Keepers, il dément. C'est sur Trump que la commission enquête. Elle cherche à établir si des groupes comme les Proud Boys ont constitué son armée. Tarrio pense qu'il est protégé par son absence ce jour-là, mais il veut éviter de retourner en prison. L'entretien dure cinq heures. Il assure que lorsqu'il a vu les images de l'assaut du Capitole le 6 janvier, il était « sous le choc ». Que s'il avait été là, les Proud Boys ne seraient pas allés au Capitole, parce qu'il cherche à éviter le chaos. La preuve, il s'est souvent « coordonné avec la police » pour éviter des confrontations. Il se lance dans l'analyse politique : « Qu'est-ce qui a fait que ces gens ont pensé que c'était autorisé d'aller dans le Capitole ? La première chose que quelqu'un de l'autre côté répondrait serait : “Eh bien, Donald Trump a dit que l'élection a été volée.” Moi, je dirais que c’était la cerise sur le gâteau. Je serais d’accord avec cette déclaration, mais je pense qu’il y a une montagne de choses que les gens ne voient pas. » Il estime que le mépris et ce qu’il considère comme de la censure envers les partisans de Trump ont causé les tensions. Il propose aux membres de la commission de leur expliquer tout ça dans un cadre informel et un membre dit « certainement vouloir accepter ».

Deux jours plus tard, je le vois dans son hôtel de Virginie. Il assène que les Proud Boys n’ont pas été les premiers à entrer. « Rien n’était préparé, me répète-t-il, ce n’était pas prévu d’aller au Capitole, de faire quoi que ce soit au sujet de l’élection. » Il est sûr d’avoir captivé les membres de la commission, de leur avoir expliqué « l’énorme division du pays et pourquoi on se saute à la gorge ». Surtout, il me montre une vidéo dont il est sûr qu’elle innocente son ami Joe Biggs, arrêté parce qu’il est entré dans le Capitole. C’est la visioconférence de quelques membres choisis avant le 6 janvier pour créer le Ministry of Self Defense (ministère de l’Auto-défense). On les voit débattre, entre deux insanités, de la façon de se prémunir d’attaques d’antifas, surtout au couteau, le 6 janvier. Ils parlent aussi d’autoriser la présence des groupies. La réponse est non. « Les femmes, ça sert à trois choses : les bébés, les pipes et les sandwiches », dit l’un d’eux. Tarrio est confiant. Il veut se lancer dans la location de maisons de vacances, avec panneaux solaires. À l’aube du 8 mars 2022, le FBI débarque chez lui à Miami. Il est arrêté pour complot séditieux, en lien avec l’assaut du Capitole le 6 janvier 2021.

4

La guerre des utérus

Washington, District de Columbia.

Paxton Smith sort de la mêlée pour souffler. La dernière chose dont elle a envie, c'est une interview. « Là, maintenant ? » Elle prend une inspiration : « Bon… Je suis venue utiliser ma voix, mon corps, pour dire qu'on n'accepte pas qu'ils annulent l'arrêt *Roe v. Wade.* » La Cour suprême, avec ses colonnes de marbre blanc, est entourée de grilles depuis des semaines. Il fait plus de 30 degrés, et les manifestants vocifèrent. « Mon corps, mon choix ! », contre « *Goodbye Roe!* ». En ce vendredi 24 juin 2022, à 10 h 15, six juges viennent de priver les Américaines d'un droit qu'elles avaient depuis cinquante ans. En 1973, le pays figurait parmi les premiers à garantir l'accès à l'avortement, grâce à l'arrêt *Roe v. Wade*, qui l'instaurait jusqu'à la viabilité du fœtus. Au-delà, les États étaient libres de légiférer. Ils viennent de l'annuler, avec l'arrêt *Dobbs v. Jackson Women's Health.* À Washington, les habitants se sont rassemblés, avec des panneaux maison : « Je ne retournerai pas aux années 1950 sans rien dire », « Vous ne pouvez pas interdire l'avortement, vous pouvez juste interdire l'avortement sans risque », « Arrêtez de légiférer sur nos corps », « L'avortement, c'est un soin de santé ». Celui de Paxton proclame : « J'aiderai et je faciliterai l'avortement. » Chez elle, au Texas, où l'IVG est interdite après six semaines de gestation, quiconque aide une femme à s'en faire pratiquer une est passible de poursuites. Elle est lasse. J'ai interviewé Paxton, nez en trompette et carré auburn, en octobre 2021, à l'université d'Austin, capitale du Texas. En mai, l'État avait adopté la loi « du battement de cœur » (du fœtus), qui fixe la limite à un moment où beaucoup de femmes ignorent qu'elles sont enceintes. Le Texas était précurseur. « La loi SB8 [Senate Bill 8] n'est qu'une étape vers l'annulation de *Roe v. Wade* », m'avait déclaré, serein, Joe Pojman, directeur de Texas Alliance For Life, association en première ligne dans la lutte anti-avortement. Lui, un homme, moustache et barbe soigneusement taillées, m'avait expliqué que si les femmes allaient se faire avorter hors du Texas, c'était qu'elles ignoraient qu'on pouvait les aider avec trois mois de couches gratuites. Dans son bureau étaient exposés des fœtus en plastique, censés représenter les phases de la gestation.

L'annulation de Roe v. Wade

Au Texas, aucun médecin n'avait accepté de me parler, même au téléphone, même en changeant de nom, même si je leur demandais juste de m'expliquer les conséquences de la loi sur la santé publique et non s'ils l'enfreignaient, ce qui les exposait à une peine de prison. L'État était plongé dans une terreur qui donnait une idée des conséquences d'une interdiction élargie. En juin 2021, Paxton, la meilleure de sa promotion de lycée, avait fait scandale en consacrant son discours de fin d'année à la loi, qui devait être appliquée en août. Depuis, c'est une figure de la lutte pour le droit à l'avortement, qui sillonne le pays pour donner des conférences. À 19 ans, c'est lourd : « Ce n'est pas marrant d'être militante. J'ai eu envie de laisser tomber plein de fois, je suis fatiguée. Mais j'ai écouté les histoires de femmes qui ont avorté avant *Roe v. Wade*, qui auraient pu en mourir… Je ne peux pas arrêter. » Elle veut étudier la musique, pas la politique. Mais cette semaine, elle est venue tous les jours, devant le 1, First avenue NW, derrière le Capitole, pour attendre la décision.

Ce n'est pas une surprise. Depuis la fuite sortie par Josh Gerstein, du site Politico, le 3 mai, on savait que les juges allaient annuler Roe et qu'il reviendrait à chaque État d'autoriser, ou non, l'avortement. Pourtant, Paxton est abattue, visage fermé : « C'est vraiment décevant. Ce que je ressens plus que tout, c'est la peur de l'avenir. Le Texas va rendre l'avortement illégal dans trente jours. Les médecins risqueront la prison à vie s'ils le pratiquent. » Ils sont 67 %, parmi les 18-29 ans, à penser qu'il devrait être légal. Et beaucoup ricanent à l'évocation du rêve américain : « Je suis perdue. Ici, la propagande est très forte dans le système éducatif. On t'enseigne dès l'enfance que l'Amérique, c'est la terre de la liberté. De l'égalité. Un refuge. On peut vivre sa vie comme on veut. C'est ça, l'Amérique qu'on vous dépeint. Et savoir que maintenant, ce n'est plus du tout ça… Je n'ai pas le droit de contrôler mon corps, ma vie, si je tombe enceinte, l'État où je suis peut me forcer à avoir un enfant contre ma volonté. Et je ne peux rien y faire. C'est ça, l'Amérique, maintenant. Et c'est bizarre parce que c'est tellement différent de ce que j'ai appris en grandissant. »

L'arrêt Dobbs est venu du Mississippi. En 2018, le gouverneur Phil Bryant a signé une loi qui interdisait l'avortement après 15 semaines, à moins d'un problème de santé mortel pour le fœtus ou d'une menace assez grave pour altérer « une fonction corporelle » de la mère. Jackson Women's Health Organization, seule clinique qui pratiquait encore l'avortement dans le Mississippi, avait attaqué l'État (Thomas Dobbs était secrétaire d'État à la santé) au motif qu'elle était anticonstitutionnelle. Celui-ci, en retour, avait demandé à la Cour suprême d'annuler Roe. Sans surprise, les juges républicains Samuel Alito, John Roberts (juge en chef), Neil Gorsuch, Clarence Thomas, Brett Kavanaugh et Amy Coney Barrett lui ont donné raison. « Nous soutenons que Roe et Casey [*Planned Parenthood v. Casey*, en 1992, avait confirmé Roe] doivent être annulés. La Constitution ne fait pas référence à l'avortement, et aucun droit de la sorte n'est implicitement protégé par une disposition constitutionnelle… La Constitution ne confère pas le droit à l'avortement ; Roe et Casey sont annulés ; et l'autorité de réguler l'avortement est rendue au peuple et à ses représentants élus », écrit Alito. Les trois juges démocrates ont répondu : « Ôter à une femme le droit de choisir de poursuivre ou non une grossesse ne signifie pas qu'aucun choix n'est opéré. Cela signifie qu'une majorité de la Cour actuelle a arraché ce choix aux femmes et l'a donné aux États... Les femmes comptent sur Roe et Casey depuis cinquante ans. Beaucoup n'ont jamais rien connu d'autre. Quand Roe et Casey disparaîtront, la perte de pouvoir, de contrôle et de dignité sera immense... Avec tristesse – pour cette Cour, mais encore plus pour les millions d'Américaines qui ont perdu aujourd'hui une protection constitutionnelle fondamentale –, nous exprimons une opinion dissidente. »

Une autre jeunesse

Devant la Cour suprême, il y a une autre jeunesse, à laquelle Paxton n'a pas parlé. Jeune, féminine, ultra-conservatrice, ultra-religieuse. Lorsque la décision est tombée, elles ont hurlé de joie, pleuré de bonheur. Elles portent des tee-shirts siglés et des panneaux produits à des centaines d'exemplaires : « Je suis de la génération pro-vie. » Le tabou est tel, aux États-Unis, que les pro-avortement se disent « pro-choix » et les antis, « pro-vie ». Ces jeunes femmes ont été amenées en bus de Floride par l'organisation Students for Life of America, fondée en 1988, qui compte 2 000 branches dans les lycées et universités. La présidente, Kristan Hawkins, s'oppose à l'avortement même en cas de viol ou d'inceste, et à la fécondation *in vitro*, « modèle économique reposant sur des enfants jetables et qui les traite comme des biens ». En ce jour de victoire, elle a déclaré à NBC News que son but était l'interdiction de l'avortement dans tous les États, « grâce à une armée de 150 000 jeunes bien formés ». Ce sont eux qui répètent avec passion des éléments de langage. Cassidy Juliet, 19 ans, jubile : « C'est un jour nouveau pour l'Amérique, un tournant. Cette loi a fait du mal à tant de familles, tant de communautés, tant d'enfants. » En Floride, l'avortement sera limité à 15 semaines. Kaley, son amie, rêve de « la protection de l'enfant dès la conception ». Les cas de viol « sont des situations poignantes, mais l'avortement ne va pas dévioler la femme ».

Elles sont si jeunes, je leur demande si elles ont la certitude que ni elles ni aucune de leurs amies n'auront jamais besoin d'un avortement. Elles en sont sûres. Michele Hendrickson, la trentaine, chevelure brune bouclée, est directrice stratégique de Students for Life of America. Elle confirme que le 24 juin est un début : « C'est génial, mais on est prêts à continuer. Pour nous, ce n'est pas la ligne d'arrivée, c'est le point de départ. Notre travail ne fait que commencer, on veut que l'avortement soit interdit dans les 50 États. » Si la vie de la mère est en danger, elle préconise « d'ôter l'être humain pré-né, pas de le démembrer cruellement, ce n'est pas la peine de mettre un terme à une vie pour en sauver une autre ». J'objecte que le fœtus ne survivra pas, elle persiste : « Ce n'est pas la même chose. » À côté, Andrea Perez et Jay, pro-avortement qui refuse de donner son nom, s'invectivent, doigts pointés, ruisselants de sueur : « Tu veux que la mère puisse décider, même si le bébé est viable ? C'est juste mal ! », « Et toi, tu penses que l'avortement est un meurtre, moi je trouve ça mal ! » Les parents d'Andrea sont de Cuba et du Nicaragua :

« J'ai vraiment appris à aimer ce pays, comment il a été fondé, les droits donnés à tous, y compris aux non-nés. Rendre le droit de décider aux États est génial. »

Servantes écarlates

La veille, la Cour suprême a facilité le port dissimulé d'armes hors de chez soi, alors qu'il y a un mois, 19 enfants et deux professeurs ont été fusillés dans l'école primaire d'Uvalde, au Texas. Les démocrates soulignent l'ironie de l'appellation « pro-vie » des républicains pro-armes. Anna Adler, 21 ans, est en master de santé publique : « Dobbs va affecter tant de vies, tant de gens vont mourir. Ces gens ne sont pas pro-vie, ils sont anti-choix. » Son amie, Anna Weber, 21 ans, souligne, amère, que vouloir interdire l'avortement au niveau national est la négation du fédéralisme, mantra conservateur : « Je croyais que le grand truc des républicains, c'étaient les droits des États. » Atlas, 20 ans, crâne rasé, distribue des affiches plaidant pour l'accès aux pilules abortives et contraceptives. Elle se sent « malade ». Et trahie : « On a un gouvernement démocrate et voilà ce qui arrive. Je n'en ai plus rien à foutre du gouvernement. Ils ne sont pas là pour nous soutenir. Ça ne sert à rien de voter, ça ne change rien. Je suis frustrée et en colère. »

Les générations précédentes regardent, effarées, leur pays se transformer. Elizabeth Dole, 57 ans, était spécialiste de radars pour bombardiers B52 et a participé aux opérations Bouclier du désert et Tempête du désert en Irak. « Nous avons justifié des guerres au Proche-Orient par les droits des femmes. Et maintenant, mon pays me prend mes droits ? Le pays pour lequel j'ai combattu, que ma mère et ma sœur, aussi, ont servi dans l'armée ? » Elle pleure. Elle est maintenant assistante sociale et psychiatrique : « J'ai tenu la main de femmes dont le bébé ne pouvait pas survivre, et on parle d'ôter le droit d'avorter même dans ce cas, et en cas de viol, d'inceste, dans certains États ? Mais que faisons-nous ? Que faisons-nous ? » Plus loin, Barbara, 74 ans, a revêtu une robe rouge et une cornette blanche, comme l'héroïne de *La Servante écarlate*, livre dystopique de Margaret Atwood adapté en série télévisée. « Les femmes qui s'habillent comme ça sont des biens, utilisés pour le sexe et pour avoir des bébés. J'ai porté ça lors de la nomination de Kavanaugh à la Cour suprême, parce que je savais qu'il était contre l'avortement. Aujourd'hui, ça m'a semblé évident de le remettre : ma fille, ses amies n'ont plus le pouvoir de décider de leur corps. » Elle et son mari sont avocats, ils se rappellent avec nostalgie les années 1970 où ils comptaient sur les cours fédérales « pour protéger les minorités et faire appliquer les droits civiques ». Avant de retourner manifester, Paxton Smith, avec son accent texan et son regard grave, me demande, prise d'un doute : « C'est normal, tout ça ? Tout ce qu'on vit, là ? C'est juste que je n'ai que 19 ans, ou c'est vraiment fou ? »

L'avortement redessine la carte

La limite des 15 semaines dans le Mississippi est supérieure à la française, qui est de 14 semaines. Mais Dobbs lui permet d'appliquer une autre loi, prête depuis 2007. Elle interdit l'avortement « sauf dans les cas où il est nécessaire à la préservation de la vie de la mère ou quand la grossesse a été causée par un viol ». Les médecins risquent dix ans de prison sinon. D'autres États suivent. En 2024, l'avortement est illégal dans 14 d'entre eux. Dans trois autres, dont la Floride, la limite est fixée à six semaines. C'est l'aboutissement d'efforts républicains entamés dès les années 1970. Les juges de la Cour suprême à Washington sont nommés par le président lorsque l'un d'eux meurt, et confirmés par le Sénat à l'issue d'une audience. Trump en a placé trois, ultraconservateurs, tenant une promesse de campagne, celle qu'il ferait ainsi annuler Roe. Deux ont menti sur leur position sur l'avortement au Sénat. En 2017, Neil Gorsuch a déclaré que Roe était « un précédent de la Cour suprême des États-Unis… réaffirmé par Casey en 1992 et dans plusieurs autres cas ». En septembre 2018, c'était au tour de Brett Kavanaugh d'assurer : « Je comprends l'importance du précédent instauré par *Roe v. Wade.* » Amy Coney Barrett, choisie fin octobre 2020, avait fourni des réponses soigneusement ambiguës. Dans les semaines suivant Dobbs, des processions avec bannières et tambours défilent devant les maisons des juges républicains, en banlieue de Washington. Un soir, j'accompagne 200 personnes à Chevy Chase, dans le Maryland, où les demeures coloniales trônent sur des pelouses impeccables, devant chez Brett Kavanaugh et John Roberts. « On va marcher sur le trottoir, répéter les slogans, on revient et on refait la boucle, un double "*Fuck you*" à ces types », ordonne Nikki Enfield, organisatrice. Ils crient : « Roberts veut une théocratie, nous voulons une démocratie ! » Il y a 160 ans, le pays s'est fracturé autour de l'esclavage. Cette fois, l'avortement redessine la carte : suivant là où elles vivent, les femmes disposent de leur corps, ou pas.

Or Dobbs ne reflète pas la majorité : 65 % aux États-Unis s'y opposent. L'Académie nationale des sciences a étudié l'évolution du positionnement politique de la Cour suprême par rapport aux Américains. En 2010, 2020 et 2021, elle les a sondés sur ses décisions majeures. Le résultat montre que la Cour est devenue plus conservatrice qu'eux. En 2010, le républicain Anthony Kennedy représentait la position médiane de la Cour dont les arrêts se situaient « sur un terrain d'entente idéologique, à mi-chemin entre républicains et démocrates ». En 2018, il est remplacé par Brett Kavanaugh et la position médiane est occupée par John Roberts, plus conservateur que Kennedy mais modéré sur les droits des LGBTQ, la santé et l'immigration. Lorsque Ruth Bader Ginsburg, icône de gauche, meurt, en novembre 2020, Trump la remplace par Amy Coney Barrett, ultra-conservatrice, et la position médiane glisse encore à droite, incarnée par Kavanaugh. La Cour est passée d'une majorité républicaine de cinq contre quatre à six contre trois et reflète exactement les positions républicaines. Longtemps, les conservateurs se sont plaints de juges progressistes militants, qui tiraient la Constitution vers la gauche. Depuis Trump, l'inverse se produit.

« Le troisième homme le plus puissant du monde »

Les audiences ne sont pas retransmises à la télévision (on peut les écouter sur le site). Les juges, drapés dans leurs robes noires, cultivent une image austère d'experts de la Constitution, détachés de la politique grâce à une nomination à vie censée les protéger de la pression de l'opinion publique. La réalité est plus complexe. Un institut de réflexion conservateur, la Federalist Society, est devenu une pouponnière de juges, grâce à un homme, Leonard Leo, surnommé le « troisième homme le plus puissant du monde » par Clarence Thomas. Dans les années 1980, prévalait la doctrine de la « Constitution vivante », qui évoluait avec la société. Deux étudiants en droit, Robert Bork, à l'université de Chicago, et Antonin Scalia, à Yale, en élaborent une à l'opposé : l'originalisme. Il s'agit de remonter à l'intention des rédacteurs de la Constitution. En 1982, des étudiants de Chicago, Harvard et Yale fondent un groupe de réflexion et d'influence, la Federalist Society. Leonard Leo crée la branche de son école de droit, Cornell. Il entre ensuite à la Federalist Society, à Washington, en pleine expansion et y reste 25 ans, jusqu'à en être vice-président. Le logo représente le profil de James Madison, quatrième président, père de la Constitution et auteur des « Federalist Papers », 80 articles qui promouvaient sa ratification. L'institut se réfère à l'article 78 : « En aucun cas les tribunaux ne peuvent substituer leur propre plaisir aux intentions constitutionnelles du législateur… Les tribunaux doivent déclarer le sens de la loi ; et s'ils étaient disposés à exercer la volonté au lieu du jugement, la conséquence serait également la substitution de leur plaisir à celui du corps législatif. » Scalia est nommé par Ronald Reagan à la Cour suprême, en 1986. Clarence Thomas, nommé par George W. Bush en 1991, est membre de la Federalist Society, de même que Samuel Alito, nommé en 2005 par George W. Bush. La même année, Leo conseille la Maison-Blanche sur la nomination de John Roberts. Dans les années 1990, il quadruple le budget de la Federalist Society, séduisant grandes entreprises et fondations. Elle pousse la carrière de jeunes avocats qui deviennent greffiers, juges, atterrissent à la Maison-Blanche ou à des postes clés dans les États. Aileen Cannon, juge fédérale chargée de l'affaire des documents classifiés de Trump en Floride, en fait partie. Leo organise des banquets, des expéditions de pêche au saumon en Alaska, d'après une enquête de ProPublica, pour des juges et des hommes politiques. En 2005, il crée le Judicial Confirmation Network (devenu Concord Fund) qui promeut des causes et des candidats. Ce fonds donne 600 000 dollars en 2015 à une association qui tente de rétablir la peine de mort dans le Nebraska. En 2017, il dépense 10 millions de dollars en publicités pour Neil Gorsuch, puis 10 millions pour promouvoir Amy Coney Barrett, nommée fin octobre, peu avant la présidentielle, alors que les républicains, en 2016, avaient bloqué la nomination de Merrick Garland par Barack Obama parce qu'il ne restait que neuf mois avant l'élection.

Leo a vu en Trump un véhicule pour ses idées. Après la mort de Scalia, en 2016, il lui soumet des listes de nominés, qui incluent Neil Gorsuch, Brett Kavanaugh et Amy Coney Barrett. En 2021, Leo reçoit 1,6 milliard de dollars d'un donateur, Barre Seid. L'idée, a-t-il écrit au *New York Times*, était de contrer « l'argent sale » versé par des donateurs de gauche, comme George Soros. Le rescapé hongrois de la Shoah est l'épouvantail de la droite, qui a depuis 2016 donné aux campagnes de procureurs généraux locaux des sommes dépassant un million de dollars, inhabituelles à ces niveaux. Il soutient des candidats progressistes, concentrés sur la réduction des disparités raciales et du recours à l'incarcération. Trump a, sur les conseils de Leo, nommé 231 juges à divers niveaux, dont 86 % étaient ou avaient été membres de la Federalist Society. Le 23 juin 2022, le champagne coule à flots dans la demeure du Maine de Leo qui reçoit une trentaine de juges pour fêter la décision qui s'annonce.

« Cette meurtrière de bébés vit dans votre quartier »

Le lendemain matin, à plus de 1 000 kilomètres au nord-ouest et à une heure de décalage horaire de Washington, Laura Jacques, gynécologue et professeure à l'université du Wisconsin, prend un jour de repos. À 9 h 15, il est terminé. « Je suis tombée par terre et j'ai éclaté en sanglots. Mon mari a cru que quelqu'un était mort. » Sa collègue, Abigail Cutler, vient de lui écrire que l'arrêt Dobbs était tombé. Dans le Wisconsin, cela signifie que l'IVG va être interdite. Laura Jacques est surprise d'être aussi affectée. « On savait que c'était le but. J'avais monté un groupe de travail à l'université et avec les hôpitaux depuis des mois, pour savoir comment traiter les patientes si ça arrivait. Mais je n'arrivais pas à y croire. » Elle a été formée dans la très démocrate ville de Seattle, dans l'État de Washington. « Tout le monde était sûr que Roe serait toujours là. Quand j'étais interne, l'avortement faisait partie de la formation de base. Jamais je n'aurais pensé que Roe serait annulé, ni même que l'avortement pourrait être stigmatisé et difficile d'accès. » Le retour dans son Wisconsin natal est un choc : « J'ai déjeuné avec une collègue et je lui ai dit que je voulais pratiquer l'IVG. Elle m'a dit : "Je te soutiens, mais si tu en parles, ça nuira à ta carrière." J'ai compris que ma pratique serait différente en fonction de là où je vivrais. » L'État compte alors quatre cliniques, dont deux dans la bulle démocrate autour de Milwaukee et Madison. Laura travaille à Appleton, petite ville rurale, et comprend le conseil. Les menaces sont permanentes. « Je mettais deux heures à aller à la clinique, en faisant des détours à cause des manifestants. Je prenais des voitures de location. Mais ils ont trouvé où je vivais et mes enfants sont un jour sortis de la maison entre des haies de gens brandissant des photos de fœtus et des panneaux avec mon nom : "Cette meurtrière de bébés vit dans votre quartier." Je recevais des mails, des lettres, des versets de la Bible. » Les normes deviennent de plus en plus strictes et la clinique d'Appleton ferme. Les habitantes du nord du Wisconsin se font avorter dans le Michigan. Laura Jacques pratique ensuite l'avortement, thérapeutique uniquement, à Milwaukee. Le 24 juin, elle s'effondre parce qu'elle sait : « J'ai pensé aux conséquences, à la souffrance, aux filles de 10 ans enceintes après un viol, à celles qui n'auront pas les moyens d'aller dans un autre État. » Dans l'Ohio, une semaine après Dobbs, l'IVG est refusée à une fillette de 10 ans qui a été violée. Elle s'est rendue dans l'Indiana, où la gynécologue qui l'a opérée a reçu des menaces de mort.

« Quelle quantité de sang une personne doit-elle perdre pour qu'il soit acceptable de lui sauver la vie ? »

Le 24 juin, Laura Jacques annule les interventions prévues, entre autres pour des anomalies pulmonaires et cardiaques du fœtus. Depuis Dobbs, le Wisconsin applique une loi de 1849 qui interdit l'avortement même en cas de viol ou d'inceste. Les médecins s'exposent à six ans de prison. Une exception existe si la vie de la mère est en danger, mais la formulation est si vague qu'aucun ne s'y risque. « Il n'y a pas de liste d'exceptions, explique Laura Jacques. Le Conseil américain d'obstétrique et de gynécologie n'a pas pu en établir une, parce que c'est impossible de définir ce qu'est un risque. Et on ne veut pas omettre un cas, qui serait ensuite exclu. Une maladie qui entraîne la mort pour 30 % des grossesses, est-ce un risque suffisant ? Est-ce qu'il faut que ce soit 50 % ? Ce qui signifierait que 30 % qui meurent, c'est une proportion acceptable ? Où fixons-nous la limite ? » Les hôpitaux tentent de s'entendre, avec des avocats, sur des exceptions : « Une hémorragie dans le cadre d'une anomalie du placenta du deuxième semestre, la rupture prématurée des membranes avant la viabilité et la prééclampsie sévère. » La loi recommande aussi, « outre le médecin qui va intervenir, que deux autres confirment que la santé de la mère est en danger ». Pour se protéger des poursuites, même en cas d'urgence vitale, il faut l'avis de trois médecins.

Ceux-ci veulent à la fois éviter les milliers de dollars d'amende, la perte de leur licence, la prison, et respecter leur serment. « Sauver la vie de la mère, ce n'est pas une expression médicale, explique Abigail Cutler. On nous force à décider quand c'est légal d'intervenir parce que le pronostic vital est engagé de façon évidente. Mais un juge pourrait estimer, sans aucune formation médicale, que la personne n'était pas assez malade. » Il faut intervenir assez tard pour ne pas risquer la prison, assez tôt pour que la patiente ne meure pas. Dans certains États, l'exception existe si la santé de la mère, et non sa vie, est en danger. La frontière est fine. « Comment on traite une patiente enceinte à qui l'on vient de diagnostiquer un cancer, qui requiert une chimiothérapie nuisible à la grossesse ? Ou avec une maladie chronique, une insuffisance rénale, quand on sait qu'une grossesse augmentera le risque d'une dialyse et raccourcira sa durée de vie, mais qu'elle ne mourra pas demain ? » Les cas les plus fréquents restent les fausses couches incomplètes, qui nécessitent une intervention. « On doit prouver au-delà du doute raisonnable que la grossesse n'est plus viable.

Après une échographie montrant qu'il n'y a plus de battement de cœur, on attend sept à dix jours », détaille Laura Jacques. « On fait beaucoup plus de tests. Avant, on prenait la décision plus vite en fonction d'indices évidents. Il y a des patientes qui ont des hémorragies et des médecins qui craignent d'intervenir parce que ça ressemblerait à un avortement, confirme Abigail Cutler. Quelle quantité de sang une personne doit-elle perdre pour qu'il soit acceptable de lui sauver la vie ? Voilà pourquoi nous sommes perdus, d'autant que nous n'avons pas tous la même tolérance au risque. » Les grossesses extra-utérines, par exemple, sont considérées comme des exceptions, mais certains médecins refusent quand même d'intervenir. Cutler s'inquiète d'une hausse de la mortalité maternelle. À terme, le suivi médical risque d'être affecté. « Nos internes apprenaient les avortements et la contraception. Cette formation a disparu. Or c'est la même procédure que pour les fausses couches », note Laura Jacques. Ses étudiants craignent de ne pas l'étudier assez pour la pratiquer sans crainte. Elle redoute qu'ils ne préfèrent se former et s'établir dans les États démocrates, alors que le Wisconsin manque déjà de gynécologues. « Les étudiantes pensent aussi à leur propre santé », ajoute Laura Jacques. Elles peuvent vivre ailleurs, elles. En septembre, un juge a rejeté la loi de 1849. L'avortement a donc à nouveau été autorisé, après quinze mois d'interdiction. Un procureur général républicain a fait appel auprès de la Cour suprême du Wisconsin. En parallèle, le Planning familial demande à cette cour d'annuler la loi de 1849 et d'inscrire le droit à l'avortement dans la Constitution de l'État.

Au Texas, 20 femmes, auxquelles un avortement a été refusé malgré des complications, ont attaqué l'État. L'affaire, *Zurawski v. State of Texas*, porte le nom de la première plaignante, Amanda Zurawski, enceinte de dix-huit semaines d'une petite fille quand elle a subi une rupture prématurée des membranes. Un battement de cœur était toujours détectable et l'IVG a été refusée. Zurawski a souffert d'une septicémie et a passé trois jours en soins intensifs. Elle a survécu, mais ne pourra sans doute plus avoir d'enfants. Quant à Lauren Hall, 27 ans, dont le fœtus se développait sans crâne ni cerveau, elle a dû aller se faire avorter à Seattle. Elle s'est jointe à la plainte de Zurawski, de même que 18 autres femmes. Lors de l'audience, en mai 2024, l'une d'elles sanglotait, incapable de parler. Une autre a vomi dans ses mains. La Cour suprême du Texas a rejeté leur demande d'élargir les exceptions. Pour elles, comme pour des dizaines de millions de femmes, l'avortement est l'enjeu principal de la présidentielle de 2024.

5

La guerre des écoles

Scottsdale, Arizona.

Ce soir, la tribune de Kari Lake est l'arrière d'un pick-up, couvert de panneaux : « Parents patriotes pour l'éducation » ou « Nos enfants méritent mieux. » Le soleil meurt entre les palmiers sur le parking d'une école de Scottsdale, en Arizona, et elle sait prendre la lumière orangée, qu'un assistant oriente avec une plaque. Une ombre bordeaux, comme son rouge à lèvres, souligne ses paupières et un épais fond de teint couvre son visage cuivré, sous sa coupe à la garçonne. Un maquillage de plateau, parfait de loin. Elle connaît son meilleur profil, sait poser sa voix, à la fois veloutée et menaçante. Kari Lake a été présentatrice de l'antenne locale de Fox pendant 22 ans : celle qui annonce une vague de chaleur, couvre le crime du jour, interviewe un spécialiste des relations amoureuses, Barack Obama ou Donald Trump. Puis elle s'est lancée en politique. En novembre 2021, elle fait campagne pour les élections générales de mi-mandat, un an plus tard. « Je me présente au poste de gouverneure parce que je suis une maman. Je m'inquiète de ce qui est enseigné dans nos écoles… On fera tout pour se débarrasser de ce programme immonde qui empoisonne les esprits de nos enfants ! » Cris de joie, notamment d'un homme avec un tee-shirt « Club des antimasques, parce que les masques, c'est gay ». Dans cet État où les républicains sont traumatisés par la victoire sur le fil de Biden, Kari Lake, adoubée par Trump, joue sur l'obsession du moment : la « théorie critique de la race », dont les initiales, CRT (*critical race theory*), déchirent le pays. « Les cours d'histoire, on devrait les appeler "Histoire antiaméricaine". C'est un programme woke ! Ce qu'on veut, nous, c'est que les enfants apprennent à lire, écrire, compter et réussir. »

Elle a choisi ce lycée parce qu'il accueille la réunion du conseil scolaire du district (instance élue qui gère l'éducation primaire publique), où les parents peuvent s'exprimer. Des policiers, revolver et menottes à la ceinture, filtrent l'entrée. Les habitants, parfois sans lien avec l'école, défilent. « Vous vous foutez du bien-être des enfants, vous ne les protégez pas de la diabolisation de leurs caractéristiques par la théorie critique de la race. Vous tentez d'endoctriner et de diviser ma génération », accuse une jeune militante. « La CRT, les vaccins obligatoires et les programmes d'endoctrinement n'existent pas ici », rétorque une mère. Réfugiés derrière leurs masques, les membres du conseil ne sortent du silence que pour appeler les intervenants. L'agitation continue à la sortie. « Cette théorie divise selon la race », dénonce Jana Jackson, noire, universitaire en campagne pour la Chambre des représentants. Lisa Olson, une mère blanche, réplique : « Ceux qui ne veulent pas que leurs enfants apprennent la CRT refusent qu'ils sachent la vérité sur les États-Unis. C'est du racisme, du fanatisme, de la fragilité blanche. »

Les conseils scolaires, rings de boxe politiques

La polarisation politique, aggravée par le Covid, a gagné le niveau local. « En août 2020, Jann-Michael Greenburg, président du Conseil, a dit que les écoles ne rouvriraient pas avant janvier 2021, raconte Amanda Wray, à la tête d'un groupe de parents frondeurs. Ma fille de 8 ans était en larmes, elle avait du mal avec Zoom, elle pensait que son cerveau ne fonctionnait pas, mon fils de 10 ans aussi. On a fait pression pour que les écoles rouvrent, c'est devenu une menace et ils se sont mis à nous suivre. » Elle dit avoir été photographiée à son insu, et qu'en réunion, Greenburg (qui a ignoré les demandes d'interview) les a traités d'antisémites, de racistes et de suprémacistes blancs – ces parents sont souvent pro-Trump. En août, Greenburg envoie par erreur une capture d'écran montrant un lien vers un Google Drive, qui contient des dossiers sur les parents récalcitrants. « Des milliers de documents, décrit Wray. Dans mon dossier, il y avait des photos de mes enfants, les titres de propriété de mes résidences principale et secondaire, mes crédits immobiliers, les diplômes de mon mari, le nom de mon employeur… » Or, les conseils scolaires – qui, avant, attiraient une poignée de parents bâillant devant des élus qui vantaient les exploits de l'équipe de football – sont devenus des rings de boxe entre républicains et démocrates. Heidi Vega, directrice de la communication de l'Association des conseils scolaires d'Arizona, accuse : « Le harcèlement sur Internet a commencé il y a un an. Surtout dans les banlieues riches et contre les femmes noires. » Une offensive de « mères blanches » contrariées par « les masques, les vaccins et la CRT ». L'Association nationale des conseils scolaires écrit à Joe Biden que ces « menaces et actes de violence » relèvent du « terrorisme intérieur ». Début octobre, Merrick Garland, procureur général des États-Unis, demande au FBI et aux procureurs généraux des États de « décourager ces menaces, les identifier et exercer des poursuites ». Les parents conservateurs hurlent qu'ils sont fichés.

La critical race theory *au centre des débats*

Les conseils scolaires balaient la polémique : la CRT, discipline universitaire, n'est pas au programme en primaire. « C'est un corpus de textes très complexes qui tente d'expliquer l'intrigante persistance de l'inégalité raciale aux États-Unis, après ce que beaucoup ont vu, dans les années 1950 et 1960, comme un bouleversement légal et constitutionnel », décrit Kendall Thomas, spécialiste à l'université Columbia. L'initiateur de ce courant néomarxiste né dans les années 1970 est Derrick Bell, premier professeur noir de droit de Harvard. Il constate que malgré la déségrégation, la situation des Noirs en matière de logement, d'éducation et de santé ne s'améliore pas. Il en déduit que la loi, et non les seuls individus, « participe activement à la production d'identités raciales ». C'est ce qu'il appelle le « racisme systémique ». La CRT dénonce le mythe d'une loi qui s'appliquerait à tous sans considération de race, et celui du mérite, puisque les institutions et critères de qualification sont restés les mêmes. Elle s'étend ensuite au-delà du droit. Thomas, coéditeur d'un ouvrage rassemblant ses penseurs clés (Derrick Bell, Richard Delgado, Kimberlé Crenshaw…), ne voit « absolument aucun lien » entre eux et l'expression fourre-tout actuelle. « Ces gens se servent de ces termes dans la guerre culturelle pour bâillonner l'héritage des inégalités raciales », assène-t-il.

Seuls 4,1 % des membres de l'Association des éducateurs américains disent avoir intégré la CRT à leur cursus à l'école. Alors d'où vient la polémique ? D'un ancien journaliste, Christopher Rufo. En 2018, il reçoit des tuyaux sur des formations antiracistes à la mairie de Seattle, découvre la « théorie critique de la race » et en fait une croisade. Plus actuelle que *politically correct*, née des controverses des années 1990 à l'université, plus savante que *cancel culture*, plus précise que woke, issue des mouvements antiracistes, l'expression est idéale. À l'été 2020, il la prononce sur Fox News. Le lendemain, Trump fait interdire les formations à la diversité pour les fonctionnaires. Le 15 mars 2021, Rufo triomphe sur Twitter : « Nous avons réussi à figer leur marque – “théorie critique de la race” – dans le débat public et créons constamment des perceptions négatives. Nous la rendrons toxique, en rangeant tous les délires culturels dans cette catégorie. » D'après le *Washington Post*, l'expression est prononcée 132 fois sur Fox News en 2020 et 993 fois en juin 2021.

« Quand as-tu découvert que tu étais blanc ? »

Son utilisation hâtive par les parents disqualifie-t-elle leurs griefs ? Dans un café de Peoria, coquette banlieue de Phœnix, je retrouve Heather Rooks, sa fillette, et deux de ses amies, dont Amy Souza, avec trois classeurs de « preuves ». Certaines dénotent un puritanisme tout américain (du sexe dans des livres pour adolescents), d'autres, des faits plus compliqués. Souza devance l'accusation de racisme : « Je n'ai aucun problème avec l'histoire, mais voilà comment on l'enseigne à ma fille de 12 ans. » Elle montre une frise sur la discrimination : « Martin Luther King, les droits civiques, Rosa Parks, Malcolm X, très bien. On arrive à 2013, Black Lives Matter, puis à George Floyd et là, tout le monde n'est pas d'accord. » Floyd a été tué par la police en mai 2020. Victime de la violence policière, certes, mais héros comme King ? Elle consulte les programmes, reçoit des tuyaux des profs. Heather Rooks sort une feuille d'exercices : « Quand as-tu découvert que tu étais blanc ? » Les enfants doivent répondre sur une carte, puis « apprendre les différences et l'empathie en construisant un sundae » (une glace) et sont séparés selon le parfum choisi, chocolat ou vanille. Des questions suivent : « Mon sundae est-il comme celui des autres ? Tout le monde devrait-il le préférer ? » Autre activité en ligne : « Repère ton privilège : tu vas répondre à des questions sur tes expériences et tu pourras te comparer aux élèves de tout le pays. » Rooks a aussi découvert que le Projet 1619 était au programme. Lancé par le *New York Times*, il fait commencer l'histoire des États-Unis non pas avec les pères fondateurs mais avec les premiers esclaves. Il y a enfin ce questionnaire dans un cours d'anglais pour élèves de 14 ans : « Quelle est ton origine ethnique ? Quelle est celle de la plupart de tes amis ? As-tu été satisfait du résultat de l'élection présidentielle de 2020 ? Toute ta famille soutient-elle le même candidat ? »

Avant la pandémie, aucun parent ne s'intéressait aux programmes. Zoom les a introduits dans la cuisine. Keri Rodrigues, fondatrice (démocrate) du Syndicat national des parents, estime à « 12 à 14 % ceux qui sont impliqués dans le débat sur la CRT, qui sont héritiers du Tea Party, de la vieille guerre raciale ». Mais Robert Pondiscio, chercheur en pédagogie, soulève un autre aspect : la formation des profs. « Il y a vingt ans, j'apprenais déjà la "pédagogie culturellement adaptée" de Gloria Ladson-Billings. » Deuxième dans le classement 2021 de Rick Hess sur les chercheurs les plus influents dans l'enseignement public, Ladson-Billings a développé, en 1994, cette application de la CRT à l'éducation. Elle a ensuite investi le juteux marché de la formation. « On ne peut nier qu'une grande partie de la formation à l'éducation est influencée par la CRT », soutient Pondiscio. Les mères de Peoria ont repéré Ladson-Billings parmi les ressources en ligne du district. Elles ont aussi trouvé les vidéos de l'Equity Challenge, conférence annuelle pour les membres du conseil scolaire d'Arizona, d'avril 2021. Un intervenant, Calvin Terrell, du Social Centric Institute, y assure : « Le système scolaire a été créé pour préserver la domination des Blancs. » Il dénonce le concept de réussite, qu'il faudrait remplacer par celui de justice. Il rappelle le passé esclavagiste de Thomas Jefferson et George Washington et incite à parler des Blancs qui se sont opposés aux suprémacistes, pour que les enfants « construisent leur identité blanche en s'alignant sur eux ». Colin Sharkey, directeur de l'Association des enseignants américains, admet que des professeurs sont gênés par ces activités. Dans l'Indiana, Tony Kinnett vient d'être suspendu après avoir démenti les propos de sa direction qui assurait que la CRT n'était pas enseignée. « Ladson-Billings est venue expliquer aux profs que toute éducation était politique et qu'il y avait une pandémie de racisme à cause des Blancs. Et on a un Bureau de l'équité raciale qui ne cesse de citer les auteurs de la CRT », me dit-il.

À une réunion du conseil de Paradise Valley, des mères arborent des tee-shirts « Moms for Liberty ». Parmi elles, Sandra Christensen, qui se présente aux élections du conseil et dit avoir trouvé des exemples de CRT en maths. Moms for Liberty, cofondé en Floride par Tina Descovich en janvier, veut « donner une voix aux parents ». Il compte 70 000 membres dans 33 États et 165 cellules. « On en ouvre entre cinq et dix par semaine et on en a une centaine sur liste d'attente. » Les stratèges républicains conseillent de se saisir de la CRT pour motiver la base en vue des élections de novembre 2022. Steve Bannon l'a dit sur son podcast : « Le plan pour sauver la nation est très simple : il passe par les conseils scolaires. » La guerre culturelle s'est déplacée du Capitole aux écoles.

Les Moms for Liberty

Un an plus tard, je retourne en Arizona pour la fin de la campagne de Kari Lake. Ses robes cintrées, ses talons aiguilles vernis et la violence de son discours galvanisent les électeurs. Un soir, dans une *megachurch*, église gigantesque, elle imite Trump et monte le public contre les *fake news*. La foule est saisie de haine pure et pour la première fois, j'ai peur. Le lendemain, elle lance à un journaliste : « Je vais être votre pire putain de cauchemar pendant huit ans, on va réformer les médias. On va refaire de vous des journalistes, préparez-vous. » Et puis elle perd, comme beaucoup de républicains trop extrêmes, adoubés par Trump, face à une démocrate falote, Katie Hobbs. La « vague rouge » républicaine attendue dans le pays est aussi endiguée par les jeunes femmes qui votent en masse pour des démocrates à cause de l'avortement. Mais en Floride, le gouverneur républicain Ron DeSantis est réélu haut la main. Et au Congrès, 171 « négationnistes de l'élection » sont élus, en hausse par rapport aux 127 qui ont refusé de certifier les voix le 6 janvier. Une semaine après, Trump annonce qu'il se représente en 2024.

En mars 2023, la Conservative Political Action Conference (CPAC) se tient dans le centre de convention de National Harbor, dans le Maryland. La baie vitrée ouvre sur le fleuve Potomac, qui marque la frontière avec la Virginie. À vingt minutes, sur l'autre rive, se trouve Mount Vernon, la plantation de George Washington, qui en a fait un axe commercial. Une grande roue, au-dessus du port, permet de contempler le National Mall. Matt Schlapp, organisateur de la CPAC, vient d'être accusé d'agression sexuelle par un employé de la campagne de Herschel Walker, candidat malheureux au Sénat en Géorgie. Personne n'en parle. La star est Trump, qui promet aux participants d'être « leur vengeance ». Il se vante d'avoir « signé la première interdiction au monde de la théorie critique de la race », annulée par Biden plus tard. Un stand trône en face de l'entrée de la salle principale : Moms for Liberty. Tiffany Justice, cofondatrice, enchaîne les interviews. « On a tout fait pour faire de l'éducation une priorité, me dit-elle. Tout le monde parle des droits parentaux maintenant. » Elle veut lutter contre « l'endoctrinement » des enfants : « la théorie critique de la race ; l'effort pour détruire les fondements de l'Amérique comme la famille et la foi ; le marxisme ; le fait qu'on enseigne que l'Amérique est un pays mauvais ; le racisme systémique… » Leur nouveau combat : les livres dans les écoles. « Qui eût cru qu'il y avait autant de pornographie ? » Elle prône le retour au « bon sens », assure qu'on ne censure pas un classique qui décrirait un viol, « le traumatisme d'un enfant », mais d'autres, comme *This Book Is Gay*, « où l'on enseigne comment faire une fellation ». Elle nie que les Moms for Liberty veuillent interdire la version graphique du *Journal* d'Anne Frank, contrairement à ce que j'ai lu. Pour le reste, la CRT est interdite en Floride et elles ne laissent passer aucun livre qui en parle. Elle veut aussi priver les syndicats de profs de leur budget et augmenter le niveau général de lecture.

DeSantis vs. Disney : la guerre culturelle

Un après-midi de juin, je retrouve Jenna Barbee, 26 ans, robe à cœurs et chevelure brune. Elle a calé l'interview en fonction de sa séance d'acupuncture. « Je suis très holistique », glisse-t-elle, ce que je n'aurais pas deviné vu le rendez-vous dans un Dunkin' Donuts, à Weeki Wachee, en Floride. Elle enseigne tout près, en CM2. Plus pour longtemps : elle fait l'objet d'une enquête du conseil scolaire après avoir passé un Disney en classe. Un conte écolo, assure-t-elle. « Mes élèves savent que je suis fana de la planète. À la récré, je leur dis : "Chacun ramasse cinq déchets !" Je leur parle des arbres, je leur dis qu'ils sont vivants… » *Avalonia, l'étrange voyage* met en scène un monde où des plantes fournissent l'électricité. Mais elles étouffent la Terre. Un fermier et son fils, Ethan, descendent dans ses entrailles pour la sauver. Fin 2022, le film a fait un bide – et un scandale. J'ai dû me forcer pour le regarder. Les couleurs sont jolies mais les rebondissements, affreusement attendus. À part ça, Ethan est amoureux d'un copain. C'était le premier Disney avec un héros gay.

Début mai, lors d'une réunion du conseil scolaire, Shannon Rodriguez, élue en août, s'est manifestée : « Autoriser ce genre de film ouvre la porte à des conversations qui n'ont rien à faire dans nos classes… Vous pouvez rire, mais Dieu m'a placée ici. » Jenna assure qu'elle n'était même pas au courant de la controverse de 2022. Ce jour-là, les élèves qui avaient terminé un contrôle attendaient dans sa classe. « C'était idéal. En science, ils préparaient un devoir sur les écosystèmes. » Très vite, elle reçoit des menaces : « J'ai eu un appel masqué, un homme m'a dit qu'il savait où j'habitais. » Elle démissionne. Comme Sumer Doulk, qui enseigne l'histoire des idées au lycée (et aborde des notions telles que le privilège blanc) et décrit l'influence des nationalistes chrétiens dans les conseils scolaires. « Mes collègues et moi, on se demande si on devient une théocratie. On a une blague : "Qui sera le prochain au bûcher ?" » Les profs démissionnent, ça perturbe la presse locale et les élèves. Parfois, eux aussi rigolent : « Madame, ne soyez pas si woke, on va appeler DeSantis ! »

Le succès de Ron DeSantis, 44 ans, dû en partie au fait qu'il a écourté le confinement pendant le Covid, l'a propulsé dans la course à la présidentielle de 2024. Pour affronter Trump à la primaire républicaine, il se targue d'avoir fait de la Floride l'État « où le wokisme va mourir » et vante la « méthode floridienne » (« Florida Way »). Son slogan, « *Make America Florida* » (« Copier la Floride dans toute l'Amérique »), évoque le « trumpisme sans les casseroles ». En 2023, l'État a passé des dizaines de lois conservatrices, comme la limite de l'avortement à six semaines ou l'autorisation du port d'armes dissimulées en public. L'unanimité du jury pour la condamnation à mort n'est plus nécessaire, huit jurés sur douze et un facteur aggravant suffisent. La controverse autour d'*Avalonia* est symptomatique de cette guerre culturelle. En février 2022, la Chambre des représentants approuve son projet de loi sur les droits parentaux dans l'éducation, qui interdit de parler d'orientation sexuelle et de genre à l'école publique jusqu'au CE2 (la loi l'étend jusqu'à la terminale en avril). Ses détracteurs, notamment Disney, surnomment le texte « *Don't say gay* » (« Ne prononcez pas le mot gay »). DeSantis punit Walt Disney World, qui gérait le district autonome du parc d'attractions, en remplaçant le conseil d'administration du district par des sympathisants. Parmi eux, on trouve Bridget Ziegler, directrice du conseil scolaire de Sarasota, où elle a été élue en 2014 puis en 2022, adoubée par DeSantis. En août 2022, elle a été soutenue par un groupe Facebook, Sarasota Watchdogs, fondé par deux Proud Boys et leurs épouses. Le soir de sa victoire, une photo montre Bridget Ziegler posant avec eux. L'un des deux forme le signe « OK » des suprémacistes blancs. C'est aussi l'épouse de Christian Ziegler, président du Parti républicain de Floride. Elle m'assure que le changement à la tête du district visait à « garantir les mêmes conditions à toutes les entreprises ». En 2017, elle demande un amendement « exigeant que les parents soient prévenus des décisions importantes concernant leurs enfants », pour contrer l'influence des institutions. « J'ai échoué au niveau local, alors j'ai réitéré ma demande au niveau de l'État », poursuit-elle. Le projet de loi sur les droits parentaux est né. « Ça m'a lancée, et j'ai travaillé sur d'autres lois pour restaurer l'éducation. » Ziegler est aussi l'une des fondatrices de Moms for Liberty. Alors que DeSantis se méfie des médias (son équipe a ignoré mes demandes d'interview), elles parlent. Elles n'incarnent pas qu'une réaction aux excès du progressisme : elles s'inscrivent dans la lignée des mères qui se sont opposées, dès les années 1950, au communisme à l'école, aux droits civiques et à l'éducation sexuelle. L'association a connu une croissance météorique : en mai 2023, 275 groupes (115 000 membres) étaient répartis dans 45 États, conquérant les conseils scolaires. Shannon Rodriguez, qui a attaqué Jenna Barbee, était adoubée par la branche locale.

Leur cheval de bataille actuel, ce sont les bibliothèques scolaires. Moms for Liberty prend la suite de mouvements comme Florida Citizens Alliance, des retraités fanatiques d'armes qui se sont battus contre l'enseignement de la théorie de l'évolution et du changement climatique, puis contre la pornographie dans les livres à l'école. En 2021, une scène s'est reproduite dans les conseils scolaires. Un parent, souvent affilié à Moms for Liberty, lisait des extraits choquants d'un ouvrage et demandait son retrait de la bibliothèque. Certains sont vraiment explicites, comme dans *Genre Queer*, roman graphique pour ados de Maia Kobabe. En octobre 2021, dans le comté d'Orange, un père a été expulsé par la police après en avoir lu des passages très crus. La BD raconte le cheminement de l'autrice, lesbienne, puis non binaire, puis asexuelle. Deux pages la montrent, testant des pratiques homosexuelles avec accessoires, et l'ensemble déroule les arguments des militants trans.

565 livres retirés des rayons

En réaction, trois mères démocrates ont créé Florida Freedom to Read Project. Reagan Miller, directrice du développement, comprend que des parents refusent que leurs enfants aient accès à *Genre Queer*. « Moi aussi, je l'ai découvert par ces deux pages. J'ai deux enfants de 11 et 13 ans et j'ai pensé que je ne voudrais pas qu'ils le lisent. Mais je l'ai acheté et je pense qu'il a de la valeur. On y apprend beaucoup du rapport d'une personne non binaire à son corps. » Elle refuse que d'autres choisissent pour elle : « Quand mes enfants veulent lire un livre, je vérifie qu'il est approprié. Mon fils est un grand lecteur. Si ces mères décident que tel livre doit disparaître de la bibliothèque, ce sont mes droits qu'elles entravent. » Or le phénomène s'étend. Selon PEN America, association de défense de la littérature, 565 livres ont été retirés des rayonnages en Floride. La procédure prévoit qu'une fois signalés, ils restent disponibles le temps qu'un comité les examine. Mais certains districts les retirent préventivement.

Si Ziegler chante les louanges de Ron DeSantis, c'est qu'il traduit en lois les idées de Moms for Liberty. En échange, il obtient un soutien politique dans la base ultraconservatrice. En mars 2022, lorsqu'il signe la loi sur l'éducation, Alicia Farrant, de Moms for Liberty du comté d'Orange, est à sa droite. La loi stipule que chaque district doit dresser une liste des livres rejetés par le conseil scolaire. Le ministère de l'Éducation de Floride établira une liste globale, à communiquer à tous les districts « pour information ». Une formation est imposée aux bibliothécaires. Le conseil scolaire doit s'assurer que les livres sont « exempts de pornographie et de contenus nuisibles aux mineurs », à défaut, ils seront « régulièrement enlevés sur l'objection d'un parent ou d'un résident ».

Un mois plus tard, DeSantis signe la loi Stop Woke (acronyme de « Stop Wrong to Our Kids and Employees », « Halte aux torts faits à nos enfants et employés »), contre « la discrimination et l'endoctrinement woke ». Quisha King, de Moms for Liberty du comté de Duval, se tient à sa gauche, et Catalina Stubbe, directrice nationale de la sensibilisation aux questions hispaniques du groupe, derrière lui. La loi vise les livres qui reprennent la CRT. Parfois, les motifs de plainte sont multiples. Ainsi *L'Œil le plus bleu*, du Nobel de littérature Toni Morrison, est-il interdit dans plusieurs districts à cause d'une scène d'inceste. C'est ce à quoi Tiffany Justice faisait allusion, quand elle m'a juré que ce genre d'ouvrage ne serait pas interdit. Il décrit aussi les complexes de l'héroïne, noire, et Moms for Liberty pointe des « commentaires raciaux explosifs ». Devant la vague d'indignation, DeSantis a soutenu que les livres n'étaient pas interdits, car ils restaient disponibles dans les bibliothèques municipales ou à l'achat. Stephana Ferrell, qui tient un stand de sensibilisation, est sûre que cela va changer. L'association Citizens Defending Freedom, dans le comté de Hillsborough, a transmis une liste d'une centaine de titres au shérif. « S'il est décidé qu'ils enfreignent la loi, il deviendra illégal pour un site Internet de les vendre à un mineur. Une bibliothèque ne pourra plus les lui prêter, un parent ne pourra pas les offrir à son enfant. » Il pourrait, en revanche, lui offrir une arme.

Le retour de la censure

À Daytona Beach, l'Association des bibliothèques de Floride tient un salon dans un centre de convention sur la plage. Une conférence attire tellement de participants qu'il faut ajouter des dizaines de chaises. Intitulée « Hautement illogique », elle aborde « les défis posés à la liberté intellectuelle » par les nouvelles lois. Des bibliothécaires scolaires expliquent le casse-tête des achats qui dépendent de l'approbation de comités, les professeurs qui reprennent les livres qu'ils disposaient dans les classes, la limitation de l'accès des élèves aux livres selon leur degré de « décence ». Une employée de la bibliothèque municipale de Sarasota se lève : « Il y a des formations pour savoir réagir face à des clients agressifs, vous devez vous sentir forts et soutenus… » Avec la nouvelle loi sur les armes, certains redoutent des fusillades dans les bibliothèques. Les intervenants confient que sur les réseaux sociaux, on les traite de pédophiles, de « groomers », c'est-à-dire de séducteurs d'enfants en vue d'abus sexuels. Allison Grubbs, présidente du Comité pour la liberté intellectuelle, constate : « Avant, quelqu'un était choqué par un livre qu'il avait emprunté. Maintenant, les gens apportent une liste trouvée sur Internet. » Moms for Liberty centralise ses recommandations sur un site, BookLooks. Shane Roopnarine, président de l'Association des bibliothèques de Floride, qui a fait partie de comités d'évaluation de livres, défend le métier : « Depuis les années 1980, les bibliothèques ont développé des politiques pour éviter ces problèmes. Ça peut venir des deux côtés politiques, d'ailleurs. *Huckleberry Finn*, de Mark Twain, est souvent interdit à cause de l'usage fréquent d'un terme raciste [« nègre », tabou]. Notre boulot, c'est d'être des professionnels objectifs pour fixer des règles pour les achats. »

La veille, l'écrivain Salman Rushdie a reçu un prix d'honneur de PEN America. Depuis *Les Versets sataniques* (1988), jugé blasphématoire par des islamistes, il est visé par une *fatwa*. En août 2022, après une attaque au couteau, il a perdu l'usage d'un œil et d'une main. « De toute ma vie, je n'ai jamais vu la liberté d'expression, la liberté de publication aussi menacées en Occident. Maintenant que j'habite aux États-Unis, force m'est de constater l'attaque extraordinaire que subissent les bibliothèques et les livres pour enfants dans les écoles. C'est incroyablement inquiétant, nous devons combattre ça sans relâche », a-t-il lancé. Avec l'éditeur Penguin Random House, PEN America a attaqué le comté d'Escambia, qui a dressé une liste de 201 livres à retirer. Rushdie a ajouté : « C'est aussi inquiétant que de voir les éditeurs expurger le travail de gens comme Roald Dahl et Ian Fleming. L'idée qu'on rende James Bond politiquement correct est presque comique. Les livres nous viennent de leur époque ; si ça vous pose un problème, ne les lisez pas. » Les bibliothécaires ne mettent pas les démarches sur le même plan. « Nous ne retirons pas de livres des rayonnages parce qu'ils ne sont plus publiés, note Roopnarine. Notre mission consiste aussi à les archiver et à les préserver… Nous ne les supprimons pas parce qu'ils blessent des gens.

On a *Mein Kampf* dans les bibliothèques publiques. » Aucun n'a le souvenir qu'un lecteur s'en soit plaint. À l'étage, Stephana Ferrell tient un stand de sensibilisation. Le livre banni sur lequel on l'interroge le plus est l'adaptation graphique du *Journal* d'Anne Frank, d'Ari Folman et David Polonsky. Car il est bien banni. Lorsqu'elle montre la page incriminée, les visiteurs hésitent entre fou rire et consternation. La jeune fille déambule entre des statues dénudées, dans un rêve qui correspond au moment où Anne Frank est attirée par une amie dans la cachette. Moms for Liberty estime que cela n'apporte rien à l'enseignement de l'Holocauste. « L'une des forces du *Journal* d'Anne Frank, c'est de montrer que la vie continue pour une adolescente pendant cette période abominable, estime au contraire Ferrell. Cela fait partie de son humanité. »

« Là, c'est un sein »

Un soir, à Vero Beach, la branche locale de Moms for Liberty se réunit dans un restaurant aux couleurs du golf. La vingtaine de participants prête allégeance au drapeau, main sur le cœur, sous des écrans où l'on voit des joueurs pousser la balle. Jennifer Pippin, à la tête du groupe, est l'une des mères les plus actives de l'État. La formation imposée aux bibliothécaires a été élaborée par un comité incluant des parents. Sur les quatre choisis par le ministère de l'Éducation, deux sont des figures de Moms for Liberty, dont Pippin, qui a établi une liste de 252 livres, selon une méthode simple. « Sur le logiciel des bibliothèques, on a cherché par mots-clés : “inceste”, “viol”, “pédophilie”, “sexe anal”, “sexe oral”… Dans ce livre, le mot “viol” est sorti », révèle-t-elle en ouvrant *La Servante écarlate* de Margaret Atwood, à une page marquée d’un Post-it. C’est en effet le propos central de ce roman dystopique, qui décrit une société qui a basculé dans le totalitarisme religieux, où les femmes fertiles sont violées par les dignitaires pour repeupler le pays. C’est devenu un classique de la littérature sur l’instrumentalisation du corps féminin et sur la perte des droits. « Il y a une vingtaine de pages où ils disent le mot qui commence par F [*fuck*] », ajoute-t-elle. Pippin montre aussi la page de la BD du *Journal* d’Anne Frank, où les formes sont à peine suggérées. « Peu importe, la loi en Floride dit qu’on ne doit pas exposer de seins. Et là, c’est un sein. Là aussi, un sein », poursuit-elle en tapotant l’image de son index. Elle souligne que le volume original (dans une version adaptée au jeune public) est disponible. Sa liste est examinée par des directeurs et des bibliothécaires. « Beaucoup de livres seront définitivement ôtés grâce à la loi », se réjouit-elle.

Fin 2023, une femme a attaqué Christian Ziegler pour viol. Elle avait prévu de coucher avec le couple, comme un an auparavant. Lorsqu’elle a compris que Bridget ne viendrait pas cette fois, elle a changé d’avis mais Ziegler a insisté. L’enquête a révélé que le couple cherchait des partenaires dans des bars, et que Christian Ziegler envoyait des photos à son épouse pour savoir quelles femmes lui plaisaient. Lors d’un conseil scolaire, un étudiant a lancé : « Bridget, vous avez consacré des fonds publics qui auraient pu augmenter le salaire des profs à supprimer des livres des écoles, à attaquer des enfants trans… pour faire avancer votre carrière politique. Vous méritez d'être renvoyée parce que vous êtes nulle dans votre boulot, pas parce que vous avez couché avec une femme. » D'autres ont souligné « l'hypocrisie flagrante » de Bridget Ziegler qui prône les valeurs familiales et s'attaque aux gays. Christian Ziegler a été démis de ses fonctions de chef du Parti républicain de Floride. Bridget Ziegler a pris ses distances avec Moms for Liberty, mais a refusé de démissionner du conseil scolaire de Sarasota. La même année, une branche de Moms for Liberty du Kentucky a posé avec des Proud Boys. Ensuite, la *newsletter* de la branche de l'Indiana a cité Adolf Hitler en une : « Seul celui qui POSSÈDE la jeunesse GAGNE l'avenir ». Leur étoile a un peu pâli. Mais en juillet 2024, à la Convention nationale républicaine, où les délégués du parti nomment le candidat à la présidentielle, elles ont tenu une conférence avec plusieurs gouverneurs, dont Ron DeSantis et Kevin Roberts, le président de l'institut ultraconservateur Heritage Foundation qui a écrit le Project 2025, feuille de route pour Trump à la Maison-Blanche. Ils ont parlé de dissoudre le Département de l'Éducation. « On est là pour se battre, se battre, se battre et gagner, gagner, gagner ! » a lancé Tina Descovich. En septembre 2024, elle compte 130 000 membres, dans 300 branches et 48 États.

6

La guerre des genres

Potomac, Maryland.

La semaine dernière, Leon avait mal au ventre. Il a fallu reporter l'interview. Leon, 9 ans, bonnes joues et vagues de cheveux bruns, a souvent mal au ventre. Il aime bien sa nouvelle maison dans le Maryland. « Il fait moins chaud qu'au Texas. En plus, il neige en hiver », dit-il en se calant sur un fauteuil en osier, sur la terrasse. « Et ici, tu es inquiet à cause des lois ? » demande sa mère, Camille Rey. Il secoue la tête : « Nan… » Il y a un an, la famille a déménagé. En 2022, 300 lois anti-trans ont été adoptées dans le pays, mais le Texas conservateur a lancé l'offensive dès 2021. Leon y était alors une petite fille. En février 2022, le gouverneur républicain Greg Abbott a envoyé une directive aux agences de santé, stipulant que les traitements constituaient un abus sur mineur. Les soignants et professeurs doivent dénoncer les parents des enfants traités, les Services de protection de la famille (Child Protective Services [CPS]) sont chargés d'enquêter et peuvent les leur retirer. Depuis, les parents scrutent leur progéniture, redoutant une carie ou une angine. Et si le dentiste ou le pédiatre les dénonçait ? « C'est de la persécution approuvée par le gouvernement, assène Ricardo Martínez, directeur de l'association Equality Texas, qui défend les droits des LGBT. Il met la puissance du bureau du gouverneur derrière quelqu'un qui vient frapper à votre porte. » Comme dans tout système reposant sur la dénonciation anonyme, le risque de vengeance personnelle est réel. « Cette attaque contre notre communauté dure depuis deux ans, poursuit Martinez. En 2021, nous avons eu les projets de lois les plus anti-LGBTQ de tous les États-Unis : il y en a eu 76, contre 20 en 2019, notre dernière session législative. Une seule est passée, mais il faut se rendre compte de ce que ça signifiait pour notre communauté, en pleine pandémie. Les gens venaient au capitole d'Austin pour s'exprimer, au risque d'être malades. Ils tentaient de faire comprendre aux élus les dégâts que ces lois allaient entraîner. » Leon a témoigné. « Il a été chahuté, relate Camille. Des paroissiennes ont dit : "Regardez ces gens qui célèbrent la mutilation des enfants." Il a aussi dû écouter le témoignage de quelqu'un qui regrettait d'avoir changé de genre. Ça l'a beaucoup affecté, il était triste pour cette personne, mais il disait : "Ça ne veut pas dire que c'est pareil pour tout le monde." Il s'est senti attaqué par les politiciens, il disait : "Trump n'aime pas les gens comme moi." » Et il s'est mis à avoir mal au ventre. « C'est devenu chronique. Il était déprimé. Il a tellement raté l'école qu'il a failli ne pas passer en CE2. » La famille a quitté le Texas.

« Ce qui est important, c'est ce que toi, tu penses »

Camille assure que Leon a su à 7 ans. « Il parlait à sa sœur, qui avait trois ans de plus et était déprimée. Je lui disais que c'était important qu'elle s'aime. Et Leon a dit : "Moi, je ne m'aime pas." Ça n'avait aucun sens : sa sœur était lunatique, mais Leon était joyeux, ouvert, il courait partout avec les enfants du quartier. Je l'appelais "notre ambassadeur", il nous amenait les gens qu'il rencontrait. » Camille a proposé à Leon de voir une psy. « Déjà, il avait les cheveux courts, il refusait de mettre les habits à paillettes que je lui achetais. Si sa sœur voulait une Barbie, il voulait Ken. Pour Halloween, il s'habillait toujours en personnage masculin. Mais tout le monde aime Spider Man ! » La psy a recommandé un livre, *Sam the Transformer*. Sur la couverture, une petite fille en tee-shirt blanc avec un dinosaure, en short bleu, les cheveux aux épaules, lève les bras. Elle ressemble à ce qu'on appelait avant un « garçon manqué ». « Leon portait les mêmes vêtements que cet enfant quand on a commandé le livre, raconte Camille Rey. On l'a lu. Quelques jours plus tard, il m'a demandé : "Tu penses que je suis… ?" Je lui ai demandé : "Tu veux que je le dise ? Ce qui est important, c'est ce que toi, tu penses." Il était paniqué, il tremblait, ses mains transpiraient, il n'arrivait pas à parler. J'ai demandé : "Tu penses que tu es transgenre ?" Il a fait oui de la tête. » Il ne voulait pas « décevoir ses parents » et avait « appris à faire semblant d'être joyeux ». Camille Rey a un doctorat en biologie, elle pense que « le genre n'est pas physique » et que la science rattrape son retard.

En mai, il avait changé de pronoms. En juillet, de prénom. En août, ils ont procédé à la modification à l'état civil. Leon, dit Camille, est « instantanément devenu plus heureux ». Il a été placé sous bloqueur de puberté, le Lupron. S'il décide de se développer comme une femme, il l'interrompra. S'il veut devenir un homme trans (« transitionner »), il enchaînera sur des injections de testostérone et aura évité une puberté féminine. Leon aurait pris du Lupron de toute façon, car la petite fille qu'il était (et dont je ne connaîtrai jamais le prénom) montrait des signes de puberté précoce. Les Rey n'auraient pas été inquiétés au Texas, sauf si Leon avait enchaîné sur la testostérone. « Mais qui veut vivre dans un État où il existe une telle discrimination ? » demande Camille. Une de ses amies a quitté l'Utah pour le Maryland, comme elle, car sa fille est transgenre. De même que les lois interdisant l'avortement font déménager les jeunes couples, les lois transgenres chassent des familles vers les États démocrates. Je demande à Leon comment il se sentait avant : « Juste différent. Comme si, dans un puzzle, j'étais une pièce qui n'avait pas sa place. » Et quand sa famille a utilisé son nouveau prénom ? « Ça m'a semblé naturel. » Comment il se sentirait s'il ne pouvait pas suivre son traitement ? « Je serais triste et j'aurais peur. » Je lui demande si plus tard, il veut être un homme : « Mmmh. » Le cas de Leon respecte le protocole néerlandais, qui fait autorité : il montre une dysphorie (décalage entre le genre ressenti et le sexe) depuis la petite enfance et n'avait pas de problèmes psychologiques. Il est suivi par une psychologue et un pédiatre endocrinologue. Ce n'est pas le cas de tous les patients.

De plus en plus de « détransitions »

Selon une étude de Reuters, le diagnostic de dysphorie de genre a été appliqué à 42 000 enfants et adolescents de 6 à 17 ans en 2021, presque le triple de 2017. Dans un pays où tout est politique, après la race, les armes, les violences policières et l'avortement, la guerre culturelle se saisit de la question trans. Riley Gaines, nageuse universitaire devenue championne des arguments anti-trans dans le sport, participe à la CPAC de Dallas en 2022. Donald Trump inclut régulièrement, dans ses discours, un sketch où il mime une femme trans haltérophile qui soulève du bout des doigts des poids trop lourds pour les femmes cisgenres. Le public hurle de rire. En 2023, la CPAC de Washington accueille Chloe Cole, une détransitionneuse, c'est-à-dire une jeune femme qui a transitionné puis a regretté et arrêté le traitement. Sa dysphorie a été diagnostiquée à 9 ans. Elle a commencé le Lupron à 13 ans, la testostérone à 14 ans et subi une double mastectomie à 15 ans, à San Francisco. Moins d'un an plus tard, elle a regretté, consciente qu'elle ne pourrait jamais allaiter. À 17 ans, elle a détransitionné. En février 2022, le thème de la CPAC était « *AWAKE NOT WOKE* » (« Éveillé, pas woke »). C'était le baroud d'honneur de cet adjectif, que même les jeunes conservateurs commençaient à trouver ringard. En novembre,

Ron DeSantis l'a utilisé pour sa campagne aux midterms. Ensuite, des préoccupations comme la crise migratoire et l'inflation ont pris le dessus chez les républicains et le terme « woke » a connu le même sort que sa candidature à la primaire présidentielle. Mais un thème a survécu, celui de l'identité de genre, avec un slogan : les démocrates « veulent stériliser les enfants ».

William Malone, endocrinologue, explique : « Si un enfant prend des bloqueurs au tout début de la puberté et recourt ensuite au croisement hormonal, il est quasi sûr qu'il sera stérile. » Ce n'est pas tout : « On ignore les conséquences sur le cerveau du maintien dans l'état d'enfance. Suivis de testostérone, les bloqueurs entraînent la ménopause. La testostérone augmente aussi le risque de maladie cardiaque, peut épaissir le sang, abîmer le foie, changer la personnalité. Les œstrogènes font croître le risque d'AVC et de caillots sanguins. » Il a fondé la Society for Evidence-Based Gender Medicine (SEGM), étiquetée « groupe haineux contre les LGBTQ + » par le Southern Poverty Law Center (SPLC). C'est en partie dû à son recours au concept, que les militants trans réfutent, de dysphorie de genre à manifestation rapide (« *rapid-onset gender dysphoria* » [ROGD]). « Historiquement, la proportion d'enfants dysphoriques est de 0,5 %, plutôt des garçons efféminés, avec une manifestation dans la petite enfance, développe-t-il. Aujourd'hui, ce sont des adolescentes sans passé de dysphorie. Les études prouvent que cela passe, pour 65 % à 95 %, à l'âge adulte. »

Contagion sociale

Erica Anderson, psychologue clinicienne, trans elle-même, s'est battue toute sa vie, à Berkeley, en Californie, pour que les enfants et adolescents aient accès à la médecine de genre. Pourtant, elle alerte : « Il y a une augmentation nette du nombre de cas chez les filles. J'en reçois deux pour un garçon, rien à voir avec il y a cinq ans. Et ça ne reflète pas l'incidence des identités trans qui persisteront. C'est indubitablement de la contagion sociale. C'est à la mode. C'est cool de ne pas être cis et hétéro. J'ai vraiment entendu des enfants dire : "Il est hétéro, c'est naze..." » Elle rappelle les principes du protocole néerlandais : après des années de suivi et une transition sociale, les bloqueurs étaient utilisés au début de la puberté. « Maintenant, on reçoit des adolescents qui n'ont jamais présenté de variance de genre et déclarent qu'ils sont trans. L'influence des réseaux sociaux me semble néfaste. » Elle s'inquiète aussi que des « zélotes », enseignants ou médecins, écartent les parents. « On ne peut pas traiter des enfants de 12 ou 13 ans comme des adultes compétents, or certains médecins disent que l'évaluation psychologique n'est pas plus nécessaire que pour une prescription d'insuline ! » Dans l'Oregon, le consentement des parents n'est plus nécessaire à partir de 15 ans. Diane Ehrensaft, directrice du Centre pour la santé mentale et le genre de l'enfant et de l'adolescent de l'université de Californie (Berkeley), trans aussi, appelle le ROGD : « manifestation rapide de la découverte par les parents ». Elle pense que l'augmentation du nombre de cas est due à une plus grande acceptation : « Il y a toujours eu des enfants trans et non binaires, mais ils vivaient cachés et ils ne savaient pas ce qu'ils ressentaient. »

La polémique se traduit par une bataille d'études contradictoires. En Europe, plusieurs pays ralentissent après des décennies de traitements : la Norvège, la Finlande et surtout les Pays-Bas, pionniers du protocole dans les années 1970. En France, en février 2022, l'Académie nationale de médecine a constaté « un phénomène épidémique » et recommandé « une grande prudence médicale… compte tenu des nombreux effets indésirables, voire des complications graves » de ces traitements. La Suède, premier pays à avoir légalisé le changement de genre, a interdit les bloqueurs sauf cas exceptionnels, en 2023. Le Royaume-Uni les a bannis en 2024. L'Académie cite une enquête dans des lycées de Pittsburgh, selon laquelle 10 % des élèves se déclarent trans, non binaires ou de genre incertain, et note l'apparition de « foyers » de cas. Elle incite à examiner les « mécanismes en cause » avant toute médicalisation, et un suivi psychologique. Pour Diane Ehrensaft, « c'est du bon vieux sexisme, on présente encore les filles comme influençables, dès qu'elles disent qu'elles ne sont pas qui on veut qu'elles soient. Ils ont l'air de dire que les médecins valident les demandes, comme si dès qu'un enfant débarquait dans mon bureau et disait : "Je suis trans", je répondais : "Super, on va te mettre sous hormones." Jamais ! » dit Ehrensaft. Or beaucoup de parents racontent que quand ils ont remis en question le diagnostic de dysphorie, le médecin a répondu : « À vous de voir si vous préférez une fille morte ou un fils en vie. » Denise Caignon, qui a lancé un site Internet sur le sujet, 4thWaveNow, entendait sans cesse : « Il faut affirmer sa transition, sinon elle va se tuer. » Alex Allard, autre mère qui a monté un groupe de parents au sein du mouvement international Genspect, rappelle que souvent, ces enfants ont des problèmes et que la transition n'est pas la solution miracle : « Nous voulons de la thérapie ! De l'aide ! Beaucoup ont des enfants autistes, hyperactifs ou autres, cela ne devrait pas mener à les diagnostiquer immédiatement comme trans et à les mettre sur la voie d'un traitement à vie. » Tous ces groupes sont présentés comme d'extrême droite par la gauche.

« Il faut adhérer à leurs dogmes, sinon tu es un apostat »

Une autre détransitionneuse est reçue dans les conventions conservatrices, Laura Becker. En avril 2022, je vais la voir chez elle, dans le Wisconsin. Laura porte des pulls multicolores, dessine des motifs psychédéliques et héberge un nombre incalculable de chats. Petite, elle n'avait pas d'amis, n'aimait pas les jeux ni les habits de filles, et les attitudes « bégueules ». À la maison, son père ne cessait de l'insulter. À 11 ans, elle a été mise sous pilule contraceptive à cause d'ovaires polykystiques, mais ses hormones faisaient le yo-yo. Elle a aussi plongé dans la dépression et un psychologue lui a diagnostiqué une forme d'autisme. « J'avais honte, j'étais en colère et j'étais perdue », dit-elle. Elle se réfugie dans l'écriture de romans sur les animaux. « À 14 ans, j'ai commencé à avoir des pensées suicidaires », poursuit-elle. Au lycée, elle se perd sur Tumblr, un site de microblogging. Elle fume de l'herbe avec des copains artistes. Elle s'habille comme les groupes de métal, puis en chemise hawaïenne. Un chagrin d'amour la terrasse. « Sur Tumblr, j'avais appris des trucs sur les identités de genre et je pensais que j'étais *queer*. Je n'aimais pas être hétéro parce que j'adorais les hommes, mais j'étais tellement bizarre, abîmée et moche que je pensais qu'aucun ne m'aimerait. » Elle ne fréquente que des garçons gays. Sur Tumblr, il y a de plus en plus de contenu trans. « À 17 ans, j'ai pensé que j'avais une dysphorie de genre. Je me suis dit que ça n'avait aucun sens pour moi d'être une femme, que je n'en avais jamais été une. Tous les traits de personnalité que j'invoquais pouvaient être expliqués par mon autisme. Mais c'était une pathologie, alors que trans, c'était festif, unique, différent. J'étais à moitié soulagée, à moitié honteuse parce que c'est quand même une malédiction. Les gens te disent : "C'est génial, tu t'acceptes." Mais toi, tu te répugnes. » À 18 ans, elle transitionne « socialement », à l'université du Wisconsin, Milwaukee. « Le centre LGBT était très, très woke. D'autres détransitionneuses disent qu'elles ont été soutenues dans la communauté trans, moi, jamais. C'est une secte. Il faut adhérer à leurs dogmes, sinon tu es un apostat. Tout le monde scrute le comportement des autres, à la recherche d'une déviance ou d'une micro-agression. Tous les Blancs sont mauvais, les femmes trans sont des femmes, on ne peut jamais parler de sexe biologique. Le langage postmoderniste est la seule réalité. Une femme, c'est juste quelqu'un qui se sent femme. La plupart sont des filles blanches de classe moyenne. Elles s'inventent leur propre genre. J'ai entendu des pronoms de poisson (« *fish self* »), de fée, de l'espace, d'étoile, d'alien, de fantôme. » Elle pense qu'il faut qu'elle choisisse un genre et, à 20 ans, elle opte pour être un homme. « Un prof trans m'a suggéré une clinique de Chicago. Après un rendez-vous d'une heure, j'ai eu de la testostérone gratuite. » Elle a pourtant insisté sur le fait qu'elle était autiste et suicidaire. On lui fait signer un formulaire de consentement et on la lui prescrit, sans prise de sang. Elle passe ensuite par une puberté masculine. « J'avais des changements d'humeur, j'étais en colère, agressive, parfois violente, de plus en plus suicidaire et dépressive. » Sa voix baisse et du poil lui pousse au menton. C'est irréversible. Elle va ensuite voir un chirurgien spécialisé dans les mastectomies. « Il a demandé deux lettres de recommandation de médecins, ce qui est le standard de WPATH [World Professional Association for Transgender Health]. On peut les acheter sur Internet, mais j'en ai demandé une à ma psy, qui me connaissait à peine, qui me donnait juste des ordonnances. Et l'autre à mon généraliste, que je voyais une fois par an. » Aucun n'a questionné sa démarche. « C'est de la connerie parce que même si on a une dysphorie, ce n'est pas la peine de recourir à ces opérations extrêmes. C'est comme une lobotomie. Et ma dysphorie a été résolue par la thérapie plus tard. Mais la mastectomie, c'est une opération facile et c'est un énorme marché. » Elle dit aussi au chirurgien qu'elle est autiste et suicidaire. L'opération coûte 10 000 dollars, ses parents et deux tantes aident à financer, une partie est couverte par son assurance. Elle opte pour la conservation du mamelon, plus chère. Beaucoup s'en passent, pour un look « totalement non binaire », ni homme ni femme. Au début, elle aime le résultat « sous un tee-shirt ». « Mais sans, c'est très macabre, c'est répugnant, j'étais totalement traumatisée, je voulais mourir. » Pour l'opération, elle a arrêté la testostérone et ne reprend pas. « J'ai décidé de vivre. J'ai quitté l'université un semestre et suivi une nouvelle évaluation psychologique. » On lui diagnostique un stress post-traumatique complexe, dû aux mauvais traitements de son père… et à la transition. « J'ai écrit au chirurgien pour l'informer que je détransitionnais, je lui ai dit qu'il avait trahi son devoir éthique en me faisant du mal et qu'il en ferait à d'autres s'il ne prenait pas en compte l'état des patientes. »

William Malone rapproche le phénomène actuel de la crise des opiacés, une hécatombe aux États-Unis : « Leur prescription reposait sur des preuves faibles et un argument faux, selon lequel très peu de gens développaient une dépendance. Et il y avait une pression des hôpitaux et des assurances : vous étiez un mauvais médecin si vous n'en prescriviez pas après une opération. Quand les preuves sont faibles, il devrait y avoir un débat. Mais il n'y a pas eu de débat aux États-Unis donc personne ne sait vraiment ce qui se passe. » De même que la théorie de la fuite du laboratoire de Wuhan, vue comme raciste, est restée taboue, parce que Trump l'avait évoquée, émettre des doutes sur la médecine de genre est impossible. Julia Mason, qui a rejoint SEGM et exerce comme pédiatre dans l'Illinois, raconte : « On a vu débarquer les jeunes internes qui ont imposé ces histoires de trans avec tellement d'assurance qu'on s'est tous dit qu'on avait raté un truc. » Les témoignages des détransitionneurs sont vus comme peu représentatifs, en l'absence de chiffres fiables. « Je les appelle plutôt des “gens qui progressent vers une autre identité de genre”, nuance Diane Ehrensaft. On ne peut pas toujours prévoir où en seront les gens dix ans plus tard. Il y en a qui changent d'avis. Dans notre clinique, sur plus de 1 000 familles, on en a eu moins de 1 %. » Et ce sont, selon elles, surtout des non-binaires incertains sur leur choix. En avril 2022, j'ai commencé à suivre un groupe de détransitionneurs sur le réseau social Reddit. Ils étaient 26 000. En septembre 2024, ils sont 55 000.

« Être trans donne un statut »

À New York, je rencontre Grace Lidinsky-Smith, autre détransitionneuse, longs cheveux lisses châtains. « Depuis toute petite, j'ai été absorbée par la politique, la théorie féministe, les dynamiques sociales, les systèmes d'oppression », raconte-t-elle. Elle se passionne pour la justice sociale sur Tumblr, la lutte contre le patriarcat. À l'université, elle choisit les études de genre. Elle est un peu garçon manqué et mal à l'aise en société. « Rétrospectivement, c'est gênant, ma pensée était tellement simpliste. J'avais l'impression qu'on attendait des choses de moi, en tant que femme et je me sentais prisonnière. J'étais juste une jeune fille pleine de névroses et l'angle trans est devenu une explication simple. » Elle souligne un paradoxe : « C'est une échappatoire, mais on reste très dépendant du regard des autres puisqu'on passe son temps à demander à ne pas être mégenrée, vue comme une femme. Cela me demandait un effort énorme de tenter de contrôler la façon dont mon corps était perçu. » Elle lie aussi sa transition à Donald Trump. « Tout le monde a été secoué par son élection. On pensait que tout serait interdit. Certains disaient qu'il y aurait un génocide de trans », confie-t-elle, avec un rire gêné. Dans ses cercles, être blanche privilégiée, donc oppresseur, n'est pas valorisé. « Être trans donne un statut. » À 19 ans, elle s'identifie comme non binaire et traverse une « période de crise psychologique intense ». « Je pleurais tout le temps, je n'arrivais plus à me concentrer, je restais dans ma chambre à jouer à des jeux vidéo, obsédée par mon ordinateur. J'étais perdue et sans projet. » Sur Tumblr, on l'encourage à transitionner, ce qu'elle fait à 22 ans. « Je suis allée dans une clinique de l'Indiana, je n'ai pas vu de psy. On m'a demandé : "Pourquoi vous voulez de la testostérone ?" J'ai dit : "Je n'aime plus être une femme." Ils m'ont dit : "Ah OK." » La testostérone, au début, la sort de la dépression, avec sa nouvelle force, ses nouveaux muscles, même si sa voix ne lui permet plus de chanter. Elle a cependant une poitrine généreuse. Le contraste avec sa pilosité la dégoûte et elle déteste se comprimer les seins. Cinq mois plus tard, elle subit la mastectomie. « J'ai lu des choses sur le deuil de l'amputation, c'est ce que je ressens profondément, une perte profonde, difficile à décrire. C'est comme un film d'horreur. Ça a été tellement viscéral que ça m'a forcée à reconsidérer ma démarche. Je me suis détachée de l'illusion trans de la liberté procurée par la possibilité de se recréer en mâle, idéalisé. » Elle aussi a écrit à sa chirurgienne et à la généraliste qui lui a prescrit les hormones sans respecter les étapes du WPATH. Laura et Grace étaient majeures quand elles ont subi les procédures, contrairement à Chloe. À rebours du discours dominant qui assure que personne ne pratique de mastectomie sur des mineures, selon une enquête du Manhattan Institute à partir des assurances de santé, entre 2017 et 2023, le nombre de mastectomies pour les filles de moins de 18 ans est passé de 5 288 à 6 294, et pour celles de moins de 12 ans et demi, de 50 à 179. Les histoires de Laura et Grace aussi méritent d'être entendues, mais sont exploitées essentiellement par des médias conservateurs. Les autres journalistes qui s'y risquent savent à quoi ils s'exposent. « On s'entend dire qu'on va tuer des enfants », dit Lisa Selin Davis, à laquelle les grands journaux ont cessé de commander des articles, qui a été déprogrammée de certaines conférences, et qui écrit maintenant sur son site internet personnel. En 2023, le *New York Times* a publié plusieurs articles sur les trans, dont un qui s'interrogeait sur le bien-fondé du traitement des mineurs. Peu après, près de 1 000 contributeurs du journal ont signé un éditorial les condamnant. Une lettre coordonnée par l'Alliance gay et lesbienne contre la diffamation s'est ensuite alarmée d'une « couverture irresponsable et biaisée ».

L'opinion américaine est pourtant nuancée. Selon un sondage Washington Post-KFF de mai 2023, 57 % pensent que le genre est déterminé dès la naissance, 68 % s'opposent aux bloqueurs de puberté pour les 10-14 ans,

58 % sont contre les hormones pour les 15-17 ans. Les associations le savent, qui poussent des projets de loi associant la protection des soins pour les enfants trans à celle de l'avortement, très populaire. En revanche, s'opposer aux traitements ne veut pas dire être favorable à leur interdiction : 54 % sont contre les lois qui les bannissent. L'ACLU (American Civil Liberties Union), en 2024, traque 527 projets de lois anti-trans, perçues comme discriminatoires. Dans certains États, une pression inverse existe.

« C'est si difficile, pour vous, de l'appeler par son nouveau prénom ? »

Abigail Martínez, carré brun, soigneusement maquillée, m'accueille en ouvrant grand les bras, un mot sur deux en espagnol. La moquette est épaisse, une bougie parfume le salon, des oiseaux pépient. C'est une bande-son qui peine à couvrir le grondement du train passant en bas, sous la lumière douce du printemps californien. Elle a découpé des fruits, sorti des chips épicées et des jus de fruits. Abigail est salvadorienne. Elle fait des allers-retours avec son pays mais Yaeli, troisième de ses quatre enfants, est née aux États-Unis, en 2000, un « bébé du dimanche de Pâques ». La famille est catholique. En 2006, quand ils sont rentrés aux États-Unis, Yaeli était contente. Mais, à l'école, les autres la persécutaient « à cause de la forme de ses yeux ». Sur les photos, ils sont grands, noirs, avec de longs cils. Elle les a coupés. À 13 ans, Yaeli passait son temps

« sur Instagram, avec beaucoup de jeunes en dépression ». Abigail lui a confisqué son téléphone. Son père, divorcé, a donné à Yaeli de quoi s'acheter un iPad. Elle a changé. « La petite fille douce est devenue violente, elle insultait ses frères et sœurs. » À 14 ans, elle a fait sa première tentative de suicide, avec ses antihistaminiques. À l'hôpital, Abigail a dû attendre qu'une assistante sociale la voie. « Et mon cauchemar a commencé », dit Abigail. Le Département pour les Services de l'enfance et de la famille inspecte la maison, demande aux frères et sœurs s'ils sont victimes d'abus. Et puis Yaeli demande qu'on l'appelle Jay. Abigail s'en tient à « mon enfant ». Ses notes dégringolent et Abigail demande qu'on lui fasse passer un test. C'est alors qu'elle découvre que le collège a changé les pronoms de certains élèves, sans avertir les parents, dont sa fille.

Yaeli se scarifie. Fait une deuxième tentative de suicide. À l'hôpital, le directeur du collège lui rend visite. « Il m'a demandé : "Mais pourquoi c'est si difficile, pour vous, de l'appeler par son nouveau prénom ?" Je lui ai répondu que son problème était beaucoup plus sérieux que ça, qu'elle était en dépression. » Le district scolaire d'Arcadia n'a pas répondu à mes demandes d'interview mais son porte-parole a déclaré à un magazine conservateur : « Nous partageons la tristesse et le chagrin de la famille Martinez et continuons de présenter nos plus sincères condoléances… Toute suggestion que notre école a encouragé l'un de nos étudiants à prendre des hormones et à subir une opération de changement de sexe serait catégoriquement fausse. » Les réunions d'assistantes sociales se multiplient. L'une d'elles conseille : « Organisez un enterrement pour Yaeli et adoptez Andrew. » Jay était trop proche de son ancien prénom, on a conseillé à Yaeli d'en trouver un autre. L'assistance sociale ajoute : « Le problème, c'est que vous n'arrivez pas à accepter que votre enfant se soit toujours considéré comme un garçon. » Abigail répond : « Vous l'avez connue toute sa vie ? »

L'été suivant, Yaeli suit des cours de rattrapage. « Elle passait des heures à se coiffer, à se maquiller, à se faire les ongles, insiste Abigail. Elle me demandait de lui acheter des jupes. Parce qu'il y avait un garçon qui lui plaisait beaucoup. » Le jour de la rentrée au lycée, elle remet pantalons et tee-shirts. Et Abigail découvre qu'on lui a donné un *binder*, bandeau de compression des seins. Yaeli voit une psychologue dans un centre et rencontre une amie trans. Toutes deux fréquentent les réunions LGBTQ + que le lycée leur a conseillées. « J'ai voulu la changer d'école, mais les assistantes sociales s'y sont opposées. »

Abigail voit sa fille s'enfoncer dans la dépression. Yaeli s'achète un nouvel iPad, Abigail veut le confisquer, Yaeli le reprend de force et se blesse à la bouche. Un samedi, après le marché, elles rentrent à la maison. Abigail est en train de laver les légumes, elles s'apprêtent à regarder un film. Quand elle sort de la cuisine, Yaeli a disparu. « J'ai regardé sous les lits, près de la piscine. Je l'ai cherchée partout. Je l'ai appelée, j'ai fini par me jeter au sol et crier. J'avais envie de vomir. J'ai appelé la police. » La mère de son amie est venue la chercher en cachette. « La police est venue me prévenir qu'on l'avait retrouvée, mais qu'il faudrait que j'aille au tribunal pour la récupérer, parce que Yaeli m'accusait de violence physique. Ils ont reconnu qu'il n'y avait aucune trace à part la coupure qu'elle s'était faite. Alors Yaeli a parlé de violence émotionnelle, elle a dit qu'on ne l'acceptait pas, qu'elle se sentait rejetée, qu'elle voulait vivre dans un foyer. » Abigail est nourrice, et elle élève ses trois autres enfants. Personne ne songe à l'en éloigner, alors qu'on l'accuse de maltraitance. Pendant deux ans, elle se bat au tribunal. Yaeli est placée en centre d'hébergement pour mineurs de Los Angeles, financé par la Californie. Abigail ne peut la voir qu'une heure par semaine, en présence d'un tiers. Certains jeunes sortent de prison, il y a des victimes d'abus sexuels, des agresseurs… « Au tribunal, ils n'ont pas voulu m'écouter. Moi, sa mère qui l'ai mise au monde. Qui l'ai vue grandir. Pourquoi la juge a-t-elle signé les documents pour qu'elle soit mise sous testostérone ? » Yaeli a 17 ans. Abigail pleure : « Je leur disais : “Il faut se concentrer sur sa santé mentale si vous voulez l'aider, je vous en supplie.” » Pour ses 17 ans, Abigail amène ses frères et sœurs au centre, Yaeli pleure de joie. Abigail ne sait pas si elle a connu l'euphorie des premiers mois sous testostérone. « Elle disait qu'elle avait mal aux os. Elle ne dormait plus. Elle n'arrivait pas à se concentrer. Sa voix a changé, elle a eu une pomme d'Adam. » Yaeli fuit le centre d'hébergement. Elle vit dans une famille et tente à nouveau de se suicider. À 18 ans, Yaeli est placée dans un appartement, à Pomona, toujours payé par la Californie. Elle maigrit à vue d'œil, Abigail lui apporte de la nourriture.

Le 4 septembre 2019, Abigail se réveille avec un mauvais pressentiment. « Je suis allée me promener avec une amie, mais je sentais comme un vide. J'avais mal à la poitrine, au cœur. J'avais envie de pleurer et je ne savais pas pourquoi. » La veille, elle a envoyé un texto à Yaeli, qui n'a pas répondu. Quand Yaeli envoie enfin un message, Abigail répond que sa sœur, militaire, a été opérée. Plus de réponse. Ça ne lui ressemble pas. Elle prévient la police. À 22 h 30, un policier de Pomona appelle : « Vous êtes la mère d'Andrew ? On nous a alertés qu'il avait disparu, on le cherche. » Abigail guide les agents chez Yaeli. Personne. Un policier sort de la pièce quand son téléphone sonne. Abigail suggère qu'on traque l'iPhone de sa fille, ne comprend pas que la police refuse. Elle fait le tour des hôpitaux avec son fils, se rend dans les banques du sang. Elle ne ferme pas l'œil de la nuit. Le lendemain, alors qu'elle est sur l'autoroute, son téléphone sonne. « Une voix m'a dit : "Êtes-vous Abigail Martínez ? " J'ai dit : "Oui ! Vous avez trouvé ma fille ?" Il y a eu un silence. Puis : "Oui, j'ai des informations sur votre fille. Vous êtes chez vous ?" J'ai répondu : "Non, je suis au volant." Elle a dit : "Vous pouvez vous garer ?" J'ai dit : "Je n'ai pas mon téléphone à la main, je peux parler." Nouveau silence : "J'ai des informations que je ne peux pas vous communiquer si vous conduisez. Garez-vous, s'il vous plaît." Je me suis mise à pleurer : "Ne me demandez pas de me garer, dites-moi." Silence. J'ai pris la première sortie, il y avait une station-service, je me suis garée n'importe comment. Elle m'a dit : "Madame, je vous appelle depuis chez le médecin légiste. Votre fille avait-elle un piercing ?" Ce qu'on voit dans les films, les gens qui vomissent, j'ai vécu ça. Je ne pouvais plus respirer, Je suis sortie de la voiture, je pleurais, je lui ai dit : "Vous vous trompez, ce n'est pas ma fille ! Vous êtes en train de me dire que ma fille est morte ?" Je suis tombée par terre, le moteur tournait. La voix répond : "Nous ne sommes pas sûrs à 100 % mais nous pensons que nous avons trouvé sa carte d'identité. Nous allons faire un test ADN. Ça va prendre un ou deux jours." Abigail veut voir le corps. "Je suis désolée, Madame, ce ne sera pas possible. Il n'y a plus rien à voir. Il vaut mieux que vous vous souveniez du dernier jour où vous l'avez vue." Yaeli est allée sur les rails du chemin de fer, à Santa Fe. Un sans-abri lui a demandé : "Ça va mon grand ? Qu'est-ce que tu fais là ?" Elle a répondu : "Rien." Un autre sans-abri a raconté que lorsque le train est arrivé, Yaeli s'est agenouillée sur la voie ferrée. Le coup de téléphone que le policier avait reçu, c'était ça. Yaeli avait 19 ans, cela faisait presque deux ans qu'elle était sous testostérone.

Abigail a attaqué le comté de Los Angeles, l'hôpital de Pomona Valley, le médecin et des fonctionnaires du DCFS pour « décès injustifié, faute professionnelle médicale et violation des droits civils ». L'affaire, *The Estate of Galdamez v. County of Los Angeles*, a été classée sans suite, à partir de considérations techniques. Le juge Otis D. Wright a considéré qu'Abigail Martinez ne pouvait affirmer que ses propres droits constitutionnels avaient été bafoués, même si ceux de sa fille l'ont été. La plainte attaque le comté au motif que ses fonctionnaires ont manqué à leur devoir de superviser sa fille, mais

Wright estime que le comté ne peut être jugé coupable des négligences de ses fonctionnaires. L'hôpital et le médecin, par ailleurs, ne sont pas considérés comme des fonctionnaires de la Californie.

La Heritage Foundation arrange des interviews d'Abigail Martinez dans les médias conservateurs et lui fait signer des pétitions opposées aux lois pro-trans dans les États démocrates. Abigail est contre l'avortement, elle aurait voté pour Trump de toute façon. Mais elle me confirme que c'est « le seul qui s'oppose aux histoires trans ». Laura Becker, en revanche, a voté pour Bernie Sanders aux primaires démocrates, puis pour Hillary Clinton à la présidentielle en 2016, et pour Joe Biden en 2020. « J'étais une étudiante woke pour ce qui concerne le genre, la race, le féminisme, presque communiste, me dit-elle en août 2024. Mais détransitionner m'a ouvert les yeux sur ces mensonges, pour glisser vers la gauche modérée. Et maintenant, je me sens plus libertarienne et je vais voter pour Trump. » Elle avait participé à un documentaire dont la diffusion a été annulée par le producteur AMC, sous la pression du groupe Queer Trans Project. « Tous les détransitionneurs que je connais vont voter pour Trump, ajoute-t-elle. On est dégoûtés de la façon dont la gauche nous a traités. » Elle figurera dans des clips de campagne pour lui, dans les États pivots, où elle racontera son histoire. La question trans va rester politique.

7

Les Proud Boys au banc des accusés

Tribunal Prettyman, Washington DC.

Le numéro 1585 est une femme noire qui porte une casquette noire, une doudoune et des lunettes à montures noires. Le juge Timothy Kelly, rond et affable, l'interrompt : « Où ça ? » Elle : « Sous la prison. Je pense qu'ils devraient tous se retrouver sous la prison. » Nous sommes le 20 décembre 2022, deuxième jour de la sélection du jury. Presque deux ans après le 6 janvier 2021, Enrique Tarrio et quatre Proud Boys vus comme les plus hauts gradés comparaissent au tribunal du district de Washington. Ce que veut dire la jurée potentielle 1585, c'est que les Proud Boys devraient être enterrés en prison, après y avoir passé la fin de leur vie – ou y avoir été exécutés. « Ce qui s'est passé le 6 janvier, c'était trop à mes yeux. Ces gens-là n'ont pas été élevés. »

Le « *stand back and stand by* » de Donald Trump a donné aux Proud Boys une réputation nationale. Ils se sont ensuite illustrés à Washington lors des deux premières Million Maga Marches. Puis il y a eu le 6 janvier, et la ville traumatisée a vécu au rythme de la couverture et de l'enquête de l'assaut du Capitole. Sélectionner 14 jurés neutres dans une ville de 682 000 habitants où le gouvernement fédéral emploie 21,2 % de la population active et qui a voté pour Joe Biden à 92 % relève de la gageure. Sabino Jauregui, avocat de Tarrio, est de Miami, où un jury aurait été plus favorable à son client. Il n'en revient pas : « En vingt-et-un ans, je n'ai jamais vu une sélection aussi difficile. Ils emploient tous des termes comme "terroristes" ou "suprémacistes blancs". Il y a une véritable guerre culturelle. » À quelques minutes du tribunal, sur la colline du Capitole, la commission d'enquête sur le 6 janvier tient sa dernière audience, où elle recommande une mise en inculpation au pénal de Donald Trump au parquet fédéral. Des clips de son argumentaire en vidéo tournent à la télévision, impliquant les Proud Boys. Elle a aussi rendu publics des dizaines de témoignages, dont celui de Tarrio. « C'est inédit, Votre Honneur, s'indigne Norm Pattis, avocat de Joe Biggs. Une commission dépendant du pouvoir législatif accuse un ancien président de complot et d'incitation à l'insurrection et assure que nos clients étaient son bras armé. La frontière entre les branches législative et judiciaire est brouillée. Les jurés peuvent être influencés par ce qui passe à la télévision et la commission publie un rapport qui met en cause nos clients. » Kelly poursuit la sélection.

Le jury impossible

Les jurés potentiels ont répondu à un questionnaire préalable. Sont-ils fonctionnaires ? Avocats ? Ont-ils participé à des manifestations ? Ont-ils une « vision tranchée » du 6 janvier ? Des Proud Boys ? Ils sont ensuite interrogés lors du voir-dire, processus dont les Américains expliquent doctement qu'il signifie « dire la vérité » en français. « Mon mari est juif, ses grands-parents sont morts lors de la Shoah. Je connais les idées de ce groupe et ce sera difficile de passer outre », confesse une quadragénaire. Une autre déclare : « C'est une milice nationaliste, un groupe raciste. » Le juge relance : « Cela affecterait votre capacité à être objective et impartiale ? » Kelly a été nommé par Donald Trump en 2017, il prend des luxes de précaution. Les heures passent et les vues exprimées sont si hostiles qu'aucun n'est retenu. Beaucoup voient le 6 janvier 2021 comme « leur 11 septembre 2001 », jour de l'attentat djihadiste contre les tours jumelles de New York. Après une première série de questions, Kelly fait sortir le juré potentiel, recueille les remarques de la défense et de l'accusation, puis le soumet à un interrogatoire complémentaire, suivi d'un autre débat. « Je n'ai pas d'opinion précise, mais elle est négative. Les Proud Boys veulent conquérir par la peur et la terreur, ils ont créé une situation qui a mis la vie des membres du Congrès en danger et j'ai lu beaucoup de phrases où leur nom était lié à celui de Trump. Ce sont des terroristes domestiques », estime une jeune femme noire. « Mais vous pourriez les acquitter, si l'accusation n'arrivait pas à apporter la preuve de leur culpabilité ? Vous pourriez être objective ? », insiste Kelly. « Je n'aurais pas envie, mais je pourrais essayer… » Jauregui bondit : « Votre Honneur, elle a traité mon client de terroriste et elle ne veut pas être objective ! » L'accusation tente d'en sauver certains. Un homme blanc : « C'est un groupe qui veut changer le pays, aller vers une dictature, ils sont pleins de préjudices, de haine, ils tordent la religion vers des valeurs anti-chrétiennes. » Jason McCullough, le vice-procureur, plaide : « Cet homme était très honnête, il n'est pas si politisé, il a même dit que sa passion maintenant était la pêche. » Certains font des réflexions qu'on n'entend que dans une ville peuplée de think tanks : « C'est un groupe haineux, du moins c'est comme ça que le Southern Poverty Law Center les appelle… Dès que je les vois dans les médias, je me sens proche du côté qui leur est opposé. J'associe les Proud Boys à un côté et moi, à l'autre. » Carmen Hernández, avocate de Zachary Rehl, mains sur les reins et cheveux blancs en bataille : « Votre Honneur, comment espérer un procès équitable quand un juré se dit "de l'autre côté" ? Et si mon client était un jeune Noir ? Ou un Latino du gang MS-13, comme j'en défends souvent ? » Le tout peut prendre une heure et demie par juré. Parfois, en une journée, aucun n'est sélectionné.

Kelly finit par assumer l'aspect politique du procès. Un soir, une jeune femme blanche assure qu'elle ne connaît rien à la politique, ni aux Proud Boys. « Votre Honneur, le site Internet de son ONG affirme que le 6 janvier a été organisé par des suprémacistes blancs », relève

Nicholas Smith, avocat d'Ethan Nordean. « Ses parents ont tweeté sur les recommandations de la Commission du 6 janvier d'inculper Trump… Ce sont des figures du parti démocrate, parmi ses plus gros donateurs depuis trente ans… », ajoute Jauregui. Elle revient, Kelly lui demande : « Vous diriez que vous êtes plutôt de gauche ? Que vos amis et votre famille sont très à gauche ? » Elle : « Bien sûr ! » Kelly : « Ça ne vous gênerait pas, de leur dire que vous avez acquitté ces accusés ? » Elle : « Euh… non. » Jauregui insiste : « Votre Honneur, elle est diplômée de Stanford, je pense qu'elle ment, elle détourne les yeux quand elle répond. C'est une militante qui veut être au jury. » Beaucoup ont participé à des manifestations de Black Lives Matter, dans une ville où plus de 45 % de la population est noire. La maire, Muriel Bowser, noire, a donné leur nom à une rue en face de la Maison-Blanche et demandé à des artistes de peindre le slogan des manifestations en lettres géantes sur la chaussée. Or Tarrio a été condamné, en août 2021, pour avoir brûlé une bannière BLM. Beaucoup ont aussi manifesté contre les armes et Tarrio a été condamné pour port de chargeurs de grande capacité. La sélection du jury prend douze jours. Le 12 janvier, Kelly l'assermente enfin.

Complot séditieux

Enrique Tarrio, 38 ans, comparaît avec Ethan Nordean (« Rufio Panman »), 31 ans, d'Auburn, dans l'État de Washington ; Joseph Biggs, 38 ans, d'Ormond Beach, en Floride ; Zachary Rehl (« Captain Trump »), 36 ans, chef de la branche de Philadelphie, en Pennsylvanie et Dominic Pezzola (« Spaz »), 44 ans, de Rochester, dans l'État de New York. Chacun a un ou deux avocats. Ils sont en costard cravate. Tarrio est pâle et sans ses lunettes de soleil, son strabisme est évident. Ils discutent et s'échangent des petits mots comme des gamins, autour de la table des accusés – contents de sortir de prison pour les audiences. Pourtant, ils sont visés par une dizaine de chefs d'accusation, dont complot séditieux (pour empêcher la transmission pacifique du pouvoir). Créé après la guerre de Sécession pour punir les Sudistes opposés au gouvernement fédéral, ce chef d'inculpation implique « deux personnes ou plus qui conspirent pour renverser ou détruire par la force le gouvernement des États-Unis ». Il est passible de vingt ans de prison et rarement utilisé, car difficile à prouver. Il a été appliqué avec succès contre quatre Portoricains indépendantistes qui ont ouvert le feu dans la Chambre des représentants en 1954, puis contre les djihadistes qui ont préparé l'attentat de 1995 à New York. Mais des suprémacistes blancs de l'Arkansas qui voulaient renverser le gouvernement fédéral pour établir une nation blanche ont été acquittés en 1988, de même qu'une milice du Michigan qui prévoyait de tuer des policiers, en 2012. Dans les deux cas, l'accusation n'avait pas prouvé la préparation, consubstantielle à la notion de conspiration. La notion de complot séditieux est réapparue pour les procès du 6 janvier, avec la milice des Oath Keepers. Dans sa plaidoirie d'ouverture, McCullough donne le ton : « Tous les quatre ans, notre nation tient une élection pour choisir notre président. Nos citoyens ont toujours connu une transmission pacifique du pouvoir.

Le 6 janvier 2021, ces hommes ont cherché à changer cette histoire… ils ont visé le cœur de notre démocratie. » Les quatre mois qui suivent montrent comment un pays tente de juger un acte collectif inédit qui a menacé ses fondations. Et offrent une plongée vertigineuse au cœur d'un groupe d'extrême droite à la mentalité d'assiégé.

Pour établir la gravité du 6 janvier, l'accusation montre des dizaines de vidéos, dont les Proud Boys sont parfois absents. Elle fait témoigner des policiers et passe les enregistrements de leurs appels affolés. « Unité 6, j'ai une foule qui combat les agents, ils poussent, ils jettent des projectiles, j'ai envoyé une alerte sur des munitions chimiques ! J'ai besoin de l'équipe à létalité réduite au-dessus pour identifier les agitateurs et se déployer. Déployez-vous ! supplie Thomas Loyd, inspecteur de la police du Capitole. J'avais une agente inconsciente après la première brèche à Peace Circle, une autre dont la jambe avait été écrasée par une barrière, raconte-t-il à la barre. Les barrières ont été démantelées et chaque barreau a été utilisé comme arme. » Il y avait aussi « des outils, des tournevis, des extincteurs qui nous ont été lancés par dizaines, des armes faites maison, des drapeaux, des bouteilles d'eau gelée, des lacrymos. Tout ça peut être mortel ». Je découvre une arme courante, le spray anti-ours, un gaz poivré. Un an plus tard, après un reportage en Alaska où il est vendu dans les stations-service, j'aurais su. Tous les Américains savent.

On suit la progression. À 13 h 50 : « Ils montent l'escalier, ils montent l'escalier côté ouest ! » À 14 h 02 : « À toutes les unités, ils sont en train de monter sur les échafaudages ! À tous les agents, descendez des échafaudages ! Descendez, s'ils entrent dans le Capitole, on ne peut pas être dehors ! » À 14 h 13 : « Ils sont entrés dans le Capitole » et à 14 h 14 : « Ils vont au deuxième étage, au Sénat. » À 14 h 20, le policier noir Eugene Goodman court devant les insurgés pour les éloigner de l'hémicycle. « Si les portes qui les séparaient des élus avaient été brisées, on aurait dû ouvrir le feu », dit Loyd. Que le 6 janvier n'ait pas tourné au bain de sang est un miracle. Des policiers se sont battus deux heures pour protéger certaines entrées, comme celle de la terrasse ouest, sous laquelle je me trouvais.

« Un mot à l'esprit : révolte »

L'accusation a découpé l'assaut en quatre « brèches », chaque fois que les barrières et cordons de police ont été brisés. Les vidéos montrent que quatre accusés (Tarrio était à Baltimore) étaient en première ligne. Le gouvernement soutient que les Proud Boys ont rassemblé une « force de combat », constituée d'autres membres et de ce que les mouvements d'extrême droite appellent les « *normies* » (les manifestants « normaux ») qu'ils ont excités. « Qu'est-ce qu'ils feraient, si 1 million de patriotes prenaient le Capitole ? Ils tireraient sur la foule ? Je ne crois pas », a posté, le 4 janvier, un Proud Boy qui ne faisait pas partie des accusés, sur l'un de leurs innombrables groupes de conversation en ligne. Les Proud Boys, pour beaucoup d'ex-militaires désœuvrés, vivent en vase clos et glorifient la violence, qu'ils justifient par des idéaux de « liberté » proches de ceux des pères fondateurs. Ils sont persuadés que les États-Unis sont en passe de devenir la Chine communiste si Joe Biden est investi.

L'accusation a épluché plus de 500 000 messages postés entre autres sur Messenger, Parler, Telegram, par texto et mail, dont elle fournit un échantillon au jury. Le 28 décembre 2020, Ethan Nordean, dans son émission *Rebel Talk* sur Internet, avertit : « Je n'ai pas envie d'affronter un gouvernement… mais on peut vous remplacer, juste comme ça [il claque des doigts]. » Le 31 décembre, avec Jeremy Bertino, que j'ai vu à Washington, il répète que l'usage de la force est nécessaire pour atteindre des objectifs politiques et que la violence fait partie intégrante de la Constitution. Le 1er janvier, Tarrio poste sur Parler : « Commençons cette nouvelle année avec un mot à l'esprit : révolte. » Le 4 janvier, après avoir été arrêté, il écrit sur Telegram : « Quoi qu'il arrive, faites-en un spectacle. » Une vidéo devenue célèbre est aussi accablante : elle montre l'homme qui a brisé la première vitre, permettant l'entrée des autres dans le Capitole. Il s'agit de Dominic Pezzola, qui a utilisé un bouclier volé à un policier dans la mêlée.

L'évolution de l'attitude des Proud Boys vis-à-vis de la police à partir de novembre est notable. Lorsque certains ont été poignardés par des antifas, l'absence des « bleus » a été perçue comme une trahison. Ils les appellent bientôt « coptifas » (mot-valise associant *cop* [flic] et antifas). Le ministère de l'Auto-défense (MOSD, la visioconférence que Tarrio m'avait montrée) est aussi présenté comme un comité de préparation de l'insurrection. Mais si l'on y entend des blagues repoussantes et des propos ultra-violents, on n'y trouve pas de plan d'invasion du Capitole. Parmi les rebondissements du procès, le FBI a par erreur communiqué les messages entre enquêteurs à la défense. Ils s'y montrent incertains de la solidité du cas. « Ça nous permettra de passer la barre de l'accusation de complot ? demande l'un d'entre eux, au sujet de messages des accusés. OK, tant qu'on arrive à les attaquer pour complot sans passer pour des idiots. »

« Convergence d'idées »

Parmi les preuves figure aussi un document envoyé à Tarrio par l'une de ses conquêtes, intitulé « Le retour de 1776 », appel de l'extrême droite à la révolte contre la tyrannie. C'est un plan d'occupation des bâtiments de bureaux autour du Capitole le 6 janvier, dans lesquels ils entreraient en prenant rendez-vous avec des élus. « Le Capitole lui-même n'est pas dans la liste des "occupations", ça ne va pas être un problème ? » demande un agent. La défense passe des journées entières sur le temps perdu à acheter des tacos le 6 janvier, ce qui impliquait de redescendre le Mall, dans la direction inverse du Capitole. Pas exactement un plan de bataille. Par ailleurs, les Proud Boys avaient prévu un concert de rock dans leur Airbnb dans l'après-midi, pas très compatible avec une insurrection non plus.

L'accusation fait témoigner des Proud Boys qui ont plaidé coupable et ont intérêt, pour obtenir un allégement de peine, à dire ce qu'elle attend d'eux. Jeremy Bertino, que je n'avais jamais vu sans gilet pare-balles, mince dans son costume cintré à carreaux, avec des souliers pointus, s'exprime sous le regard haineux de la mère de Tarrio. Pour le retourner, le FBI lui a fait croire que le document envoyé par la petite amie de Tarrio était un plan détaillé d'invasion du Capitole. C'est encore Smith qui attaque.

— Quand le FBI vous a demandé si vous saviez que les Proud Boys allaient aller au Capitole, vous avez répondu : « Non je pensais qu'ils allaient se réunir et aller au Monument et écouter Trump. » C'était vrai ?

— Je n'étais pas au courant de tout le plan, enfin je ne sais pas s'il y avait un plan.

— Vous dites qu'il y avait un accord pour renverser le gouvernement mais pas de plan pour le faire. Avez-vous dit en parlant des accusés : « S'ils avaient un plan, ils ne le mettaient pas dans le chat » ?

— Oui. Je ne l'ai pas vu dans le chat Telegram.

Le 7 janvier, il a posté : « Je ne pense pas qu'il y ait jamais eu de plan et s'il y en a eu un, je n'étais pas au courant. » Le Proud Boy John Stewart (Johnny Blackbeard) lui répond : « Vu que personne n'était armé, personne n'est monté au 2e étage… on n'a rien fait. On n'était pas prêts. » Même quand l'accusation le réinterroge, après la défense, il maintient : « Je ne pense pas qu'il y ait jamais eu de plan. »

Matthew Greene renforce cette impression : rien n'était prévu, c'était le chaos après l'arrestation de Tarrio. Nicholas Smith l'interroge :

— Vous avez dit que vous pensiez que les Proud Boys n'avaient pas l'intention d'entrer dans le Capitole ?

— Oui.

— Vous avez dit que c'était une insurrection spontanée, pourquoi ?

— En Afghanistan, j'ai vu quelque chose de semblable quand j'ai donné de la nourriture à un enfant, ça a dégénéré en 50 enfants qui tentaient de me la prendre.

— Votre position est que vous pensez qu'il n'y avait pas de plan d'agir violemment ?

— Oui.

— Le plan n'était même pas de renverser des barrières ?

— Je n'ai rien vu qui le suggérerait.

— Les directives sur le 6 janvier (sur Telegram) étaient-elles incohérentes ?

— Oui, comme mettre ou non les couleurs des Proud Boys.

— Et y aller tout court ou pas ?

— Oui, certains voulaient, d'autres pas, personne n'était sûr qu'il faille y aller.

S'il y avait un plan, il s'est « formé à mesure que le groupe avançait ». Le formuler était inutile, « on pensait la même chose sur la situation du pays ». Sa description de la « première brèche » se révèle clé : « On criait de plus en plus fort… avec ces slogans, mon attention s'est détournée des antifas pour se concentrer sur le Capitole… Et je me souviens d'avoir pensé : “Oh merde, c'est ça le truc.” J'ai pensé que les Proud Boys allaient participer à quelque chose d'historique, sans vraiment savoir quoi et quand j'ai vu qu'on dépassait la police, j'ai pensé qu'on y était. »

Elle permet de contourner l'obstacle présenté par le caractère spontané (et admis) du 6 janvier. L'accusation propose une nouvelle définition du complot aux jurés, une « convergence d'idées » qui n'a pas à être écrite, ni formulée. Le complot a pu être formé sur les marches mêmes du Capitole, à 14 h 11. Conor Mulroe, le procureur, fournit des exemples : « Vous vous réveillez un matin, il a neigé et vous voyez des gens, par la fenêtre, pousser une voiture. Vous allez pousser avec eux. Y a-t-il le moindre doute sur l'objectif ? Personne n'a prononcé un mot mais tout le monde sait ce qu'on fait. » Ou alors : « Vous vous arrêtez à un feu rouge, vous faites rugir votre moteur, votre voisin aussi et quand le feu passe au vert, vous faites la course, sans l'avoir dit explicitement. » Je regarde mon voisin dans la salle de presse, journaliste dans un grand quotidien américain. Il hoche la tête : « C'est un crime de la pensée. »

Coupables

Le 5 septembre, les premiers verdicts tombent. Lorsque celui de « non-coupable » de complot séditieux tombe pour Dominic Pezzola, sa mère étouffe un sanglot et plonge vers l'avant. Sa voisine, cheveux longs, blonds, lissés comme elle, la prend dans ses bras. C'est Zuny Duarte, qui a encaissé, le matin, le verdict « coupable » du même chef d'accusation pour son propre fils, Enrique Tarrio. En plus de quatre mois de procès, dans cette salle aux bancs de bois clair du quatrième étage, le petit clan des femmes et mères d'accusés s'est consolidé autour d'un sentiment d'injustice, d'un « eux » contre « nous » qui ne s'effacera plus. Après une semaine de délibérations et un verdict poussif, le jury a tranché en deux temps. Joe Biggs, Ethan Nordean, Dominic Pezzola, Zachary Rehl et Enrique Tarrio encourent des dizaines d'années de prison. Pezzola échappe au chef d'accusation le plus symbolique, mais est condamné pour d'autres (il y en avait 46). Tous sont condamnés pour complot visant à empêcher un agent de s'acquitter de ses fonctions et entrave à une procédure officielle, chef d'accusation créé après le scandale Enron de 2001, où le cabinet Arthur Andersen avait détruit des comptes falsifiés. Cela avait été considéré comme une entrave à une procédure légale, le procès, à cause de la destruction de preuves. Ce chef d'accusation, le 18 USC 1512(c)(2), est adapté au 6 janvier, en considérant la certification des voix des grands électeurs, interrompue par l'assaut, comme le processus légal. La justice s'adapte à un crime inédit.

Les Proud Boys sont aussi condamnés pour les délits de troubles à l'ordre public et de destruction de biens publics. Comme l'a dit un juré interviewé par *Vice News*, les centaines de messages présentés, même si certains dataient de novembre et décembre, avant que Trump convoque la manifestation et qu'un plan puisse être élaboré, ont convaincu. L'absence de plan dans ces messages les a un peu troublés, mais ils ont supposé qu'ils avaient été effacés. Le gouvernement a pour l'instant obtenu 14 condamnations pour complot séditieux liées au 6 janvier, entre les Proud Boys et les Oath Keepers. En conférence de presse, le procureur général Merrick Garland triomphe après les verdicts sur les Proud Boys, qui « montrent clairement que le Département de la Justice fera tout son possible pour défendre le peuple américain et la démocratie américaine ». Une ombre a plané sur tout le procès, celle de l'ancien président. Bertino a admis que les Proud Boys se voyaient comme le « fer de lance » de Trump. Jauregui, l'avocat de Tarrio, a répété que son client était un « bouc émissaire », alors que le véritable responsable était Donald Trump. Et Norm Pattis, avocat de Joe Biggs, a assigné Trump à comparaître. « Quand le commandant en chef dit que l'élection a été volée, comment ces gens pouvaient-ils penser autre chose ? Quel risque est plus important qu'une élection volée ? Le leader du monde libre leur dit que l'élection a été volée, je me demande pourquoi cet homme n'est pas accusé de complot séditieux », a-t-il dit. Trump, bien entendu, n'a jamais reçu cette citation.

Tarrio, lui, écope de la peine la plus lourde attribuée pour le 6 janvier. « M. Tarrio était le chef suprême du complot, l'organisateur en chef, motivé par un zèle révolutionnaire », tranche Kelly. La peine de Tarrio, condamné à vingt-deux ans de prison, dépasse de quatre ans le record de dix-huit ans jusqu'alors détenu par Stewart Rhodes, ancien chef des Oath Keepers, et Ethan Nordean, qui a coordonné l'action sur le terrain en son absence. Celle-ci n'a pas ébranlé Kelly, au contraire : « Elle avait un but stratégique, l'isoler et le mettre à distance de ce qui s'est passé ce jour-là, elle était très utile pour quelqu'un d'aussi malin que M. Tarrio. » Kelly n'a pas cru la défense qui a affirmé que le Ministry of Self-Defense (MOSD) visait à éviter les affrontements avec les antifas : « M. Tarrio l'a créé au moment où l'un de ses co-accusés disait qu'il fallait “se radicaliser et recruter de vrais hommes”. Il leur a dit de ne pas porter leurs couleurs ce jour-là. Le résultat, c’est que 200 hommes se sont mis en ordre de bataille et ont encerclé le Capitole. »

Tarrio n’a pas témoigné, mais il s’exprime avant sa sentence. Alors que trois de ses co-accusés se sont effondrés à la barre, il se tient droit, dans sa combinaison orange de prisonnier et même s’il renifle parfois, il garde une voix forte. « Je veux dire combien je suis désolé pour ce qui est arrivé le 6 janvier. En commençant par présenter des excuses à ceux qui ont été le plus affectés, les hommes et les femmes qui maintenaient l’ordre », lance-t-il. Au premier rang, le policier du Capitole Harry Dunn, qui a témoigné devant la commission d’enquête de son traumatisme, écoute, bras croisés, sourcils froncés et visage fermé. « Il y a d’autres gens qui méritent des excuses, ce sont les citoyens de Washington, poursuit Tarrio. Le 14 décembre, quand j’ai commencé à les découvrir, et certains sont devenus jurés, je pensais qu’ils seraient biaisés… Mais c’est moi qui étais biaisé. J’aurais dû me mettre à leur place. Comment je me sentirais, si quelqu’un débarquait chez moi et cassait tout ? » Il regrette aussi, dans des textos, d’avoir comparé Dominic Pezzola à George Washington.

Rien de cela ne convainc Kelly, qui estime que Tarrio n’exprime aucun remords pour les faits qui lui sont reprochés, le complot et l’interruption du décompte des voix. Il rappelle qu’au début de l’assaut, Tarrio a écrit, sur Parler : « Ne vous barrez pas. » Le soir, il a envoyé un message à un autre : « Ne vous y trompez pas. C’est nous qui avons fait ça. » Ce qui le rend le plus furieux est probablement la comparaison avec George Washington : « C'est calomnier le père de notre pays que de parler comme ça. » Pendant la visite de Mount Vernon, la demeure du premier président des États-Unis, à une demi-heure du tribunal, les guides mentionnent que George Washington a créé le précédent de la transmission pacifique du pouvoir. C'est une tradition dont les Américains sont fiers. « Vous avez abîmé l'État de droit et cela va prendre du temps de le réparer, dit Kelly. Il est difficile d'exprimer combien la transmission pacifique du pouvoir est importante. Notre pays a lancé une expérience, celle du pouvoir par le peuple, mais ça ne peut pas fonctionner sans ça. » Cette sentence est le point d'orgue de l'enquête sans précédent lancée par le FBI. Autre victoire du Département de la Justice, Kelly a appliqué l'aggravation exceptionnelle de la sentence (sans vraiment l'allonger) pour terrorisme. Un autre procès s'est déroulé dans l'indifférence. En 2004, le Tunisien Nizar Trabelsi avait été condamné à dix ans de prison en Belgique, pour y avoir planifié un attentat-suicide sur une base aérienne afin de tuer des soldats américains. Les États-Unis, fin 2013, ont obtenu son extradition pour le juger pour les mêmes faits. Ce 14 juillet, un jury l'a acquitté. Le terrorisme aux États-Unis a un nouveau visage.

« Une parodie de justice »

Il est tard et mon téléphone sonne : « Ceci est le centre de détention central de Washington, D.C. Pour accepter cet appel, appuyez sur zéro. Pour refuser cet appel, raccrochez ou appuyez sur… Cet appel provient d'un établissement pénitentiaire et fait l'objet d'une surveillance et d'un enregistrement. » Tarrio est au bout du fil. Il n'en revient toujours pas d'avoir été jugé. Il pensait y échapper. « Mon comportement présumé, parce que je ne suis pas d'accord du tout, ne mérite pas vingt-deux ans de ma vie. » Je lui demande pourquoi il n'a pas plaidé coupable, ce qui ne lui aurait valu « que » onze ans de prison. « Parce que je suis innocent. Je n'ai pas pensé que le jury de D.C. serait aussi biaisé. J'ai été stupide, dès le premier jour, on avait perdu », répond-il. Une voix le coupe : « Quinze minutes. Merci d'utiliser Global Tel Link. » Il refuse de parler de Bertino, sinon pour dire qu'il a « menti ». « C'était l'un des rares qui savaient que je ne pensais pas que l'élection avait été volée et il a dit le contraire à la barre. » Certaines vidéos l'ont ébranlé, comme celles où Bertino a été poignardé par un homme qu'un groupe de Proud Boys avait attaqué. « Jusque-là, je pensais qu'ils se défendaient. » Je lui demande s'il sait que Trump a dit qu'il le gracierait s'il était réélu : « Oui, et il a parlé de quelqu'un qui a pris vingt-deux ans, donc on sait de qui il parle. » Il l'a évoqué sur le podcast d'Alex Jones, depuis la prison. « Je veux que Trump examine mon cas, je ne demande pas qu'il me gracie, mais qu'il m'accorde une remise de peine », me dit-il. À part ça, il assure qu'il a changé, qu'il ne veut plus « être en politique ». Il ajoute : « Mais si Trump gagne en 2024 et qu'on est graciés, je ferai peut-être un petit peu de politique parce que ce sera ce qui m'aura sorti. » La conversation s'interrompt au bout de trente minutes. Il rappelle une heure plus tard.

Il n'a pas dîné. « Ce qu'ils m'ont refilé, on dirait de la bouffe pour chats, un genre de patates toutes molles. » Il est persuadé que le verdict est injuste. « Le truc, c'est qu'on devrait au moins avoir dit : « Hé, vous savez quel est notre objectif ? C'est d'empêcher la certification de l'élection. » Ou ce genre de truc. Ça n'a jamais été évoqué, tu sais, jamais, dans notre groupe de chefs. » Il conteste le rôle des Proud Boys à chaque brèche, ou qu'il ait manigancé d'être arrêté pour avoir un alibi. Il pense que le pays est si divisé qu'il va s'effondrer, « comme la chute de Rome ». Je lui demande ce qu'il pense que ces verdicts vont entraîner. « Je suis assez fort dans ma tête. Mais imagine quelqu'un d'autre, qui n'a pas autant de volonté. Réfléchis. Tu penses que le mettre en prison pour le simple fait d'entrer dans le Capitole, pendant sept, dix ans, quinze ans, tu crois que ça va l'inciter à rationaliser ? Ou est-ce que ça va le radicaliser ? Parce que je suis sûr à 100 % qu'ils ne rationalisent pas, je veux dire, ils passent toute la journée dans cette cellule et j'entends de quoi ils parlent. » La voix : « Il vous reste une minute. » Il se dépêche : « Je pense que ce qui nous arrive est une parodie de justice. Et je me fiche de ce qui arrive aux démocrates. Mais si ce qui m'arrive n'est pas corrigé, quiconque renverse une barrière, je veux qu'il atterrisse en prison pour vingt ou vingt-cinq ans de sa vie et on rigolera ensemble au Goulag. Je suis là à cause de mes idées politiques. »

Le 1er août, Donald Trump est mis en inculpation par le conseiller spécial Jack Smith pour ses tentatives d'inverser le résultat de l'élection, qui ont mené au 6 janvier. Les chefs d'accusation sont : complot pour escroquer le gouvernement, complot contre le droit de vote, complot pour entraver une procédure officielle, complot contre une procédure officielle. Mais pas de complot séditieux. La justice a mis les chefs des Oath Keepers et des Proud Boys à l'ombre. Beaucoup pensent que si Trump n'est pas élu, il n'aura personne à mobiliser pour de nouvelles violences. La justice tente maintenant de faire en sorte que Trump lui-même soit jugé avant l'élection. Les deux restent à voir.

8

La bataille pour les cols bleus

East Palestine, Ohio.

Elle n'a ni boucles auburn, ni nez en trompette, mais la verve de l'héroïne du film est là. Elle soigne son entrée : « Je m'appelle Erin Brockovich, pas Julia Roberts ! » La vraie, en février 2023, a 63 ans. Elle porte un chignon blond et un col roulé noir sous une veste, adaptés à l'hiver du Midwest. La lanceuse d'alerte, rendue célèbre par le film oscarisé de Steven Soderbergh en 2000, arpente la scène de l'auditorium du lycée d'East Palestine, dans l'Ohio, devant 2 700 habitants. Certains ont été installés devant des écrans, dans deux gymnases à côté. Il y a trois semaines, un train a déraillé près de la frontière avec la Pennsylvanie, libérant des produits toxiques. Cette nuit-là, Brockovich a reçu des centaines de mails. « J'ai vu ça dans toutes les communautés qui n'ont pas l'impression d'être vues, écoutées. On vous a raconté des choses contradictoires, vous ne compreniez rien, vous aviez peur, vous vous demandiez ce qu'étaient ces produits… C'est toujours comme ça, depuis trente ans. »

« Une boule de feu qui ressemblait à un champignon »

En 1993, Erin Brockovich, auxiliaire juridique, a remarqué des symptômes inexplicables à Hinkley, en Californie. Ils étaient en fait dus à la pollution de l'eau. Elle a monté un dossier contre Pacific Gas & Electric, qui a réglé 333 millions de dollars en 1996. Depuis, c'est la spécialiste des procès environnementaux et une star médiatique. Le cas d'East Palestine, ville de 4 700 habitants à qui l'on répète que tout va bien alors que l'odeur âcre les prend à la gorge, est typique des affaires pour lesquelles elle conseille des recours collectifs. « On va vous dire que c'est sans danger, on va vous dire de ne pas vous inquiéter, mais c'est n'importe quoi. En trente ans, je n'ai jamais vu ça. Je suis là pour vous dire une chose que vous êtes en train de comprendre, c'est que Superman ne va pas venir et que personne ne va résoudre ce qui vous est arrivé par magie et vous donner les réponses… » La technique n'est pas tout à fait au point : on change trois fois son micro, la lumière s'éteint. Elle reprend : « Je suis là pour vous dire des choses que vous n'avez pas envie d'entendre, mais que vous savez déjà… Vous avez énormément d'instinct. Vous avez du bon sens… » Ils savent, en effet.

Le 3 février, un frein d'urgence a arrêté un train de marchandises composé de 149 wagons, après une alerte indiquant la surchauffe d'une roue. Celle-ci rougeoyait depuis la ville de Salem, quittée quarante minutes plus tôt. La décélération a fait dérailler 38 wagons, dont 11 transportaient des produits toxiques. Un incendie s'est déclaré, qui s'est propagé à 12 autres wagons. Helen Gould a tout vu : « Je demandais à mon fils : “Regarde, pourquoi c'est tout rouge là-bas ?” Et puis on a vu la fumée et les flammes, plus hautes que les arbres. C'était juste devant ma fenêtre, cette énorme, gigantesque boule de feu qui ressemblait à un champignon, c'était effrayant. » George Psomas, son fils, enchaîne : « On a été évacués dans la nuit, les produits chimiques nous brûlaient les yeux et on avait la nausée. On a dormi dans le gymnase transformé en abri, puis dans un motel. » Dans cinq wagons, qui contenaient 230 000 litres de chlorure de vinyle, la surchauffe menaçait de causer une explosion qui aurait rayé la ville de la carte. Il a été décidé de brûler et d'évacuer le composé chimique en perçant les wagons et en y mettant le feu. Le 6 février, une épaisse colonne de fumée noire s'élevait au-dessus de la ville. Le gouverneur a ordonné l'évacuation. Dans cette communauté pauvre, beaucoup ont renâclé. Il a fallu agiter la menace de la prison.

Manipulation mentale

Depuis, les habitants ont pu rentrer chez eux et les symptômes sont réapparus. « Mais on n'a nulle part où aller. On ne peut pas se payer le motel, on y est déjà allés du 6 au 9, quand ils nous y ont forcés, explique George Psomas, qui travaille dans un magasin de pièces détachées. Les autorités répètent que l'air et l'eau sont sûrs. Moi, je ne bois pas l'eau du robinet, mais on se lave et on lave nos vêtements avec. » Les messages des élus et de l'Agence de protection environnementale (EPA) ne convainquent personne.

Quand il respire dehors longtemps, George Psomas a « des maux de tête et les yeux qui brûlent ». Il ajoute : « L'autre jour, ma mère m'a dit que j'avais la peau du visage toute rouge au retour du travail. J'ai dû avoir une irritation. » Ils décrivent ce qu'évoque Erin Brockovich : « Je ne peux pas vous dire combien de communautés ont l'impression, dans ces moments-là, de vivre le plus grand moment de *gaslighting* [manipulation mentale visant à faire douter la victime de ses perceptions] de leur vie. Vous l'avez vécu, vous avez des symptômes, vous avez des problèmes, et on va vous dire qu'il n'y a aucun danger. »

Beaucoup ont eu des bronchites, que les médecins ont liées à l'explosion. « J'ai les yeux qui brûlent, la gorge irritée, insiste Helen Gould. Mais aujourd'hui, pour la première fois, on n'a pas trop senti les odeurs des produits chimiques. » Cela ne rassure pas son fils. Il s'est renseigné. « La grande inconnue, c'est ce qui va nous arriver dans cinq, dix, vingt ans. Tous ces produits chimiques dans le train, ils peuvent causer des cancers du foie. » Ils sont aussi venus pour « avoir des informations afin d'être mieux préparés à se battre contre Norfolk Southern ». L'entreprise leur propose 1 000 dollars de compensation et le remboursement du motel. « Ne signez pas, s'il vous plaît », coupe une femme qui se retourne, un rang devant. Les avocats préviennent que ceux qui acceptent signent un formulaire qui pourrait les empêcher de réclamer davantage plus tard. Or les assurances santé ne couvriront probablement pas le traitement d'éventuels cancers. « Ça ne va pas se régler rapidement. Ça va prendre très longtemps, avertit Erin Brockovich. Ces produits chimiques mettent du temps à se déplacer dans l'eau. Il va falloir que vous surveilliez les eaux souterraines. À ceux qui dépendent de l'eau de puits : il faut vraiment que vous soyez vigilants. Ils vont devoir y évaluer l'intrusion des vapeurs du sol. Ça va venir. Il faut que vous notiez tout », martèle-t-elle. « Je le savais, l'eau n'est pas sûre ! » s'exclame George Psomas, soulagé et inquiet.

Peur du cancer

Mikal Watts, avocat spécialisé dans les recours collectifs, lui succède. « Mon boulot, c'est de vous donner les bonnes et les mauvaises nouvelles… » Il en délivre surtout des mauvaises, dont le détail des sept produits transportés dans le train. Le plus inquiétant est le chlorure de vinyle. Ce gaz incolore, utilisé dans des produits en plastique et des matériaux d'emballage, est responsable, selon le Centre international de recherche sur le cancer, de deux formes de cancer du foie. En brûlant, il peut créer du phosgène, une substance hautement toxique utilisée comme arme chimique pendant la Première Guerre mondiale. Le train transportait aussi du benzène, responsable de deux formes de leucémie. La combustion a dégagé des dioxines, associées à une augmentation du risque de plusieurs cancers, dont celui du poumon, le lymphome non hodgkinien et le sarcome des tissus mous. « Je suis là pour vous aider si vous voulez attaquer. Et pour avoir une chance de gagner, vous devez avoir des preuves », poursuit Watts. Leurs organismes évacueront bientôt toute trace des produits et aucun avocat n'acceptera de les défendre, dans dix ans, sans preuve. « Faites-vous tester. Si ça dit que vous n'avez rien, super, vous êtes tranquille. Si ça dit que vous avez quelque chose, ça vous donne une base médicale objective en vue d'un procès pour ce qu'on appelle la peur du cancer. » Une voix s'élève dans l'assistance : « C'est gratuit ? » « On y travaille », répond-il. Il répète que le chlorure de vinyle est « hautement mobile, dans le sol et l'eau ». Et conclut : « Je vous en supplie, pour votre bien, allez faire des analyses sanguines et d'urine maintenant. »

C'est au tour d'un hydrologue, Bob Bowcock. Il explique que les eaux souterraines sont exceptionnellement proches de la surface ici, et que l'eau potable sera contaminée, à moins d'un traitement immédiat. « Je ne veux pas ajouter à votre souffrance, mais trente ans d'expérience me forcent à vous dire que cette situation va vous affecter toute votre vie. Cela ne va pas disparaître. Dans dix ans, ça n'aura pas disparu. » Il a été effaré par le parc, où passe la rivière Leslie, affluent du fleuve Ohio. « Ils ont déployé des dispositifs d'aération de l'eau. Ne laissez pas vos enfants faire du vélo là-bas. J'en ai vu qui regardaient les ouvriers. Éloignez-vous. La pollution devrait être stockée dans un container, mais tout va dans l'air. Si vous vivez là, il faut fermer vos fenêtres et surveiller ça de très près. Il faut absolument qu'ils arrêtent. » La conférence s'achève, Helen Gould se lève, soufflant à cause de son poids et de ses mauvais genoux. Avec son fils, elle ira se faire tester. « Ça donne envie de partir, lance-t-elle. Mais où ? »

Devant la scène, Bowcock est assailli. « C'est sûr, d'être dans le parc ? » demande Carly Kline, une jeune femme aux longs cheveux roux et aux yeux en amande. « Ça dépend où, et si vous avez des enfants, répond Bowcock. Ils vont accumuler plus de substances. » Pamela, sa mère, se décompose : « Donc nos petits-enfants ne doivent plus venir ? » Un agriculteur l'interrompt, il veut savoir ce qui sera contaminé, de sa récolte de printemps. « Le maïs, moins que la luzerne. Les produits chimiques vont être stockés dans les feuilles plus que les racines, comme les patates et les carottes. Évitez les poulets et les œufs », répond Bowcock. Carly reprend : « Qu'est-ce qu'ils font, dans la crique ? » Il explique : « L'oxygène sépare le chlorure de vinyle de l'eau. Donc, si on projette de l'air, le chlorure de vinyle se dégage de l'eau. Vous êtes près de la crique ? » Carly : « Juste à côté. » Bowcock : « Oh… Si vous êtes chez vous et que tout est bien fermé, ça doit se détruire dehors. Mais si vous entrez et sortez et ouvrez la porte… » Il grimace. Carly et Pamela acceptent de me recevoir le lendemain matin.

Par la fenêtre de leur salon, on aperçoit des ouvriers en gilet orange, qui s'affairent sur la rive. Le 4 février, des bâches sont apparues en face de la maison. « Au bout d'une heure ou deux, ils ont apporté un conteneur bleu, puis une soixantaine. Ensuite, on a vu deux, quatre, 50 camions, qui transportaient les déchets de la crique », décrit Pamela. Un voisin a dit qu'ils apportaient aussi des débris de l'accident. La seule chose dont Pamela soit sûre, c'est que les ouvriers « travaillent vingt-quatre heures sur vingt-quatre, surtout la nuit, avec des gros semi-remorques ». Carly, 23 ans, sourit tristement, les flocons de neige se prennent sur ses faux cils : « Le 4 juillet, il y a une course de canards ici. On achète un numéro et on mise, ils traversent la crique. Ce sont des petites choses un peu bêtes, mais qui nous donnent le sentiment d'être chez nous, sur lesquelles on compte et qui nous sont enlevées. »

Carly n'a pas tort, les canards ne reviendront pas de sitôt. Après le déraillement, on a surtout vu des poissons crevés, sur l'eau. Le département des ressources naturelles de l'Ohio en a décompté 43 000. Le long de la rivière, des diffuseurs aspergent l'eau, dont s'évapore quelque chose. En ce matin gris, ce quelque chose nappe les branchages d'une robe de glace. « Personne n'a toqué à la porte, personne ne nous a expliqué ce qui se passait, s'énerve Carly. Ces gens sont juste apparus et c'est devenu notre vie quotidienne. » Le bruit constant des moteurs, les projecteurs la nuit. Elle n'ose pas demander ce qu'ils font, elle n'est pas sûre d'en avoir le droit. Depuis la conférence avec Erin Brockovich, d'ailleurs, elle sait un peu mieux. Pamela n'avait pas compris que c'était « si grave ». Elle ne parle pas seulement de sa santé. La famille ira faire des analyses toxicologiques. Mais elle regrette déjà une vie qui a disparu. Les après-midi sur le porche, avec son mari, à regarder le parc. La chasse aux œufs de Pâques et les pique-niques, l'été, avec les petits-enfants. Bowcock a raconté la catastrophe ferroviaire lors de laquelle du trichloréthylène s'était déversé à Le Roy, dans l'État de New York, en 1970. Le plan de réhabilitation de l'eau doit s'achever en août 2024 : cinquante-quatre ans plus tard.

Des usines vides

East Palestine est une parfaite illustration de la Rust Belt. Jusque dans les années 1970, cette région s'appelait la Manufacturing Belt, la « ceinture des usines », des industries lourdes qui accompagnaient le développement du pays. Depuis leur déclin, elle est devenue la « ceinture de la rouille », des usines vides. La population d'East Palestine est à 96 % blanche et en majorité ouvrière. Selon un rapport de l'université d'État de Cleveland, entre 2019 et 2020, l'industrie manufacturière, qui employait 650 000 personnes dans l'Ohio, en a perdu 46 000, une baisse de 6,7 %. « Ma mère a été au chômage un moment, ça a été difficile de retrouver du travail, relate Carly. Une usine a fermé à Lordstown, ça a été très dur. On m'a demandé pourquoi, après avoir été évacués, on était rentrés. Mais où est-ce qu'on irait ? On ne peut pas aller huit villes plus loin et espérer que ça ira mieux. L'économie va mal. » Les Kline se sont installés à East Palestine en 2010. Pamela et son mari travaillent dans une usine de céramique, à quelques dizaines de mètres du site du déraillement. Là-bas, des équipes creusent la terre contaminée. « On sort d'ici pour aller au travail et on retombe en plein dedans », soupire Pamela. « Chaque jour, mon père a une rotation différente, raconte Carly. Mes parents sont des cols bleus, c'est ce qu'ils ont été toute leur vie. Ils ont pu acheter cette maison parce qu'elle avait été saisie. Ensuite, ils l'ont retapée, c'est leur foyer pour toujours. » Pamela s'excuse, la peinture blanche de la façade est écaillée. Elle a disposé des bougies dans la véranda vitrée. Elle décline quand on propose d'enlever ses chaussures, dans son intérieur ouaté où chaque semelle importe du poison. La catastrophe a ôté toute valeur à ce refuge si douillet qu'on en oublierait la menace, à vingt mètres. « Il n'y a que 5 à 10 % des gens ici qui pourraient se refaire une vie ailleurs. On est de la classe moyenne, vous savez, dit Pamela. On n'a pas 500 000 dollars pour acheter une nouvelle maison.

Et qui va acheter la nôtre, maintenant ? » Le choix est limité : partir ou s'empoisonner. Mais comment partir ? « Mon mari a 65 ans, je vais bientôt les avoir. La maison était payée, on était prêts pour la retraite. Maintenant, on a peur. À notre âge, on ne peut pas recommencer à zéro. On va vers la fin de nos vies. Et ça nous brise le cœur. » Carly se tait. Dehors, elle confie : « Mon copain et moi, ça fait six mois qu'on pense à partir. Mais maintenant, je me sens coupable. Ce serait abandonner ma ville dans cet état… » Elle est diplômée en psychologie de l'université d'État de Youngstown, et commence sa vie avec 60 000 dollars de dettes. Elle a passé des entretiens dans une entreprise d'aménagement paysager, pour le service marketing ou les ressources humaines. « Mais pour l'instant, tout ça nous prend tellement de temps », dit-elle en montrant le parc. La rivière dégage une odeur de caoutchouc brûlé. « Elle n'est pas très forte en ce moment. Je sors mon chien le soir, entre 23 heures et 2 heures. C'est là qu'il y a le plus d'activité, que l'odeur devient plus forte. Ensuite, ça diminue. Quand mes parents se lèvent vers 4 heures, ils la sentent moins. » Dans son téléphone, elle a une photo de ses mains, rouges et irritées. Cela va un peu mieux depuis un traitement. Son père suit le même. L'EPA répète que l'air et l'eau potable sont sûrs. Une étude de l'université du Texas A & M tire des conclusions inverses des mêmes données : au moins neuf produits chimiques menacent la santé des habitants, avec des risques de cancers à terme. « Se préparer au pire est la meilleure façon de se protéger. Certes, on ne tombe pas raides morts dans nos jardins, mais qui nous dit que dans cinq ans, on n'aura pas un cancer ? » demande Pamela.

Biden en Ukraine, Trump à East Palestine

Dans le salon, le son de la télévision, dans un buffet en bois aux portes ouvertes, est couvert par les aboiements du chien. Un bandeau à l'écran indique que Joe Biden ne viendra pas. La semaine dernière, il s'est rendu à Kiev, en Ukraine. « On sait que les Ukrainiens ont besoin d'aide, qu'ils souffrent, soutient Carly, mais ce n'est pas son peuple. Ça, ça arrive ici, je n'arrive pas à y croire qu'il ne vienne pas. » Pamela hoche la tête : « L'argent qu'il a dépensé en Ukraine aurait permis de reconstruire notre ville quatre ou cinq fois. » La veille, dans l'auditorium, il y avait des bannières « *Let's Go Brandon* ». Début octobre 2021, Brandon Brown, un pilote de 28 ans, a gagné une course automobile dans l'Alabama. Une journaliste de NBC Sports l'interviewait, alors que la foule chantait un slogan. « Oh, ils crient : "*Let's Go Brandon!*" », a-t-elle dit. En fait, ils hurlaient : « *Fuck Joe Biden!* » et l'invective a fleuri sur des casquettes, tee-shirts, drapeaux, devenant un classique de la panoplie trumpiste. East Palestine a voté à 72 % pour Donald Trump en 2020. Le 22 février, il est venu, lui. « Trop souvent, votre gentillesse et votre persévérance ont été récompensées par l'indifférence et la trahison », a-t-il dit. Il était flanqué du maire, Trent Conaway, et d'un jeune sénateur de l'Ohio, J. D. Vance, enfant du pays, qui s'est fait connaître par son best-seller, *Hillbilly Elegy*, sur son enfance dans une famille blanche « péquenaude », en plein déclin, entre Ohio et Kentucky. Trump a promis de l'aide et apporté des palettes de bouteilles d'eau Trump

Spring Water, qu'on sert dans ses hôtels. Du déplacement de Biden à Kiev, il a dit : « J'espère qu'il lui reste de l'argent » pour East Palestine. La Maison-Blanche a rétorqué qu'elle avait envoyé des agences, dont l'EPA, et de l'aide fédérale. Pete Buttigieg, le secrétaire des Transports, est venu le lendemain et a demandé au Congrès de multiplier les amendes (limitées à 225 455 dollars) par dix pour les entreprises qui lésinaient sur la sécurité. Le gouvernement rappelle aussi que c'est sous Trump qu'une règle de l'ère Obama, qui rendait obligatoires des freins d'urgence pour les trains transportant des matériaux dangereux, a été annulée. Peu importe.

La vie de Joe Biden est marquée par la tragédie. En 1972, sa première femme meurt dans un accident de voiture, avec leur fille de 13 mois, et en 2015, son fils aîné, Beau, décède d'un cancer du cerveau. La compassion, c'est censé être son truc. Sa campagne de 2020 était centrée sur les familles confrontées à « la chaise vide à la table de la cuisine », car un proche était mort du Covid. Lui qui se présente comme le col bleu de Scranton, en Pennsylvanie, a ignoré la tragédie d'East Palestine et les habitants pensent que c'est parce qu'ils n'ont pas voté pour lui. Il finit par s'y rendre, le 16 février 2024, un an après.

Carly me suggère de faire le tour du parc, « pour voir ce qu'il représente pour la communauté ». « Allez voir le kiosque, il y a des concerts l'été. Il y a une piscine aussi, mais je doute qu'elle ouvre cet été, je ne sais pas d'où provient l'eau. » L'étang est figé par une fine couche de glace, le parc est vide, il serait silencieux sans le ronronnement des camions. Et les sifflets des trains de marchandises qui ont repris leur course, en bas, dans la vallée.

Mallory v. Norfolk Southern

Quelques jours plus tard, j'appelle Jerry Corbin, qui vit à un peu plus de deux kilomètres du lieu du déraillement. Sa ville, Darlington Township, se trouve en Pennsylvanie. Le 3 février, il est allé à l'hôtel. « Au retour, j'ai trouvé mon jardin couvert de cendres. C'était gris, métallique, bleuâtre, ça brillait au soleil », décrit-il. L'EPA a prélevé des échantillons. « Ils criaient : "Oh mon Dieu ! Il y en a aussi là, et là !" Ils n'en revenaient pas. » Corbin a 73 ans, la valeur de sa maison a été divisée par deux, mais il veut la vendre « tant les maux de tête sont atroces » quand il se rend en ville. Et il en veut à Joe Biden, qui a « ignoré son peuple pour se rendre en Ukraine ». « Quand Trump est venu, les partisans de Biden ont dit que c'était un coup politique. Moi, j'aurais bien aimé que le président Biden ait la décence de faire un tel coup », dit-il. Corbin pense aussi que Biden veut empêcher les procès contre Norfolk Southern, l'entreprise ferroviaire, en Pennsylvanie. Il veut qu'on sache que « Joe Biden et son Département de la Justice sont contre les gens d'East Palestine et pour Norfolk Southern ». Il veut qu'on parle de l'affaire *Mallory v. Norfolk Southern Railway Co.*

Robert Mallory, retraité de Norfolk Southern, a développé un cancer du côlon qu'il lie à l'exposition de produits comme l'amiante. En 2017, il a attaqué son ancien employeur en Pennsylvanie, État où il n'a pas travaillé, mais où Norfolk Southern possède des milliers de kilomètres de rails. La loi est plus favorable aux employés et les entreprises qui s'enregistrent en Pennsylvanie pour y exercer consentent à y être jugées. Norfolk Southern a refusé, estimant que la justice lui serait défavorable. La cour du comté lui a donné raison, Mallory a fait appel et le cas est remonté jusqu'à la Cour suprême de Washington.

Les lobbys de la Chambre de commerce, de l'Association nationale des industries, de l'Association américaine des camionneurs et l'Association américaine du rail ont pesé du côté de Norfolk Southern. Le « forum shopping » (pratique consistant à se domicilier là où la loi est avantageuse) est répandu parmi les entreprises, qui s'enregistrent dans le Delaware pour raisons fiscales, sans y travailler. Purdue Pharma a changé d'adresse pour déclarer sa banqueroute dans l'État de New York, afin de s'assurer un juge favorable. Sur son site internet, Norfolk Southern précise que toute démarche judiciaire doit se faire en Virginie, où se trouve son siège. Mais ce qui ulcère Corbin, c'est que le Département de la Justice (« celui de Joe Biden ») a déposé un rapport auprès de la Cour suprême en faveur de Norfolk Southern. Des élus et des médias de gauche s'en sont émus. « Wow. Juste, wow. Malheureusement, ce n'est pas très surprenant, mais merde ! Allez-y, continuez à exempter ces trains qui transportent des produits toxiques classés “dangereux”. Laisser des employés être exposés à ces carcinogènes dangereux et à ces produits chimiques est de la négligence grave », a tweeté Katie Muth, sénatrice démocrate de Pennsylvanie. Un abonné ironise : « Le président le plus pro-ouvriers ! » Elena Kagan, elle-même juge démocrate de la Cour suprême, n'a pas caché sa surprise lors des plaidoiries et a demandé au solliciteur général, qui choisit de se saisir d'un cas ou non : « N'y voyez pas du tout de critique, cela reflète un intérêt sincère et de la curiosité. Qu'est-ce qui, dans ce procès, vous a fait décider de participer ? » Le solliciteur général a invoqué des « inquiétudes internationales pour commercer avec les États-Unis ».

Un jour par an

La crainte à gauche est qu'une victoire de Norfolk Southern ne crée un précédent qui limiterait là où employés et clients pourraient attaquer une entreprise. Corbin ne décolère pas : « Au gouvernement, ils prétendent qu'ils sont du côté des petits. Mais ils soutiennent une grande entreprise ! Les actionnaires n'en ont rien à faire, de la sécurité. Tout ce qui les intéresse, ce sont les profits, qui ont augmenté de 50 %. » En 2022, les revenus nets de Norfolk Southern s'élevaient à 4 809 milliards de dollars, une augmentation de 8,14 % par rapport à 2021. Cette année-là, ils étaient de 4 447 milliards de dollars, en hausse de 48,13 % par rapport à 2020. Norfolk Southern a augmenté les dividendes versés aux actionnaires mais refuse d'accorder à ses employés des bénéfices de base, comme les congés maladie. Erin Brockovich, lors de la réunion à East Palestine, a répété que c'était Norfolk Southern qu'il fallait blâmer, non les politiques. Joe Biden aussi. « C'est la responsabilité de l'entreprise ferroviaire, qui par ailleurs a gagné des dizaines de milliards de dollars », a-t-il dit. Les habitants et les ouvriers, eux, se souviennent que pour éviter une grève du rail en décembre 2022, il a signé une loi incluant une hausse de salaire des cheminots, mais sans les sept jours de congé maladie par an demandés. Ils ont droit à un jour par an, pour convenance personnelle.

Dans son discours sur l'état de l'Union, Biden a insisté sur les emplois des cols bleus. « Ce ne sont que des mots, accuse Corbin. Il soutient Norfolk Southern qui a supprimé combien d'emplois ? » En 2002, l'entreprise employait 29 000 personnes. Fin 2022, elle en avait licencié 33 %. Alors que cinq employés surveillaient des trains de 80 à 90 wagons, ils ne sont plus que deux pour superviser désormais ceux de 150 wagons et plus. Les chemins de fer connaissent environ 1 000 déraillements par an et chez Norfolk Southern, ils ont augmenté de 80 % ces dix dernières années. Le 16 février, un autre a eu lieu près de Detroit, dans le Michigan, puis le 5 mars, à Springfield, Ohio. Depuis 2015, au moins 20 ont impliqué des produits toxiques.

À droite, on redoute qu'une victoire de Mallory ne crée un précédent qui rende les entreprises attaquables n'importe où. C'est le curieux attelage du trumpisme, qui défend les intérêts des grandes entreprises, mais dont la base la plus fervente est de la classe moyenne, voire ouvrière. Ce n'est pas un hasard. Les cols bleus se sont détournés du parti démocrate à mesure qu'il se concentrait sur des thématiques identitaires et attirait les élites diplômées. Le parti républicain, lui, était celui des grandes fortunes, accros aux réductions fiscales. Donald Trump y a agrégé ceux qui, traités de « déplorables » par Hillary Clinton en 2016, se sentent méprisés par les grandes villes. Le parti républicain ne favorise pas du tout leurs intérêts économiques, mais Trump, en jouant sur la revanche sur les élites et des actes comme ce déplacement à East Palestine, les a persuadés qu'il était de leur côté.

« Où sont passés tous les démocrates ? »

Deux intellectuels de gauche, Ruy Teixeira et John Judis, ont signé en 2004, avant la victoire de Barack Obama, un livre dans lequel ils expliquaient pourquoi, étant donné l'importance croissante des minorités aux États-Unis, le pays allait devenir démocrate. En 2023, ils en ont sorti un autre, dans lequel ils tentent de comprendre pourquoi ils se sont trompés. « Où sont passés tous les démocrates ? » se demandent-ils. Au cœur de leur thèse figure l'érosion des cols bleus. Dans le Sud, certains ont quitté le Parti démocrate quand Lyndon Johnson a signé la loi sur les droits civiques, en 1964. Le mouvement s'est accentué avec la nomination par Jimmy Carter, en 1979, du banquier Paul Volcker à la tête de la Réserve fédérale, qui a inauguré l'influence de Wall Street sur les démocrates. Les ouvriers n'ont pas oublié que c'est sous Bill Clinton, qu'ont été signés l'Alena, accord de libre-échange avec le Canada et le Mexique, puis l'entrée de la Chine dans l'Organisation mondiale du commerce, qui ont envoyé des emplois manufacturiers au Mexique et en Chine. En 2015, Bernie Sanders a occupé le créneau du socialisme traditionnel aux primaires et Hillary Clinton s'en est façonné un autre, celui de la gauche identitaire et féministe. Elle a perdu les États ouvriers du Midwest, où elle a peu fait campagne. Enfin, certaines politiques néolibérales de Biden ont desservi les classes populaires, accueillant une main-d'œuvre bon marché réclamée par la Silicon Valley. En 2023, Biden barre à gauche et insiste sur ses origines de col bleu. « Il a récupéré un peu de ce vote en 2020, note John Judis. Mais il a gagné une marge de 1 à 2 %, pas 50 points comme il y a trente ans. » L'économie a bénéficié de sa politique de relance après le Covid. Lors du mouvement des ouvriers de l'automobile, il s'est rendu sur les piquets de grève. Il n'en récolte pas les fruits. Car une influence déplaît à cet électorat. Teixeira et Judis décrivent un « parti fantôme », formé d'ONG et de groupes de pression consacrés à la race, à l'environnement, au genre, soutenus par les principaux médias et revendiquant des valeurs trop extrêmes pour la base. « En 1980, Ronald Reagan a été élu en partie grâce à la Majorité morale, un groupe de droite chrétienne qui voulait rétablir la prière à l'école, interdire l'avortement, etc., raconte Judis. Pour la remercier, Reagan a nommé un de ses représentants sous-secrétaire adjoint à l'Éducation. Personne ne l'a remarqué. Aujourd'hui, Biden nomme une femme trans, Rachel Levine, secrétaire adjointe à la Santé, poste secondaire que personne ne connaissait. Mais c'est partout sur les réseaux sociaux dans la minute. » Biden, l'Irlandais catholique octogénaire de Scranton, qui ne prononce jamais le mot « avortement » dans ses discours, est vu comme progressiste et élitiste. Le 23 juin 2023, la Cour suprême a donné raison à Robert Mallory. Des juges républicains, trois se sont rangés de son côté, de même que deux juges démocrates. Deux juges républicains et une démocrate ont appuyé Norfolk Southern. Une décision bipartisane rare, qui reflète les contours mouvants des partis.

9

Trump-Biden, le match par défaut

Walcott, Iowa.

L'homme s'approche de ma voiture, la trentaine, pas agressif, pas souriant non plus. « Tout va bien ? » Je suis contente qu'il le demande. La nuit tombe, la température aussi, en dessous de zéro. J'ai beau me répéter que Sondra va arriver, le fait qu'elle soit sur répondeur, qu'elle ignore mes textos, et que la lumière soit éteinte chez elle constitue un faisceau d'indices qu'il y a quelque chose de pourri, dans ce fin fond de l'Iowa. Je suis à Walcott, et Sondra est « capitaine de caucus ». Rien n'est simple, dans les élections américaines et encore moins les primaires des partis, avant la présidentielle. Pour commencer, les États ne votent pas en même temps. Depuis cinquante ans, le premier est l'Iowa. Cette année, il ne l'est plus que pour le Parti républicain, le 15 janvier. Les candidats engrangent des délégués (40 républicains dans l'Iowa), qui votent pour eux à la Convention nationale républicaine, en juillet. Les deux partis n'appliquent pas les mêmes règles, qui varient aussi selon les États. Dans l'Iowa, les primaires sont des caucus : des réunions de quartier dans des écoles, des gymnases, des sous-sols d'églises. Les électeurs qui veulent plaident pour leur candidat, et le décompte a lieu sur place. En 2016, Donald Trump les a perdus. Pas en 2020. En 2024, il veut une victoire écrasante et il a mis en place une machine de guerre. Il y a 1 675 bureaux de vote dans l'Iowa, et son équipe a formé 2 000 « capitaines de caucus ». Ils quadrillent l'État pour convaincre les électeurs et au moins 1 000 se sont engagés à vanter sa candidature le soir du caucus.

Capitaine de caucus

Au téléphone, la veille, Sondra m'a assuré qu'elle m'en dirait plus, qu'elle me montrerait sa casquette de capitaine. Détail qui n'en est pas un : une période « polaire », avec une chute de 20 centimètres de neige, était annoncée à partir de 21 heures, heure locale. Les pneus neige, « on fait pas ça ici », m'a dit le loueur de voitures, à l'aéroport de Des Moines. Résignée, j'ai envoyé un texto à Sondra pour lui confirmer que je partais, elle a répondu « OK ». La route était sèche, pas les bas-côtés, où j'ai compté une dizaine de voitures et une quarantaine de camions échoués. Je ne prétends pas être spécialiste, mais peut-être qu'ils devraient se mettre aux pneus neige ? À 16 h 54, je n'étais pas peu fière d'être arrivée. Mais à 17 h 30, un doute m'étreint. « Ça va, je réponds au monsieur, j'attends Sondra. Je suis une reporter française, elle est capitaine de caucus, elle doit m'en parler. » Il hausse les sourcils : « Ah non, ici, c'est chez moi. Elle est partie, Sondra. Rentrée chez elle. »

Ah. Je relis l'adresse : « Oui. C'est chez moi. » Tempête dans mon crâne (glacé). Peut-être qu'elle va revenir ? Peut-être qu'il ment ? Qu'est-ce qu'elle faisait ici, si elle vit à Miles, « à une heure d'ici » ? Qui enverrait une étrangère à une fausse adresse, à trois heures de route, pendant une alerte de temps arctique ?

Il se trouve, ce serait presque mon jour de chance, que Josh est aussi capitaine de caucus. Je dis « presque », parce qu'il ne veut pas me parler : il pense que j'appartiens aux *fake news*, que je vais tordre ses propos. D'ailleurs qui lui dit que je suis bien celle que je prétends être ? Il m'accueille quelques minutes. Il s'excuse, s'il avait su qu'il aurait de la visite, il aurait rangé. Moi, je trouve que c'est nickel, chez Josh. C'est un deux-pièces. Sur la table du salon-salle à manger, quatre casquettes de Trump, à égale distance. Et occupant la moitié du mur du fond, face à moi quand je me relève après m'être déchaussée pour ne pas mettre de neige sur sa moquette à poils : un drapeau confédéré. Ce drapeau, croix bleu marine étoilée sur fond rouge, est aujourd'hui interdit dans les bâtiments officiels de certains États, car il est lié à l'esclavage et « symbole de haine », selon le gouverneur de New York. Il est associé au suprémacisme blanc et hors des musées, brandi essentiellement par des milices. Josh vérifie qui je suis : « J'ai eu Sondra. Elle m'a répondu : “T'as qu'à lui parler, toi !” et elle m'a raccroché au nez. » Le mystère s'épaissit. Tant pis. Il va neiger et j'ai rendez-vous dans un restaurant avec un couple fan de Trump, Steve et Jodie McGuire.

« God Bless the USA »

C'est là que je la vois. Entre les verres d'un couple qui s'engueule, avec son D pointu et ses zigzags : la signature de Trump. Sur le bois verni, une autre écriture a précisé la date, le 20 septembre 2023. Après un meeting, Trump a signé le bar du restaurant Treehouse, à Bettendorf, au marqueur noir. Sur les téléviseurs, Fox News. À droite de l'entrée, une quarantaine de têtes sont attablées, coiffées de casquettes rouges (« *Make America Great Again* », la classique) et blanc et doré (la spéciale, celle des capitaines de caucus). Tracy Pettett, comptable et cheffe de bureau de vote, et Stacey Insisiengmay, capitaine de caucus qui « travaille quarante heures par semaine » pour faire élire Trump, ont organisé cette soirée. Stacey a eu des propositions d'emploi : « Mais Dieu m'a appelée à faire quelque chose de plus grand et je veux travailler pour Trump. » Elle peaufine son discours de lundi. « Je veux expliquer les enjeux. Notre nation est à un tournant, proche du point de non-retour. On se bat contre un gouvernement voyou. » Elle pense que Biden va instaurer le communisme. « C'est ça que je veux dire : on se bat contre un gouvernement qui veut nous prendre nos libertés. Trump a été choisi pour ça, et il va y arriver, au nom de Jésus. » L'été dernier, Stacey a déployé des banderoles au-dessus de l'autoroute, organisé des réunions, des caravanes de voitures, par « passion » pour Trump. « Ensuite, j'ai posé ma candidature auprès de la Trump Team. » Elle a suivi une formation hebdomadaire sur Zoom. Puis elle a envoyé des messages, frappé aux portes, appelé. Les électeurs convertis signent une carte « d'engagement au caucus », ajoutée à une base de données. On les relance dans les trois jours. C'est la troisième campagne de Trump et ses listes de contacts s'affinent. Résultat, 50 000 habitants de l'Iowa se seraient engagés à voter pour lui. Les pizzas et les burgers avalés, tout le monde se lève, la musique se lance, c'est « God Bless the USA », de Lee Greenwood. Ils chantent, certains, la main sur le cœur : « Et je suis fier d'être un Américain, où au moins je sais que je suis libre ». Stacey et Tracy filment. Tout sera sur les réseaux sociaux dans quelques heures. Tracy aussi, a reçu un « appel de Dieu » pour se « battre pour son pays ». Elle a rencontré Stacey « à l'époque de la tyrannie du Covid ». En 2012, Tracy avait voté pour Barack Obama et elle regrette d'y avoir cru. En tant que comptable, elle « n'aime pas payer d'impôts » et trouve qu'il a favorisé le racisme anti-Blancs. Alors que Trump… « Ce n'est pas un politicien, c'est un *businessman*. Peut-être que sa rhétorique n'est pas parfaite, mais c'est ce dont le pays avait besoin. »

Tracy a organisé trois événements cette semaine (et nous sommes jeudi). « J'ai une liste d'électeurs républicains. J'ai fait du porte-à-porte, j'appelle les gens, j'envoie des messages sur Facebook, avec le lien pour trouver leur caucus. Je m'assieds dans leur cuisine. Ils comprennent que notre pays est au bord du gouffre et ils iront voter. » Elle pense avoir convaincu des centaines de personnes sur les réseaux et « au moins 40 » en personne. Trump a promis que ceux qui recruteraient dix nouveaux électeurs seraient invités à la Convention nationale républicaine. Elle est sûre qu'elle y sera. Hollywood Templeton aussi. Il est capitaine de caucus « juste pour Trump, le seul président qui fait ce qu'il dit ». Il cite l'immigration et le prix de l'essence comme raisons principales de son vote. Mais si ce coach veut « voter pour Trump pour toujours » et lui consacre dix heures par semaine, c'est aussi parce qu'il a rencontré « des gens super ». Le mouvement Maga est une communauté. Où circule un message qui constitue un début d'indice pour ce que j'appellerai « l'affaire Sondra » : il conseille de se méfier des journalistes, surtout français. Où l'amour pour le chef ignore tout, même la météo. Quand on demande à Stacey si elle a peur que les températures polaires (–30 degrés prévus lundi soir) ne gèlent la motivation des électeurs, elle répond : « Qu'il pleuve, qu'il vente ou qu'il neige, les partisans de Trump iront voter. » Cette nuit-là, toute la journée et la nuit suivantes, il neige. Davenport est couvert d'une chape glacée, tout est fermé, les routes sont bloquées, les consignes ordonnent de rester chez soi. Stacey organise le covoiturage pour lundi. La machine Trump est en marche, tel un chasse-neige dans la tempête.

Trumpmania

Le lendemain matin, je me rends chez Steve et Jodie McGuire. Steve n'est pas au garage. Au seul client qui a appelé, il a répondu : « Rentrez chez vous, je ne peux même pas y aller ! » Il neige à gros flocons. Steve et Jodie vivent à Bettendorf, qui touche Davenport. Même s'il ne m'avait pas donné le numéro de la maison, je l'aurais reconnue. Au bout d'une allée, c'est celle devant laquelle trône une pancarte : « Trump, Catturd, Make America Great Again, 2024 ». Bettendorf, 40 000 habitants dont 85 % de Blancs, se situe dans le comté de Scott, l'un des 6 sur 99 qui ont voté pour Biden en 2020, à 50,8 %, contre 47,3 % pour Trump. Steve a 66 ans, il rit souvent, des cascades de puissants « ha », du fond de la gorge. Sur la porte, à l'extérieur, une myriade d'autocollants, dont la tête de Trump, un drapeau américain, et la phrase : « Vis, ris, aime, et si ça ne marche pas, charge, vise et tire. » À l'intérieur, les slogans « *Let's Go Brandon* ». « Deux choses que chaque Américain devrait savoir utiliser, mais qui ne sont pas enseignées à l'école : une arme et une Bible », mais aussi « Jetez Trump », avec une chevelure jaune coiffant un étron : leur fille vote à gauche. « On évite d'en parler », sourit Steve. J'ai rencontré Steve et Jodie à un meeting de Trump en septembre 2022, en Pennsylvanie, puis à Coralville, près d'ici, en décembre 2023. Ils incarnent ces 35 % de républicains qui ne voteront jamais pour quelqu'un d'autre. Leur premier rassemblement de Trump, c'était à la foire de l'Iowa, le 17 août 2015. « Je l'avais vu descendre sur l'escalator et je ne sais pas, ça m'a attiré, je me suis dit qu'on irait, quoi qu'il arrive », se rappelle Steve. Le 16 juin 2015, Trump a annoncé sa candidature sur un escalator doré dans l'atrium en marbre de la Trump Tower, à Manhattan. Ses conseillers étaient contre cette entrée clinquante. Huit ans plus tard, ses fans parlent, des étoiles dans les yeux, de ces dix secondes qui ont changé les États-Unis.

Trump sait ce qui plaît au public. Il l'a cultivé en quatorze saisons de l'émission *The Apprentice*, où il évaluait des candidats pour son entreprise. Ça fait encore marrer Steve : « Il leur disait : "*You're fired!*" [Vous êtes viré !] » Elle lui aurait rapporté 214 millions de dollars, sans les produits dérivés. Steve était fasciné par la vie de l'entrepreneur. « Il y avait les réunions du conseil d'administration, avec Don Jr., Eric Trump et tous les trucs du monde de Trump, les gros projets, décrit-il. On dit qu'un businessman ne peut pas diriger le pays, c'est le truc le plus ridicule que j'aie entendu. » Surtout, il y avait la « personnalité de Trump ». Steve et Jodie ont toujours voté républicain, à part en 1977, où Jodie regrette d'avoir voté pour Jimmy Carter. « Ma mère disait : "Il est trop gentil pour être président." Il faut avoir la personnalité de Trump. » À 60 ans, elle porte de grandes lunettes dont la monture est semée de paillettes jaunes et vertes. Elle n'a pas regardé *The Apprentice*, même si c'était en fond chez sa mère, ni la scène de l'escalator. « Mais j'ai pensé : c'est le seul qui ne soit pas un politicien. » Même après quatre ans à la Maison-Blanche, Trump est perçu comme un « non politicien » par ses fans, à cause de son vocabulaire, de ses outrances et du mépris que lui témoigne l'élite. Jodie a aussi voté pour lui en réaction à Obama, qui a « promu le racisme anti-Blancs ». Les démocrates la classeraient parmi les suprémacistes blancs. Mais Jodie est à moitié irakienne. Leur gendre est vénézuélien.

225 000 kilomètres pour aller voir Trump

Entre les campagnes de 2016, 2020 et 2024, Steve et Jodie sont allés à plus de 40 meetings de Trump. « Notre van, quand on l'a acheté, il avait 48 000 kilomètres au compteur, maintenant il en a 275 000, relève Steve. Essentiellement pour aller voir Trump. » Certains fans vendent des produits dérivés pour se financer. Steve et Jodie dépensent. « On n'achète rien d'autre, note Jodie. Ces habits, je les ai depuis des années. » Ils refusent de donner de l'argent à Trump, Jodie trouve qu'on « ne sait pas où ça va ». Ils achètent aux petits vendeurs, entrepreneurs comme eux. Dans le salon, il y a un collage Trump encadré, des bustes de Trump. Dans la cuisine, il y a des torchons Trump, des magnets Trump sur le frigo. Ils ont des bonnets Trump, des limes à ongles Trump, des broches Trump, du vin Trump. Ce qui ne tient pas sur les murs et les étagères s'empile dans un placard. Le mur de l'escalier est couvert d'affiches. Mais ce qui vaut à Steve et Jodie la notoriété dans le milieu, ce sont leurs costumes. Pour Jodie, c'est une robe à bretelles et une veste bleues, pour Steve, une veste noire, imprimés du visage de Trump. Ils les ont achetés à un tailleur, lors d'un meeting, en novembre 2019 et les portent à chaque fois. « Quand il fait froid, j'empile les épaisseurs », précise Jodie. Résultat, ils sont en photo partout. Après un meeting dans le Michigan, à Noël, un journal a publié un montage mettant côte à côte Trump et Steve. « Trump et Steve ! » montre Jodie, hilare.

Steve a parlé pour Trump lors des caucus de 2016 et 2020. « Mon truc, c'est de dire que moi aussi, j'ai un business. Et que c'est un businessman, et qu'il se soucie de vous. » On répète que les habitants de l'Iowa, conscients que leur choix influence les États suivants, prennent leur rôle au sérieux et vont écouter tous les candidats. Mais Steve et Jodie vivent avec Trump. Aller au meeting de Nikki Haley ? « *Hell no!* », répond Steve. Ce serait une trahison. Et à quoi bon ? Jodie et Steve ont un côté hippie, atypique pour des républicains. Jodie achète des produits bio. Elle s'inquiète du sort des abeilles et des papillons. Alors que la grande victoire de Trump, aux yeux des Maga, est l'annulation de *Roe v. Wade*, Jodie pense à sa fille de 28 ans. « Les anti-avortement devraient adopter ces bébés dont ils disent qu'ils devraient naître coûte que coûte. Et les pro- "Venez-tous-dans-le-pays", ils devraient accueillir les migrants et payer pour eux. » Pour le reste, ils adoptent les idées de Trump, parfois à cause de leur expérience personnelle. Jodie est anti-masque car elle souffre d'une sténose trachéale idiopathique, maladie rare qui rétrécit sa trachée et rend sa voix sifflante. « Cette idiotie de Covid… Chez le médecin, l'infirmière m'a dit : "Mettez votre masque sur votre nez ou sortez d'ici." J'ai répondu : "Je vais sortir, parce que je ne peux pas respirer." » Ils parlent de l'économie, le plus gros reproche fait à Biden, même si l'inflation a touché de nombreux pays, et qu'elle ralentit. « Le taux d'intérêt sur notre prêt pour le garage est passé de 2 % à 9 % », ajoute Jodie. Ils blâment Biden pour la fonte de leur retraite par capitalisation, sensible à la Bourse. « Des amis qui avaient pris leur retraite sous Trump ont repris le travail sous Biden », poursuit-elle. Steve ajoute que, sous Trump, les normes ont été allégées pour les entrepreneurs. Ils répètent certains de ses mensonges. Ils pensent que Trump a « carrément » gagné en 2020, comme 65 % des participants au caucus selon un sondage NBC.

La température chute, Jodie propose du café, préparé sur la gazinière rachetée pour quelques dizaines de dollars. « Vous savez qu'ils veulent nous les supprimer ? » lance-t-elle. La commission de sécurité des biens de consommation veut réguler leur production et les républicains répètent que « Biden va vous les confisquer ». Steve accuse aussi Biden d'avoir ralenti la production de pétrole, qui atteint au contraire des records historiques. « Sous Trump, l'essence était bon marché. J'ai une photo de la station-service à côté, l'essence était à 1,22 dollar le gallon [0,29 euro le litre]. Aujourd'hui, elle est à 3,39 dollars [0,81 euro le litre]. Il a fallu que je puise dans mes économies, je n'avais pas eu à faire ça depuis des années », insiste Jodie. « Juste pour payer des trucs et faire tourner le garage », complète Steve. Quant aux procès auxquels Trump fait face, ils les confondent et sont persuadés qu'ils ne servent qu'à « l'enterrer dans les tribunaux » pour l'empêcher de revenir au pouvoir. Ils étaient là quand Trump a dit qu'il serait « dictateur pour un jour », ça les fait encore rire, comme des grands-parents rient d'un ado turbulent. « Ce n'est pas un politicien, c'est pour ça, dit Jodie. Tout ce que je sais, c'est qu'on allait mieux quand il était au pouvoir que maintenant. Et qu'il dit les choses telles qu'elles sont. » La neige tombe de plus en plus dru, la route a disparu.

Ma voiture, trop basse, est ensevelie, Steve conseille de la laisser. Toutes les routes sont coupées, la visibilité est nulle, l'ordre est de rester chez soi. Une amie journaliste est bloquée pas loin. Il prend des câbles pour la dégager avec son 4 × 4. Dans le steakhouse où ils nous emmènent déjeuner, ils rencontrent quatre personnes. Des célébrités.

Un mode de vie

Le trumpisme a ses références, ses stars, ses blagues. Steve et Jodie ne savent pas qui ils voudraient comme vice-président de Trump. « Catturd ! », plaisante Jodie. Catturd, « Merde de chat » (sur Twitter, « la merde qui ne part pas à la chasse d'eau »), est Phillip Buchanan, blogueur d'extrême droite de 58 ans. Il compte 2,2 millions d'abonnés, auxquels il sert une alternance de photos de chiens et chats qu'il recueille, de blagues scatologiques et de théories complotistes comme celle selon laquelle le 6 janvier aurait été orchestré par le FBI. À un meeting de mars 2023, Trump a relayé un sondage de Catturd qui lui donnait l'avantage sur Ron DeSantis. Trump lui a aussi envoyé une carte quand il était hospitalisé.

Il neige toute la nuit puis une éclaircie matinale déchire le blanc. J'en profite pour récupérer ma voiture. Il faut pelleter l'allée, balayer le toit, gratter les pare-brise. Il fait – 15 degrés. Le van de Steve bloque l'allée, il faut dégeler sa serrure au sèche-cheveux. Un jeune homme sort de sa voiture en frissonnant, bonnet

Ron DeSantis sur la tête. « Si le caucus avait lieu aujourd'hui, pour qui voteriez-vous ? » demande-t-il. « Trump », répond Steve. « Et qui serait votre deuxième choix ? » reprend l'homme. « Trump », répond Steve. « Bon, OK », conclut le gars. Sa faible motivation tient sans doute au fait qu'il ait été envoyé de Las Vegas, payé par le groupe qui finance DeSantis, pour faire du porte-à-porte. Les capitaines de caucus de Trump, eux, sont bénévoles, le vénèrent et croient lutter pour la survie du pays. Et c'est une famille. « Les gens dans les meetings ! s'exclame Jodie. On s'est fait des amis pour la vie. » Oncle Jam, déguisé en Oncle Sam, qui produit des chansons à la gloire de Trump, a dormi chez eux après un meeting dans l'Iowa. Ils sont amis avec des Front Row Joes, « les gars du premier rang », dont Mike, l'un des premiers, qui vend des broches. Ils échangent avec Brick Suit (« Brick Man »), Blake Marnell, qui porte un costume aux motifs de briques orange, en honneur du mur à la frontière. Comme pour les groupies des rockeurs Grateful Dead dans les années 1970, suivre Trump est un mode de vie. En 2020, ils sont allés à Fargo, dans le Dakota du Nord. « On n'y était jamais allés, on a conduit neuf heures sans s'arrêter », se rappelle Steve. Dans le Michigan, un jeune couple est venu « taper la discute », à cause de leurs costumes. Ils sont allés à plusieurs meetings ensemble, jusqu'au Texas. « On est même allés à un rodéo. Les gens empruntaient le costume de Steve pour prendre des photos et ce n'était même pas un meeting de Trump ! » raconte Jodie. « C'est le pays des cowboys, ils adorent Trump », ajoute Steve. Jodie a depuis monté une entreprise de compléments alimentaires avec la femme. Trump a changé leur vie.

Il doit tenir un meeting à trois heures d'ici, à Indianola. Le lendemain, à 4 heures du matin, je prends la route, en même temps que Sophie Gousset, mon amie journaliste, dans une autre voiture. Sur le bas-côté, nous comptons 116 camions et voitures renversés. Et puis ma voiture ralentit, le voyant « Puissance moteur réduite » clignote. Il fait – 26 degrés. Steve, au téléphone, dit que ce n'est pas bon signe. Le moteur est en train de crever et je ne survivrai pas longtemps sans chauffage. Je laisse la voiture sur l'autoroute et suis recueillie par Sophie. Nous arrivons trop tard pour être dans la salle principale, certains ont fait la queue dès l'aube, malgré les températures polaires. Trump ordonne de braver les conditions : « Même si vous votez et mourez juste après, ça vaut le coup ». Et ça marche. Le 15 janvier, sa marge est telle que les projections tombent au bout d'une demi-heure. Trump recueille 51 % des voix ; Ron DeSantis, qui se retire une semaine plus tard, 21,2 % ; Nikki Haley, 19,1 % ; et Vivek Ramaswamy, qui se retire, 7,7 %. Seuls 110 000 électeurs, sur les 752 000 républicains enregistrés dans l'État, se sont déplacés. La mobilisation des Maga a fait la différence. Trump remporte la plus large victoire républicaine jamais vue de l'Iowa.

Biden sans concurrents

Le 25 avril, Joe Biden a annoncé qu'il se présentait de nouveau, dans une vidéo qui commençait par des images du 6 janvier : « Quand je me suis présenté à la présidentielle il y a quatre ans, j'ai dit que nous étions dans une bataille pour l'âme de l'Amérique. Et nous y sommes toujours. La question qui se pose à nous est de savoir si, dans les années qui viennent, nous allons avoir plus de liberté ou moins de liberté. Plus de droits ou moins. Je sais quelle réponse je souhaite et je crois que vous aussi. Ce n'est pas le moment de se relâcher. C'est pour ça que je me représente. » Il parle des « extrémistes Maga » qui « dictent les décisions que les femmes peuvent prendre sur leur santé, bannissent des livres et disent aux gens qui ils peuvent aimer ». Il est le président qui a rendu le vaccin accessible à tous, reconstruit les infrastructures, relancé la production de puces électroniques, tenté de s'attaquer au changement climatique, reconstruit les alliances internationales. Il est aussi celui du retrait chaotique d'Afghanistan, de la crise migratoire et de l'inflation.

Surtout, il a 81 ans. C'est le premier octogénaire à se présenter, il aurait 86 ans à la fin de son mandat. Le parti démocrate ne manque pas de candidats qualifiés, comme Gretchen Whitmer, gouverneure du Michigan, Gavin Newsom, celui de Californie, ou Pete Buttigieg, secrétaire aux Transports. Aucun ne se présente. Tous répètent que Biden est un « candidat très solide ». Beaucoup craignent qu'une primaire ne l'affaiblisse face à Trump. L'historique des primaires contre les présidents sortants fournit un argument de poids à Biden. En 1968, Lyndon B. Johnson, attaqué par Gene McCarthy et Robert F. Kennedy sur la guerre du Vietnam, s'est retiré au profit de son vice-président, Hubert Humphrey, qui a perdu contre Richard Nixon. En 1976, Gerald Ford a été défié par Ronald Reagan et a gagné la primaire, mais a perdu contre Jimmy Carter. En 1980, Ted Kennedy s'est présenté contre Carter, qui a perdu contre Ronald Reagan. En 1992, George W. Bush a été défié par Pat Buchanan et a perdu contre Bill Clinton. Aucun président sortant n'a depuis été confronté à une véritable primaire. En battre un est une gageure, en partie parce qu'il est favorisé par les gros donateurs. Et la stratégie consistant à prendre le risque de perdre, pour se faire connaître en vue de la présidentielle suivante, est plombée par la perspective de devenir celui qui a favorisé le retour de Trump. Le parti démocrate a remodelé les primaires pour Biden, en diminuant l'importance des États traditionnellement décisifs, l'Iowa et le New Hampshire, qu'il a perdus en 2020. Il a placé la Caroline du Sud avant, qu'il avait gagnée, notamment, grâce aux 26 % de Noirs. En Floride, Biden était le seul candidat déclaré à une date butoir et le comité exécutif, conformément à la loi de l'État, l'a déclaré gagnant, sans tenir de primaire. Certains voulaient se présenter, comme Dean Phillips, qui assure avoir accompli les démarches à temps et n'a jamais eu de réponse. « C'est absolument consternant de voir qu'un élément de mon parti a décidé de jeter aux oubliettes les fondamentaux du gouvernement américain », a-t-il dénoncé.

« Joe était la bonne personne il y a quatre ans »

Une semaine plus tard, à Rochester, dans le New Hampshire, il fait presque doux : – 14 degrés. Patty et David Herman, 70 et 77 ans, ont planté leurs panneaux au soleil, dans la neige, à un carrefour de Rochester : « Écrivez le nom de Biden. » La reproduction d'un bulletin de vote pour la primaire démocrate y figure, avec la vingtaine de noms, que tout le monde ignore, de ceux qui se présentent, floutés. Et, ajouté au feutre noir à la dernière ligne : « Joe Biden ». Le président ne figure pas dans la liste officielle. « Il a boycotté la primaire ici, explique Herman. Il n'a pas payé les 1 000 dollars pour se présenter. » Les démocrates n'ont participé aux caucus de l'Iowa que par courrier et le résultat sera connu en mars. Pour les primaires, le New Hampshire a été détrôné mais sa Constitution précise que l'État doit être le premier à les tenir. L'État n'a pas accepté la décision du Parti démocrate et l'élection se tient sans Biden. Cela vexe, ici. « Je pense qu'il aurait dû se présenter, soupire Herman. Mais il avait le droit de ne pas le faire. » Il le soutient quand même. « Il a appuyé nos étudiants en tentant d'annuler la dette. Il a lancé des initiatives pour l'aide à l'enfance. Il nous a guidés pendant la pandémie », énumère-t-il. En revanche, Biden est « un peu trop du côté d'Israël » contre le Hamas. Il est 14 heures et, à quelques dizaines de mètres, une file d'attente s'est formée pour un meeting de Trump, à 19 heures. Un fan passe en voiture : « *Fuck Joe Biden!* » « Vous voyez ce qu'on entend toute la journée ? » demande Patty. Elle craint pour la démocratie si Trump gagne, alors que Biden « travaille très dur pour les Américains ». Elle ajoute : « Je pense qu'il souhaite sincèrement élever la classe moyenne et que tout le monde paie sa part. Il a passé tant de temps au Sénat, il sait travailler avec les deux partis. » Patty raconte un rêve étonnant : « Joe Biden disait : "En fait, j'ai choisi quelqu'un de plus jeune." » Une demi-heure plus tard, Herman et elle vont écouter un candidat démocrate de 55 ans, juste à côté : Dean Phillips.

Deux candidats mineurs se sont présentés contre Biden : Marianne Williamson, « conseillère spirituelle » qui écrit des livres de développement personnel, et Dean Phillips, entrepreneur du Minnesota et représentant à la Chambre, à Washington. Selon un sondage CNN, début janvier, 10 % envisageaient de voter pour lui, contre 9 % pour Marianne Williamson, et 63 % pour Biden. Selon un autre, d'American Research Group, Phillips était à 28 %, Marianne Williamson, à 3 % et Biden, à 58 %. Dean Phillips dit tout haut ce que beaucoup de démocrates pensent tout bas. « J'aime Joe Biden. J'ai voté pour lui, il est venu chez moi, j'ai soutenu sa politique et je le respecte. Je suis aussi un démocrate qui veut gagner. Je peux vous le dire d'expérience, en regardant les chiffres et après avoir discuté avec des électeurs de tout le pays : il ne peut pas être élu. » Il raconte son 6 janvier, à l'intérieur du Capitole, son incrédulité face aux élus républicains effrayés comme lui qui, après en avoir rendu l'ancien président responsable, se sont rangés derrière lui. « Joe Biden est vraiment un homme bien, poursuit-il, mais c'est un président sortant très faible, à un moment où nous avons besoin du candidat le plus fort du Parti démocrate. La seule façon de déterminer qui ce serait est d'organiser une compétition réfléchie. Il nous faut quelqu'un qui puisse gagner. Et tout indique que Joe Biden ne peut pas. Il récolte des taux d'approbation historiquement bas pour un président sortant, dans les 30 %. » Il assure aussi que « 83 % des démocrates de moins de 30 ans ne veulent pas de Biden comme candidat ». Il parle de la réélection de Trump : « Nous ne devrions pas soutenir un insurgé… Mais nous sommes en train de perdre. Vous comprenez ça, mes amis ? » La soixantaine de participants hoche la tête. Julie, démocrate, va voter pour Nikki Haley à la primaire républicaine pour faire barrage à Trump. « Je suis infirmière, je reconnais quelqu'un de frêle quand je vois Biden. Il va peut-être bien mentalement, mais il me semble très fragile. Il y a quelque chose de neurologique, la lenteur de ses gestes… Je regarde et je dis : "Mon Dieu, tu as l'air tellement vieux, Joe…" » Pam, 65 ans, professeure à la retraite, va voter pour Phillips. « Je suis déçue que Biden ne se soit pas retiré. Il a dit qu'il serait un président de transition, rappelle-t-elle. J'ai envie de lui dire : "Tu es trop vieux, merci pour tout, va te reposer, va à la plage." En plus, les milléniaux ne l'aiment pas. Ce n'est pas une question de bilan, il a fait un super boulot. Mais il nous faut des gens plus jeunes. » Même chose pour Matt Pappas, 53 ans : « Joe était la bonne personne il y a quatre ans, pas maintenant. Il faut quelqu'un qui attire des électeurs plus jeunes. Dean Phillips est la bonne personne, mais il a un combat difficile à mener. » Matt vient de voter pour lui. Je lui demande s'il n'a pas le sentiment de gâcher sa voix. « Pas du tout. C'est une primaire. Si Joe est le candidat en novembre, je voterai pour lui. Et même si nous ne pouvons pas faire de Dean le candidat, au moins, on envoie le message à Washington qu'on n'est pas contents. » Message reçu. Le Parti démocrate, après avoir ignoré cette primaire, envoie des élus connus appuyer la campagne pour ajouter le nom de Biden à la main. Le 23 janvier, il remporte 51,5 % des voix, contre 19,8 % à Dean Phillips. Puisque Biden n'était pas candidat, cette victoire ne lui rapporte pas de délégués pour la Convention nationale démocratique. En campagne en Virginie avec Kamala Harris, il salue une « démonstration historique d'engagement envers notre processus démocratique ». Selon un sondage AP-Norc de décembre, 56 % des Américains ne veulent pas de Biden comme candidat, et 58 % ne veulent pas de Trump. Nikki Haley a tenté d'utiliser ce mécontentement à son profit : « Le premier parti qui se sépare de son candidat octogénaire gagnera cette élection. » Mais le pays est si polarisé qu'il se dirige inexorablement vers une répétition de l'élection de 2020, avec deux candidats dont personne ne veut.

10

Le candidat de Dieu

Quemado, Texas.

La première fois que j'ai rencontré Ron Solomon, c'était devant le tribunal de Miami, en juin 2023. Donald Trump venait d'être inculpé dans l'affaire des documents classifiés stockés, entre autres, dans les toilettes (sous des lustres en cristal) de sa résidence de Mar-a-Lago, en Floride. Ron m'avait expliqué le slogan d'un des drapeaux qu'il vendait : « *Joe and the hoe have to go* », soit « Joe [Biden] et la pute [Kamala Harris] doivent dégager ». Un peu gêné, pas trop. Je ne l'aurais pas classé parmi les grands chrétiens. Son truc, c'est plutôt le business et là, à l'entrée du ranch Cornerstone Children's, au Texas, à la frontière mexicaine, il regrette son choix de marchandise. « Je pensais que le thème serait "Défendez la frontière" et "Finissez le mur". J'ai apporté ces casquettes-là, les machins de Trump habituels et "Dieu, les armes et Trump", mais c'est un peu juste… » La casquette *God, Guns and Trump*, c'est un bon basique, comme la petite robe noire à une soirée, mais pour les meetings de Trump. On ne peut pas se tromper. Mais pour celui-là, il aurait fallu plus de « machins » sur Dieu.

Il fait 30 degrés, j'ai du mal à me souvenir de l'Iowa, il y a une semaine et demie. J'ai rejoint l'« Armée de Dieu », un convoi qui veut « reconstruire [les] frontières » et converge en trois points, Arizona, Californie et Texas. Hier soir, un homme à cheval l'a précédé, brandissant un drapeau avec une croix et un lion. Un autre traînait, sur son épaule, une grande croix en bois. Dans le parking, j'ai compté 250 voitures, caravanes, camions et bus et repéré la panoplie complète des goodies Trump, plus de nouveaux produits. Depuis les arrestations qui ont suivi le 6 janvier, la peur règne, dans les groupes qui organisent ces rassemblements, qu'ils soient infiltrés par des informateurs du FBI. Ceux qui sont venus ont le sentiment d'avoir accompli un acte de bravoure et sont heureux d'être entre eux. Le convoi avait inquiété : ses participants allaient-ils chasser les migrants ? Provoquer de la violence ? *Fake news!* disent-ils. Ils sont là pour prier. Ryan Lawrence, militant pro-armes du Nouveau-Mexique, explique : « Ce convoi veut attirer l'attention sur la situation à la frontière. On veut aussi apporter la renaissance, la réforme et la restauration de notre pays. On fait tout pour la gloire de Dieu. » Plus loin, Keith Allen, podcasteur, assure que « Dieu va remettre Donald Trump au pouvoir ».

L'an dernier, je suis allée à un rassemblement pentecôtiste à McAllen, autre ville frontalière du Texas. Cinquante personnes, en transe, parlaient en langues au pied du mur. Cette fois, l'affluence, la scène avec écran géant, les produits dérivés, les trois lieux prouvent que le mouvement vit même en l'absence de Trump et que le nationalisme chrétien est un pilier de sa campagne. Selon une étude Public Religion Research Institute-Brookings, 29 % des Américains soutiennent cette idéologie. Ce rassemblement ne représente pas une frange marginale de l'électorat de Trump. En 2016, il a remporté 81 % des voix des évangéliques blancs. Selon l'étude PRRI, 61 % des protestants évangéliques blancs pensent que l'élection lui a été volée. Ce sont aussi les plus favorables aux armes. Et le convoi ? « Je ne sais pas si les gens sont armés ou pas, répond Lawrence. Honnêtement, je m'en fiche. Ici, c'est le Texas. Il y a plein de gens armés. Vous avez d'anciens militaires. Vous avez d'anciens policiers. Vous avez des chauffeurs de poids lourd qui se retrouvent dans des endroits dangereux. Si quelqu'un a un permis de port d'arme, je m'en fiche, tant qu'il ne s'en sert pas. » Le soir tombe, certains grillent des burgers à l'arrière de leur pick-up, d'autres plantent leur tente.

Nationalisme chrétien

Et soudain, je comprends que je n'ai rien compris depuis trois ans. Les drapeaux religieux, les prières des Maga, je les ai pris pour les débordements évangéliques habituels, typiquement américains, dans un pays où le président prête serment sur la Bible. Mais il ne s'agit pas seulement d'exiger que les chrétiens aient leur place en politique – ils l'ont toujours eue. C'est une conception des États-Unis comme une république chrétienne, de même qu'il y a une république islamique. Le nationalisme chrétien repose sur la doctrine de la « Mission des sept montagnes », selon laquelle Dieu a ordonné aux chrétiens de conquérir la société en dominant sept domaines : la famille, la religion, l'école, les affaires, les médias, le divertissement et le gouvernement. Elle est prônée entre autres par Paula White, conseillère spirituelle de Trump, Lance Wallnau, qui a prophétisé que Trump avait été choisi par Dieu, ou encore Tom Parker, juge en chef de l'Alabama, qui s'est prononcé contre la fécondation *in vitro*. Les États-Unis doivent aussi guider le monde dans cette voie.

L'offensive politique était évidente, dans les manifestations que j'ai couvertes, toutes les fois où l'on m'a dit que Trump était l'envoyé de Dieu. Les *tradwives* sur TikTok, influenceuses qui s'habillent en femmes au foyer des années 1950 et font des gâteaux, ou l'offensive sur l'avortement : c'est la montagne de la famille. Les chaînes de télévision chrétiennes et les séries qui soulèvent les jeunes foules, comme *The Chosen* sur la vie du Christ : ce sont les médias et le divertissement. Patriot mobile, l'opérateur téléphonique chrétien, omniprésent à la CPAC : ce sont les affaires. En juin 2024, la Louisiane a fait passer une loi qui impose que les dix commandements soient affichés dans les classes des écoles publiques. Dans l'Oklahoma, la Bible et les dix commandements vont être intégrés au programme de toutes les écoles.

Le nationalisme chrétien a ses symboles, comme le drapeau *An Appeal to Heaven* (« Un appel au ciel »). Ce sapin vert sur fond blanc, symbole de la Nouvelle-Angleterre, était une bannière de la guerre d'indépendance. Il a été détourné par Dutch Sheets, prophète, auteur d'une vingtaine de best-sellers évangéliques, qui a notamment répandu l'idée qu'Obama était musulman. Sheets a fait du drapeau *Appeal to Heaven* le symbole de la révolution nationaliste chrétienne et écrit un livre portant ce nom en 2015. Cette année-là, le nationalisme chrétien a adopté Trump et en a fait son Messie – son véhicule. Le drapeau *Appel to Heaven* flottait sur la foule le 6 janvier. En regardant mes photos, trois ans plus tard, je le vois. Il était sous mes yeux. Il flotte aussi dans le Capitole, devant le bureau de Mike Johnson, le nouveau président de la Chambre des représentants. En janvier 2023, Johnson a prié à genoux dans l'hémicycle, avec d'autres républicains, pour trouver une solution à la crise qui s'est soldée par l'élection de Kevin McCarthy à la présidence de la Chambre. En octobre 2023, après avoir été élu pour le remplacer, au terme d'une série de votes rocambolesques, Johnson a dirigé une prière avec les représentants républicains. Interrogé sur ses idées, il a répondu que tout était « dans la Bible ». À l'été 2023, le drapeau *Appeal to Heaven* flottait aussi sur la maison de vacances de Samuel Alito, juge de la Cour suprême, dans le New Jersey. Le nationalisme chrétien n'est pas un à-côté du trumpisme. C'est son programme. Au ranch, je saisis la profondeur de son emprise sur la base.

« L'armée de Dieu »

Le lendemain matin, à l'entrée, j'avise Mark Brevard, autre vendeur. Il a écrit sur un tableau qu'il était un messager « choisi par Dieu tout-puissant ». Et Trump ?

« Pareil. Il a été choisi. C'est pour ça qu'ils n'ont pas réussi à lui faire quoi que ce soit. » Il vend des drapeaux confédérés et soutient que la guerre de Sécession n'avait rien à voir avec l'esclavage, propos fréquents chez les Maga : « Le Nord voulait l'argent du Sud. » Selon l'étude PRRI, 81 % des nationalistes chrétiens croient à la théorie du grand remplacement. Et si 16 % des Américains pensent que « les choses ont tellement empiré que les vrais patriotes américains pourraient recourir à la violence pour sauver le pays », ils sont 40 % parmi les nationalistes chrétiens. Dans le ranch, on sert un petit déjeuner, puis du poulet, des saucisses et des haricots à déjeuner. Dans la cuisine, à l'abri de la chaleur, des saladiers débordent de paquets de chips et de clémentines. « C'est Dieu qui fait tout ça, assure Lori Mercier, qui dirige le ranch. Je ne suis que sa servante. » Elle refuse de dire combien de personnes y travaillent, juste qu'elles sont « bien occupées à servir le Seigneur ». Sur la pelouse, certains somnolent sur des pliants. L'organisateur de l'étape de Quemado est Robert Agee, assez texan pour porter un chapeau de cow-boy, des santiags, un veston cintré et prononcer « Kimado ». Il assure que le choix du ranch a tout de l'intervention divine. Peter Chambers, ancien lieutenant-colonel des forces spéciales, à l'origine du convoi, a eu l'idée du lieu grâce à son ami Rod Parker, pasteur de l'Église patriote des rencontres de Jésus, qui devait y planter sa « tente de renaissance », c'est-à-dire évangéliser. Debout sur scène, Agee, un pied sur une chaise, explique qu'il y a deux ans, il n'était qu'un ouvrier et chauffeur de tracteurs qui n'avait « même pas de réseau social ». Depuis, il a lancé une entreprise de panneaux publicitaires centrés sur les messages contre le vaccin anti-Covid, Banners4Freedom. « Si Dieu vous appelle à faire quelque chose, jetez-vous à l'eau, dans la foi, franchissez le pas et voyez comment il ouvrira des portes. Regardez comme il vous utilisera. Vous n'avez pas à tout savoir. Je ne connaissais rien aux panneaux publicitaires. Ce n'était pas mon truc de rouler à travers le pays, à baptiser des gens au nom de Jésus. » La foule applaudit.

Pourquoi une « armée de Dieu » ? Les propriétaires du ranch sont victimes de raids de migrants qui volent de la nourriture, répond Agee. « Ils ont prié. Je pense que Dieu a dit : "Je vais vous envoyer une armée", et nous voilà. » Et aussi : « C'est comme quand David a parlé à l'armée de Saül. Ils craignaient de combattre les géants philistins. David se pointe et dit : "Pourquoi vous avez peur de combattre ces géants ?" Le convoi est l'armée de Dieu, comme celle de David. » Qui sont les géants philistins des États-Unis de 2024 ? « Ceux qui ne respectent pas nos droits constitutionnels et nos lois. » Le convoi a un objectif divin : « Les prières, c'est pour parler au gars en haut. Ça permet aux choses de bouger, dans le royaume spirituel, ça lui permet d'envoyer ses anges et d'intervenir. Il attend qu'on prie et qu'on demande. Ensuite, il agit. » Il est doublé d'un autre but, plus terrestre, qui est de mobiliser. Agee pense que ce convoi motivera d'autres actions. Trump ne se trompe pas en s'appuyant sur les nationalistes chrétiens. De petits groupes se prennent par les épaules et prient. Les chants se font de plus en plus fervents. Les participants se balancent, yeux mi-clos, paumes levées vers le ciel.

« Remettre Jésus Christ à la Maison-Blanche »

La séparation de l'Église et de l'État figure dans la Constitution. Mais Brad Coe, shérif, revolver à la ceinture, explique que le pays a été fondé sur deux phrases : « Au commencement, Dieu créa le ciel et la terre », la première phrase de la Genèse dans la Bible, et : « Nous, le peuple des États-Unis », la première de la Constitution. Et puisque la mission est divine, la violence est justifiée. Ryan Zink, qui a passé 60 jours en prison pour sa participation à l'assaut du Capitole, se présente au Congrès. Un homme dans l'assistance ponctue les discours de sa voix puissante. Cela donne : « En prison, j'ai demandé une Bible et ils ne m'en ont pas donnée. Et c'est pour ça que j'en transporte une partout dans le pays ("*Come on!*"). » Puis : « Jésus Christ est le seul candidat derrière lequel on peut se ranger en 2024 et dont je vous garantis qu'il transformera ce pays. Peu importe qui sera assis dans le Bureau ovale, tant que Jésus Christ est sur le trône ("Amen !"). Je pense que l'Amérique peut être réparée… si on remet Jésus Christ et Dieu le Père à la Maison-Blanche, au Congrès, au Sénat, au ministère de la Justice… » Avant la politique, Zink était commentateur sportif, ce qui explique, m'assure-t-il, ses propos enflammés le 6 janvier. Comme : « On a défoncé les portes ! On envahit le Capitole ! Vous ne pouvez pas nous arrêter ! » Puis : « On va forcer cette merde ! » et : « On veut Trump ! » Il a ensuite écrit à un associé : « J'ai cassé les portes, forcé le Congrès à lever la séance, j'ai pris deux flash-bangs, mais ça va… j'ai fait le boulot. »

Enfin, Treniss Evans, que j'ai rencontré lors de l'événement de McAllen, prend le micro. Le 6 janvier, il a bu du Fireball, du whiskey à la cannelle, dans une salle de conférences qu'il pensait être le bureau de Nancy Pelosi. Il a été condamné à trois ans de sursis et a passé vingt jours en prison. Il incite la foule à « ne pas obéir » : « Je ne vais pas me plier à des ordres illégaux, je ne vais pas me plier à un gouvernement illégal, je n'ai pas à le faire. Je n'ai pas à vous reconnaître en tant qu'autorité parce que vous me dites que vous l'êtes, alors que vous êtes clairement illégitime. ("C'est clair !") Vous avez le droit de ne pas obéir. L'idée que certains de vos amis, voisins, proches, compatriotes, aient eu peur de venir ici… C'est pour ça qu'on n'est pas des millions. Qu'est-ce qui va se passer, l'an prochain, si vous ne faites rien maintenant ? Le 6 janvier, ce n'était qu'un symptôme, la frontière n'est qu'un symptôme du cancer qu'on appelle Washington. Est-ce que c'est le genre de gens qu'on va laisser diriger le pays ? Comment on résout ça ? Je ne sais pas, mais pas en votant, c'est sûr. Mais combien d'entre vous viendraient avec moi à Washington pour manifester contre (les résultats de l'élection) de 2024 ? ("Youhou !") La vache, vous êtes idiots ! (Rires) J'ai eu plein de problèmes, on m'a traité d'insurgé. ("On est avec toi !") » Les milices ont été décapitées, le mouvement s'est déplacé dans les églises. Les baptêmes commencent, j'ai soif, je suis abattue par la chaleur et le bruit, je m'en vais. Un peu déçue : je viens de m'apercevoir que la croix traînée par le monsieur avait des roulettes.

Pasteur anti-Trump

Hier soir, un bus orange et bleu s'est garé près de l'entrée, le slogan « Nous combattons le nationalisme chrétien » sur le flanc. C'était celui de Doug Pagitt, feutre sur la tête, 56 ans. Ce pasteur évangélique progressiste du Minnesota a lancé l'organisation « Votez pour le bien commun », qui milite contre Trump. Mike, le gardien à la barrière, ne l'a pas laissé entrer. « Vous voulez juste attaquer le christianisme », a-t-il dit. « Je ne veux pas l'attaquer, je tente de le répandre, je suis un pasteur chrétien ! » a répondu Pagitt. Il a lancé son organisation en 2018, deux ans après la victoire de Trump. « Le soir de l'élection, je suis allé me coucher vers 3 h 15 du matin, malade et conscient que ça allait changer les dix années suivantes de ma vie. Il fallait que je me batte. Parce que Trump a gagné avec 81 % des voix des évangéliques et que je fais partie des 19 % restants. » Pagitt explique le succès de Trump. Jusqu'à la Convention nationale républicaine de juillet 2016, il recueille moins de 60 % des intentions de vote évangéliques. Puis il choisit Mike Pence, chrétien rigoriste, comme vice-président, et promet aux chrétiens le pouvoir, et qu'il annulera *Roe v. Wade*. Il embauche l'adventiste Ben Carson dans son équipe de transition, l'évangélique Mike Pompeo comme secrétaire d'État. Jerry Falwell Jr., président de l'université Liberty, est pris, avec sa femme, dans un scandale sexuel avec un garçon de piscine. « On lui promet de le résoudre s'il adoube Trump », ce qu'il fait. En août 2016, Hillary Clinton, en campagne, traite ensuite les partisans de Trump de « déplorables ». C'est un cadeau à Trump. Peu importe qu'il ne respecte aucune des valeurs chrétiennes (famille, fidélité). « Les évangéliques, comme tous les électeurs, sont attirés, non par des candidats qui sont comme eux, mais par ceux qui les aiment. Et Hillary Clinton leur a clairement dit qu'elle ne les aimait pas », analyse Pagitt. En 2020, Trump n'a récolté que 71 % du vote évangélique. « C'est pour ça qu'il a perdu, assure Pagitt. Notre but était de détourner 11 % des évangéliques de lui, et on a réussi pour 10 %. On n'a pas atteint notre but. Mais on va y arriver. » Il se concentre sur les États pivots, où il présente des candidats locaux démocrates aux électeurs républicains. « On leur propose de voter démocrate pour cette fois. Cela leur donne une structure pour se sentir autorisés à changer leur façon de voter. » Il a calculé qu'il faut convaincre 99 000 personnes en Géorgie, 9 000 en Arizona, 17 000 dans le Wisconsin, 20 000 en Pennsylvanie. « Vous ne pouvez pas imaginer le nombre de gens qui m'ont dit : "Je n'ai jamais rencontré un pasteur évangélique qui me disait de ne pas voter républicain." »

Daniel Dietrich, qui produit le podcast de Vote Common Good, est avec lui. C'est un ancien pasteur de l'Indiana, connu pour un tube, en 2020. « En 2016, après l'élection de Trump, j'étais abasourdi que 81 % des évangéliques blancs puissent voter pour un homme qui me semblait l'exact opposé de Jésus et ses enseignements. J'étais pasteur, j'avais grandi dans mon église. Et j'étais sous le choc d'entendre tant d'évangéliques approuver les actions de Trump, réduire ses outrances à des "propos de vestiaires", et le défendre pendant quatre ans. Ma façon d'exprimer mon désarroi, ça a été d'écrire une chanson. » Son titre : « Cantique pour les 81 % ». Il chante : « Vous dites qu'il faut dire la vérité, Je vous prends au mot. Pourquoi vous ne vivez pas les mots, Que vous avez mis dans ma bouche… Ils ont commencé à mettre les enfants dans des cages, Arrachant les bébés à leurs mères, Et j'ai attendu que vous parliez en leur nom, Mais je n'ai entendu que le silence, Ou pire, vous l'avez justifié, En chantant Gloire Alléluia, hissons le drapeau… Vous avez instrumentalisé la religion, Et vous vous demandez pourquoi je m'en vais, Trouver Jésus hors de vos murs. »

La chanson a été pointée par Fox News et il a reçu des menaces. Son église aussi. « On a dû prendre des mesures de sécurité, la police patrouillait dans mon quartier et j'ai été renvoyé de mon église. » Il s'est ensuite consacré à Vote Common Good. « Le 6 janvier a marqué un tournant qu'on n'avait pas vu venir, dit-il. Quand Trump a perdu l'élection, on pensait que le sortilège se briserait, et que les évangéliques penseraient : "Wow, c'était dingue. J'ai du mal à croire qu'on ait pu être pour ce gars." Mais le 6 janvier est arrivé, où les gens portaient des drapeaux chrétiens, des tee-shirts chrétiens et ont envahi le Capitole en chantant des chants chrétiens. On était sous le choc. Ça avait franchi un seuil, mais les graines de ce nationalisme chrétien avaient été semées depuis longtemps, dans beaucoup d'églises. » La bataille spirituelle, le combat contre les ennemis de Dieu était une métaphore. Et tout à coup, ça ne l'était plus.

À l'entrée du ranch, après trois heures de conversation, Pagitt et Dietrich sont devenus copains avec Mike.

Pagitt a lancé : « Tu vas voir, bientôt, tu monteras dans notre bus. » Mike s'est penché : « Avec mon passé dans une milice, c'est toi qui ne voudras pas de moi. » Pagitt a poursuivi : « Mais ceux du convoi, ils veulent de lui. Peut-être que Mike est juste avec eux parce qu'on veut tous être avec des gens qui veulent de nous. » Mike avait aussi un casier judiciaire, pour violence conjugale. « Il était d'accord avec nous sur tout. Mais il pensait qu'on ne l'aimerait pas. Les démocrates ont tendance à dire aux électeurs : "On veut votre voix, mais pas vous, avec votre passé." Certains démocrates m'ont dit qu'ils préféraient perdre les élections que les gagner avec les évangéliques. » Dans le Wisconsin, une candidate démocrate était heureuse de travailler avec lui, de raconter des choses qu'elle taisait devant ses électeurs démocrates. Sa mère était pasteure. Elle n'en parlait jamais : « Ce n'est pas un truc qu'on dit quand on est démocrate. »

Éclipse, chofar et rituels

Agenouillée dans l'herbe, les coudes sur l'assise d'une chaise en plastique blanc, mains jointes et yeux clos, une femme sanglote. La scène devant le ranch est cette fois une remorque. Un homme joue une mélodie douce au clavier et décrit : « Il fait sombre, de plus en plus sombre. » L'assistance, lunettes en carton sur le nez, tête en arrière, émet des « Ooooh » et des « Aaaah ». Nous sommes le 8 avril, je suis revenue pour l'éclipse. Deux hommes soufflent dans des cornes de bélier. Une femme saisit le micro : « Les anciens Hébreux sonnaient le chofar. Ils n'avaient pas de téléphone comme aujourd'hui. Ils sonnaient l'alarme d'un sommet à l'autre pour avertir d'une invasion imminente. Ceci est une alerte. L'ennemi est à nos portes. Mais Jésus est à nos portes. » Les chrétiens nationalistes ont adopté le chofar, utilisé dans les cérémonies juives, comme symbole de la guerre spirituelle. C'est une référence aux trompettes qui firent tomber les murailles de Jéricho, dans l'Ancien Testament, ce qui permit aux Israélites d'y massacrer les Cananéens, en terre promise. Rod Parker prêche avec sa femme, pasteur aussi. Il est 13 h 24 et la lumière baisse. La lune s'apprête à cacher le soleil. Quemado se trouve dans la zone de l'éclipse totale, qui traverse l'Amérique du Nord et va plonger 30 millions d'Américains dans la pénombre, du Texas au Maine. La zone est aussi l'épicentre de la crise migratoire, cela fait des mois que les chrétiens nationalistes y voient un signe. Hier soir, Rod Parker a procédé à des « délivrances » et des baptêmes. Le rituel se déroule ainsi : un à un, les fidèles plongent dans une petite piscine gonflable bleue, tout habillés. Sur une musique de plus en plus puissante, Rod Parker s'agenouille à côté, prend leurs mains et ordonne : « Va-t'en, esprit de dépression ! D'addiction ! Va-t'en, esprit de suicide ! » Une femme se bouche le nez, plonge la tête en arrière, il la redresse. Elle sanglote dans l'eau glacée. Son fils s'agenouille aussi, penché devant la piscine, en larmes.

Le lendemain, sur scène, il propose : « Si vous sentez que vous devez tomber en avant et vous repentir des péchés de cette nation, je veux que vous le fassiez. Aujourd'hui est le jour où nous commençons à ressentir le battement du cœur de Dieu, la douleur de Dieu à l'égard de cette nation… Le marxisme culturel est notre fléau depuis les années 30. Le marxisme culturel, écrivez ça. Vous pouvez chercher sur Google. Vous devez savoir ce que c'est et comment vous avez été programmé. Ça vous a coupé les ailes. Ça a castré les hommes. Il est temps que les hommes se lèvent. » Des femmes hurlent : « Amen ! » Sur un écran, des diapositives expliquent la signification de l'éclipse. « Elle va toucher plus de huit villes appelées Ninive… Et le chiffre huit dans les Écritures est celui des nouveaux départs. » Il continue : « Le Forum économique mondial fait pression pour une réinitialisation mondiale et qu'un seul leader mondial dirige tout. Vous êtes peut-être en train de nous regarder en ligne et vous pensez : "Qu'est-ce que tu racontes, pasteur ?" Ce que je dis, c'est que des jours meilleurs n'arrivent pas, Mesdames et Messieurs… Il y aura de la persécution. Les églises commenceront à perdre leur statut d'organisations à but non lucratif. Les pasteurs seront tués. Arrêtés. Des familles, séparées. Il y aura beaucoup d'obscurité. C'est pourquoi tout le thème de l'éclipse solaire, c'est le passage de l'obscurité à la lumière. »

« Jésus fut le premier nationaliste chrétien »

Après l'éclipse et quelques baptêmes, je le suis à la salle à manger. Je l'interroge sur le nom de son église, qui fait partie du réseau des Églises patriotes des rencontres avec Jésus. C'est, me répond-il, la résistance au « contrôle » du gouvernement. D'après le site internet,

« il s'agit d'un effort populaire spirituellement actif, conçu pour libérer nos communautés de la tyrannie. Nous apportons des changements positifs aux politiques du gouvernement local et du système éducatif grâce aux actions unies de congrégations politiquement engagées. » Le pays, est-il expliqué, « est attaqué par des principautés et puissances démoniaques ». Je l'interroge donc sur la séparation de l'Église et de l'État, dans le 1er amendement de la Constitution : « Le Congrès ne fera aucune loi concernant l'établissement d'une religion, ou interdisant son libre exercice. » Il n'est pas d'accord : « Si vous remontez aux racines de l'Amérique, c'était comme un contrat de mariage, une alliance avec Dieu, selon laquelle ce serait une nation chrétienne. Elle a été enfreinte à de nombreuses reprises. Dieu a été expulsé de nos écoles. Avant, on y faisait la prière. » Sur scène, il a dit qu'il ne fallait pas chercher « une solution politique à un problème spirituel ». Qu'est-ce que cela signifie ? « Il faut mettre au pouvoir d'autres gens, avec les bonnes intentions, pour changer la législation… On a besoin d'un gouvernement qui remette Dieu à sa place et reconnaisse Dieu à l'école, dans la société, aime les gens qui aiment leur prochain. Vous ne pouvez pas nous traiter de nationalistes chrétiens parce que vous n'aimez pas que nous lisions la Bible. » Je n'ai pas prononcé l'expression, mais elle lui tient à cœur : « Jésus fut le premier nationaliste. Jésus a été le premier chrétien à se battre pour son peuple, non ? Il fut le premier nationaliste chrétien. Je veux être comme Jésus. Je n'ai aucun problème à être appelé comme ça. Je n'aime pas les étiquettes, mais si vous voulez me traiter de nationaliste chrétien, allez-y, parce que je veux être comme Jésus, mon Jésus. »

Les nationalistes chrétiens ne cessent de prévoir l'Apocalypse, dans une rhétorique étrange qui mêle terreur feinte et délectation. Parker la prédit au moment de l'élection, si elle a lieu – il pense que les démocrates ne le permettront pas. « Il va probablement y avoir une guerre civile. S'il y a des élections, Trump va gagner. Or ils ne vont pas abandonner le contrôle. Lorsque vous faites venir des personnes qui haïssent l'Amérique, que vous leur offrez le rêve américain, la citoyenneté, un téléphone… Ce sont elles qui se retourneront contre nous en un clin d'œil. » Et s'il perd ? Seule une fraude électorale l'expliquerait. « Et les Patriotes ne le supporteront pas. Donc on se dirige vers la guerre civile. Et on pourrait avoir une séparation entre ceux qui veulent les États-Unis d'Amérique rouges (républicains), libres, contre les États-Unis d'Amérique bleus (démocrates). Et s'ils veulent la guerre, qu'ils viennent. » La solution, pour le Texas, est la sécession. « Washington est une dictature. Mais ses jours sont comptés. Ce gouvernement est en train de tomber. J'espère que vous écrirez ça. »

La solution est peut-être spirituelle, mais le convoi, en février, avait tout d'un rassemblement pour Trump. Il n'est pas d'accord non plus. « C'était nous, des Américains, patriotes épris de liberté, qui affirmions que Dieu nous avait donné le droit de défendre notre frontière, notre pays, notre premier (la religion) et notre deuxième (les armes) amendements. Quand un gouvernement dit à ses citoyens qu'ils doivent accepter une invasion ou qu'ils seront arrêtés, c'est de la tyrannie. » Les termes de l'équation sont simples : « Soit on vote pour Trump, soit on vote pour le communisme… Soit on vote pour la liberté et un vrai monde libre, la liberté de penser et de prier, soit on est communiste. On n'a pas le choix. Est-ce que je suis d'accord avec tout ce que dit Trump ? Non. Tout ce que fait Trump ? Non. Mais je pense qu'il est le meilleur choix pour l'Amérique en ce moment. » Trump a récemment commercialisé une bible « à 60 dollars », dans laquelle sont insérés la Constitution et un texte de Lee Greenwood, le chanteur de God Bless The USA. Parker trouve formidable « d'avoir un président qui approuve la parole de Dieu ». « C'est un vaisseau que Dieu, pour une raison que j'ignore, veut utiliser, continue-t-il. Est-il imparfait ? Oui. Mais tous ceux que Dieu a utilisés sont imparfaits. Les 12 disciples étaient une bande de marginaux à problèmes. Il ne recherche pas la perfection. On me dit que Trump a beaucoup travaillé sur sa vie spirituelle. Mais il n'est pas censé prêcher, il doit sauver notre pays et prendre des décisions pour l'Amérique. Il est chrétien, il a de bonnes valeurs, c'est quelqu'un de bien. Je pense qu'il se soucie des gens. Avec lui, on avait des frontières solides. » Dieu ordonne de les fermer, grâce à Trump.

11

La guerre de la frontière

Eagle Pass, Texas.

Ildefonso Mendieta, 79 ans, a sorti des chaises avec son neveu Arnulfo et sa femme. Du haut du talus, devant chez lui, ils surplombent les barrières métalliques, la pelouse abîmée et, au loin, des containers surmontés de barbelés. Derrière, c'est le Rio Grande et sur l'autre rive, le Mexique. « Ici, c'était le stade de base-ball, là, le terrain de basket, pointe Mendieta. Les familles y pique-niquaient. » Shelby Park, par où entraient des migrants, n'accueille plus que la garde nationale armée jusqu'aux dents. Et, ce jour-là, des journalistes. Greg Abbott, gouverneur du Texas, donne une conférence de presse avec 13 homologues. Mendieta vit ici depuis 1995, il n'a jamais vu un tel déploiement de force. Il dit aussi que jamais un migrant ne lui a demandé de l'eau ou de la nourriture. « Ça nous a rassurés, il vit seul ici », confie Arnulfo, venu d'Austin. Ils ont de la famille mexicaine en face, ils traversent souvent par le pont. « Les États-Unis ont le droit de protéger leurs frontières, ajoute-t-il. Ceux qui veulent venir, il faut qu'ils le fassent de façon légale. » En haut, hors du périmètre fermé par la police pour l'occasion, un groupe de participants du convoi de la veille, dans le ranch situé à 30 kilomètres, est venu manifester. Ils soutiennent Abbott, même s'ils trouvent qu'il a fait « trop peu, trop tard ».

Garde nationale et barbelés

Abbott a fait de la lutte contre l'immigration son image de marque. Depuis mars 2021, avec l'opération Lone Star, pour laquelle la Chambre des représentants du Texas, contrôlée par les républicains, a débloqué 11 milliards de dollars, il a déployé des milliers de membres de la police d'État et de la garde nationale à la frontière. Plusieurs États républicains ont envoyé du renfort. En avril 2022, Abbott envoie des bus de migrants dans des villes démocrates du Nord. En décembre, les chiffres atteignent des records. Le 12 janvier, il fait poser des barbelés à lames le long de Shelby Park. Deux jours plus tard, une Mexicaine meurt noyée, avec ses deux enfants, dans la traversée. La patrouille de la frontière, fédérale, accuse la garde nationale de l'avoir empêchée d'intervenir. Par la suite, dans des situations d'urgence, elle découpe les barbelés. Abbott attaque le gouvernement fédéral pour destruction de biens de l'État. Mais le 22 janvier, la Cour suprême donne l'autorisation à la patrouille de la frontière de les découper. Le 24 janvier, Abbot accuse par lettre le gouvernement fédéral d'avoir « rompu le pacte entre les États-Unis et les États ». « Le président Biden a refusé d'appliquer les lois [qui protègent les États, en particulier sur l'immigration] et les a même enfreintes », écrit-il. Il en conclut que l'État a le droit à l'autodéfense en raison d'une « invasion » et que l'autorité de l'État a priorité sur l'autorité fédérale. « La garde nationale du Texas, le département du Texas de la sécurité publique et d'autres personnels du Texas agissent conformément à cette autorité et à la loi de l'État, pour sécuriser la frontière du Texas », ajoute-t-il. Il refuse toujours l'accès à la patrouille frontalière aux lieux concernés.

Donald Trump saute sur l'occasion. « Face à cette catastrophe en matière de sécurité nationale, de sécurité publique et de santé publique, le Texas a invoqué à juste titre la clause d'invasion de la Constitution et doit bénéficier d'un soutien total pour repousser l'invasion, écrit-il sur son réseau, Truth Social. Nous encourageons tous les États qui le souhaitent à déployer leurs gardes au Texas pour empêcher l'entrée des clandestins et les renvoyer de l'autre côté de la frontière. » Certains le font déjà depuis le mois d'août : 14 États républicains ont fourni du personnel et des ressources à l'opération Lone Star. Et 25 gouverneurs signent un communiqué affirmant « l'autorité constitutionnelle du Texas à se défendre et à se protéger ». « Nous sommes solidaires de notre collègue gouverneur Greg Abbott et de l'État du Texas dans l'utilisation de tous les outils et stratégies, y compris les barbelés, pour sécuriser la frontière. Nous le faisons en partie parce que le gouvernement Biden refuse d'appliquer les lois sur l'immigration en vigueur et autorise illégalement la libération conditionnelle massive en Amérique des migrants entrés illégalement dans notre pays », écrivent-ils. En réaction, des démocrates, comme Joaquín Castro, élu du Texas, demandent à Biden de nationaliser la garde du Texas pour qu'elle obéisse au pouvoir central. « La guerre civile arrive bientôt », répond sur Twitter Terrence K. Williams, personnalité d'extrême droite, à 1,9 million d'abonnés. Clay Higgins, élu républicain de Californie à la Chambre des représentants, tweete : « Je pense que les fédéraux sont en train d'organiser une guerre civile et que le Texas doit rester ferme. » Kevin Stitt, gouverneur de l'Oklahoma, interrogé par la chaîne Newsmax sur le risque d'un « conflit entre forces » (fédérale et de l'État), répond : « Beaucoup de [gardes] texans seraient dans la situation difficile de devoir protéger leur terre ou d'obéir à Biden. »

En bas, devant une centaine de soldats et des véhicules blindés, défilent des voitures aux vitres teintées. Abbott, sur son fauteuil roulant, salue les militaires puis s'avance vers les micros, flanqué des autres gouverneurs, la moitié des signataires de la lettre de soutien : « Le président a la responsabilité, imposée par le Congrès, de détenir tout clandestin. Au lieu de ça, Biden les a tous relâchés dans le pays. » Il parle de membres de gangs, de « centaines de terroristes », appréhendés. Il remercie le département de la sécurité du Texas d'avoir saisi des centaines de millions de doses de fentanyl, opiacé qui fait des ravages, et des tonnes de méthamphétamines. La capacité des États à « se défendre contre tout type de danger immédiat ou d'invasion » est « menacée par Joe Biden et son refus abject d'appliquer les lois sur l'immigration », poursuit-il. Devant une forêt de caméras, il assure qu'au cours des trois derniers jours, la zone n'a enregistré que trois traversées par jour. « Ça montre que l'État du Texas peut faire ce que le gouvernement fédéral est chargé de faire, conclut-il. Joe Biden, à votre tour. » À un journaliste qui lui demande quand le parc sera accessible à la patrouille frontalière, il répond qu'il « restera sous contrôle aussi longtemps qu'il le faudra pour maintenir la sécurité et éliminer les passages ». Il ne se limitera pas à Shelby Park. « À l'heure où nous parlons, la garde nationale du Texas étend ça », dit-il. Les gouverneurs enchaînent. « Ce pays a désespérément besoin de leadership sur cette question, déclare Bill Lee, gouverneur du Tennessee. Le gouverneur Abbott a fait preuve d'un leadership inébranlable. » Certains sont venus d'États éloignés de la frontière (Iowa, Montana) ou censés être modérés (New Hampshire). L'immigration sera un thème clé de l'élection.

Plus de 160 nationalités

La ville se passerait bien de cette polémique. Les hôtels sont pleins, oui, mais de gardes nationaux. Dans la rue principale, où beaucoup de magasins sont fermés, les passants sont rares. Blanca, 21 ans, et Valeria, 29 ans, sortent d'une boutique de mode. Elles sont mexicaines et viennent une ou deux fois par mois. « Pour nous, c'est plus compliqué quand il y a beaucoup de migrants : les agents ferment le pont ou ils ouvrent une seule file », dit Blanca. « Je ne comprends pas que les gens soient persuadés que la vie est meilleure aux États-Unis. On vit bien au Mexique », renchérit Valeria. En fait, le temps où les migrants venaient du Mexique est révolu. Plus de 160 nationalités ont été identifiées à la frontière.

Sarai, elle, vit au Texas, mais a de la famille de l'autre côté. « Ces derniers temps, on n'a pas pu y aller parce qu'au retour, on pouvait passer seize heures dans la queue sur le pont. Tous les agents étaient sous le pont, en train d'enregistrer les migrants. Il n'y avait qu'une seule file. Donc on n'a pas pu y aller pour Noël et le Nouvel An. » Mais elle désapprouve l'action d'Abbott : « Ce sont des êtres humains, qui viennent avec des enfants. Ils tentent juste de survivre. Certains viennent du Salvador, du Honduras, où les gouvernements les maltraitent. » Les commerçants sont las. Tomás, qui possède une boutique de fleurs, parfums et souvenirs, demande : « Pourquoi vous avez une porte chez vous ? Pour que n'entrent que ceux que vous invitez. Là, c'est pareil, c'est pour que les gens entrent légalement. » Leti, à côté, redoute que ses impôts n'augmentent à cause des migrants. Elle trouve injuste que leur flux coupe des « villes sœurs ». « Ici, il y a 29 000 habitants. De l'autre côté, ils sont plus de 200 000, ils viennent dîner, acheter », explique Tomás… Les Mexicains représentent 70 % de ses ventes et décembre est crucial. « Mais, à cause des migrants, elles se sont effondrées », accuse-t-il. Le bras de fer des barbelés attire des curieux, comme Joanie, venue « voir de ses propres yeux », depuis Abilene. La guerre civile ? « C'est une possibilité. Je ne pense pas que le Texas cédera… Ce pays s'est construit sur des guerres. Ça va arriver. La guerre, malheureusement, fait partie de la vie. C'est cyclique parce qu'on n'apprend pas de nos erreurs, même si on est le meilleur pays du monde. »

Wesley Virdell aussi est venu pour voir. C'est le directeur pour la branche du Texas de Gun Owners of America, une association pro-armes, et il se présente à la Chambre des représentants locale. Sa famille possède une entreprise de transport routier. « Nous, les Américains, on est en concurrence avec des gens qui travaillent pour beaucoup moins et ne remplissent pas les mêmes critères », se plaint-il. Il soutient Abbott, parce que « les gens choisiront toujours la solution la plus facile [traverser le Rio Grande], jusqu'à ce que les conséquences soient trop graves [mourir] ». Alex Shay, président au niveau national, décrit une « invasion étrangère ». « Même si ce ne sont pas des gens avec des armes et des lance-roquettes, ils pourraient changer les rapports de force. Je suis de Virginie-Occidentale, il y a 1,7 million d'habitants. Or 2,8 millions de personnes ont traversé la frontière cette année, 6 à 10 millions les trois dernières années… Dans moins de vingt ans, il y aura 22 à 33 millions de nouveaux électeurs qui bénéficieront de l'État-providence. » Il ne craint pas la guerre civile. « Les Américains sont très, très bien armés. Et je parle des individus, même pas de la garde nationale. Chaque État est son propre pays et a sa propre armée. Même si vous utilisez toute la force de l'armée américaine, on est trop nombreux et il y a trop de terrain à couvrir. »

L'immigration, première préoccupation des électeurs

Sur le trottoir d'en face, d'autres manifestants portent des panneaux « Joseph, Marie et Jésus étaient demandeurs d'asile ». « La fermeture du parc affecte toute la communauté », explique plus tard l'organisatrice, Amerika García Grewal, devant des tacos. Les propriétaires du restaurant ont acheté un food-truck pour un festival de musique qui devait avoir lieu dans Shelby Park. Fin mars, le carnaval de l'amitié, crucial pour la chambre de commerce, devait s'y tenir. Amerika García a fondé l'ONG Border Vigil pour honorer les morts trouvés à la frontière. « En 2022, 853 migrants sont morts entre Brownsville et San Diego, dit-elle. Beaucoup n'ont pas été découverts, l'anthropologue médico-légal pense qu'il y en a trois fois plus. » Elle se rend ensuite devant une église, à côté de dizaines de croix de bois qui représentent ceux qui ont péri. Certains migrants se noient, d'autres sont mordus par des serpents dans le désert, d'autres encore meurent d'infections de leurs blessures. « Les lames des barbelés sont courbées, décrit-elle. Si vous reculez, vous êtes coincé. Si ça s'enfonce des deux côtés, on ne peut pas se dégager. Il faut arracher. Cela crée des plaies horribles. » Pour elle, ce ne sont pas les barbelés qui ont tari le flot de migrants. « Le 28 décembre, Alejandro Mayorkas [secrétaire à la Sécurité intérieure] et Antony Blinken [secrétaire d'État] sont allés au Mexique. Le lendemain, c'était comme si quelqu'un avait fermé un robinet. » À Washington, quelques sénateurs des deux partis ont négocié une proposition de loi pour réguler l'immigration. L'aide à l'Ukraine, Israël et Taïwan serait conditionnée à ces mesures pour la frontière. Son contenu est enfin rendu public. Amerika lit sur son téléphone, debout à côté des croix de bois, hoche la tête : « C'est strict, mais, s'ils embauchent vraiment des milliers d'agents pour enregistrer les demandes d'asile, ça va accélérer la procédure. » Tout plutôt que le chaos.

L'immigration était le thème majeur de l'élection présidentielle de 2016, ce sera aussi celui de 2024. L'année 2023 a marqué un record en termes d'immigration. Le Service des douanes et de la protection des frontières (Customs and Border Protection [CBP]), qui publie des chiffres réguliers, a procédé à 2,06 millions d'appréhensions à la frontière et traité 1,13 million de demandes d'asile qui ne satisfaisaient pas aux critères aux postes-frontières, soit 3,20 millions d'opérations au total. En 2021, le nombre s'élevait à 646 822 et en 2022, à 1,95 million. Rien qu'en décembre 2023, la patrouille frontalière a procédé à 302 034 appréhensions en un mois, 9 773 par jour pendant la semaine précédant Noël. En comparaison, selon Frontex, 380 000 entrées illégales ont été détectées dans l'Union européenne en 2023. Selon un sondage Harvard CAPS Harris, l'immigration est maintenant la première préoccupation des électeurs aux États-Unis (35 %), devant l'inflation (32 %), soit une augmentation de 7 % en un mois. Or seuls 34 % des Américains approuvent l'action de Joe Biden sur l'immigration. 68 % pensent aussi que la situation à la frontière s'aggrave.

En mars 2021, Biden a confié le dossier à sa vice-présidente, Kamala Harris. Il s'agissait de traiter les racines du problème, en travaillant avec les gouvernements du triangle nord, Guatemala, Honduras et Salvador. C'était la mission que Barack Obama avait confiée à Joe Biden, qui avait du sens lorsque ces pays étaient ceux dont le plus grand nombre de migrants étaient issus. Le 7 juin, Kamala Harris, en conférence de presse au Guatemala avec le président Alejandro Giammattei, s'est adressée à ceux qui voulaient entamer le trajet vers les États-Unis : « Ne venez pas. » Elle a soulevé un tollé parmi les ONG et les démocrates. Surtout, les pays d'origine des migrants ont drastiquement changé. Ceux qui viennent du Venezuela, d'Haïti, de Cuba et du Nicaragua seront bientôt plus nombreux que ceux d'Amérique centrale. La « tsarine de la frontière », car les médias, même grand public, l'appellent ainsi, lutte contre des moulins à vent. En février 2023, quand le parti démocrate consent enfin à nommer le problème migratoire, le projet de loi des sénateurs propose que les États-Unis accueillent jusqu'à 4 000 migrants quotidiens par semaine, 8 500 maximum en une journée. Une fois ce nombre atteint, quiconque traverserait la frontière serait repoussé et l'asile ne pourrait être sollicité qu'aux postes-frontières. Les sanctions seraient plus sévères pour les récidivistes et il existerait des exceptions humanitaires. La frontière resterait fermée jusqu'à ce que les arrivées baissent à 2 000 par jour pendant deux semaines. Ce projet de loi est d'une sévérité inédite, et le gouvernement Biden n'a même pas exigé, en échange, un accès facilité à la nationalité pour les clandestins arrivés enfants, les *dreamers*. Il représenterait une aubaine électorale pour Biden. Résultat, Trump ordonne aux élus républicains de voter contre. Mitch McConnell, chef de la minorité au Sénat, dit aux sénateurs républicains que Trump souhaite faire du chaos à la frontière son thème de campagne majeur et qu'il ne faut pas l'affaiblir. Trump assume : « En tant que chef de notre parti, il n'y a aucune chance que je soutienne cette horrible trahison des frontières ouvertes de l'Amérique. Cela n'arrivera pas et je le combattrai jusqu'au bout. Beaucoup de sénateurs essaient de rejeter la faute sur moi. J'ai lancé : "C'est bon, je vous en prie, reconnaissez que c'est ma faute." Parce qu'ils s'apprêtaient à adopter un très mauvais projet de loi. Et je vais vous dire : je préfère aucun projet de loi plutôt qu'un mauvais projet de loi. »

Revirement démocrate

Avant de partir pour le Texas, je suis allée à une audience de la Commission de la Sécurité intérieure de la Chambre des représentants, dont les membres républicains veulent destituer Alejandro Mayorkas, le secrétaire à la Sécurité nationale. Dans une annexe du Capitole, le cirque a duré plus de quatorze heures. Les républicains menacent de destituer Mayorkas depuis au moins novembre 2022, quand ils ont acquis la majorité à la Chambre des représentants. Cette commission enquête depuis des mois et a soumis deux articles visant à le destituer. Mayorkas aurait enfreint la loi sur l'immigration et la nationalité. Dan Goldman, élu démocrate de New York, a dénoncé une procédure purement politique. « L'ironie du fait que le secrétaire Mayorkas ait passé les deux derniers mois avec un groupe bipartite de sénateurs pour négocier une législation qui résoudrait les problèmes à la frontière ne devrait échapper à personne, a-t-il poursuivi. Vous êtes en train de tenter de destituer un secrétaire à la Sécurité intérieure pour avoir négligé ses fonctions, alors qu'il essaie de les remplir en négociant une loi. La vraie raison pour laquelle nous sommes ici, comme nous le savons tous, c'est que Donald Trump fait campagne sur l'immigration, son thème numéro un pour les élections de novembre 2024. Vous n'avez pas à me croire sur parole : il l'a dit lui-même. Et la semaine dernière, de nombreux républicains ont fait écho à son appel. » Les républicains « ne veulent pas de progrès. Ils ne veulent pas de solution. Ils veulent un problème politique », a accusé Bennie Thompson. « Plus que tout, ils veulent faire plaisir à leur président déchu, et ils prennent leurs ordres auprès de Donald Trump », a-t-il ajouté. Robert Garcia, élu démocrate de Californie, a accusé : « Donald Trump parle des migrants avec la même rhétorique qu'Hitler, en disant que les immigrés comme moi et ma famille, je cite, “polluent le sang de ce pays”. Il veut le chaos. » L'ambiance s'est un peu détendue quand il a rappelé certaines suggestions de Trump, comme de « disposer des alligators le long de la frontière », « électrifier la frontière », « bombarder le nord du Mexique avec des missiles » ou « tirer dans les jambes des migrants ».

En réalité, les démocrates ont longtemps nié le problème, refusant d'utiliser les termes « crise migratoire ». Les ONG sont d'ailleurs horrifiées par le projet de loi. Mais comme l'a rappelé Mark Green au début de l'audience, les élus démocrates sont maintenant nombreux à reconnaître l'existence de cette crise, que ce soit Henry Cuellar, représentant du Texas, John Fetterman, sénateur de Pennsylvanie, ou Eric Adams, maire de New York. Green a cité John Judis, intellectuel démocrate qui a identifié la politique migratoire parmi les causes de l'affaiblissement de son parti. Prenant conscience que la question inquiète aussi leurs électeurs, ses élus emploient un vocabulaire jusqu'ici réservé aux républicains, blâmant les « cartels mexicains de la drogue » et s'inquiétant du « trafic d'êtres humains ». À l'audience, Sheila Jackson Lee, du Texas, a assuré que les démocrates étaient horrifiés par la « traite sexuelle », « toute forme de trafic de drogue » (le fentanyl) et le « terrorisme ». Ils accusent maintenant les républicains de les empêcher de combattre ces fléaux en s'opposant à la signature du projet de loi. L'audience a commencé à 10 heures, mardi 30 janvier et les membres ont voté en faveur de la destitution mercredi après minuit. Les 18 républicains ont voté « *yea* » (oui) comme un seul homme et les 15 démocrates, « *nay* » (non), après avoir retardé la procédure par des objections techniques.

Séquestrés pendant sept heures

Je les appellerai Lisa et Sergio, ils refusent de donner leurs noms. Il a les yeux rougis par une conjonctivite, elle, sa fille, par les larmes. Ils viennent d'utiliser les douches et sont assis, dans un coin de la cour, avec deux sacs qui contiennent leur vie. Ils ont fui Cuba mi-octobre et ils sont arrivés hier après-midi, le 11 avril 2024, dans la Maison du migrant de Piedras Negras, au Mexique. Après l'éclipse, je suis restée à Eagle Pass pour voir comment avait évolué la situation migratoire. Le nombre d'appréhensions s'est effondré, à 141 000 en février, 137 000 en mars. Cette semaine-là, la patrouille de la frontière du secteur de Del Rio, qui englobe Eagle Pass, a procédé à 2 295 appréhensions (la même semaine, le secteur d'El Paso en comptabilise 982 par jour). Quand Eagle Pass a déclaré l'état d'urgence, en septembre 2023, 4 000 migrants étaient entrés en deux jours. Depuis le pont qui enjambe le Rio Grande, on aperçoit les conteneurs le long de la rive et les rouleaux de barbelés. Dans Shelby Park, quelques golfeurs poussent leur chariot. Lisa et Sergio sont passés, comme tous les Cubains, par le Nicaragua, le Honduras, le Guatemala, et une fois au Mexique, ils ont pris rendez-vous, une obligation depuis octobre 2020, sur l'application CBP1 pour un entretien de demande d'asile, à la douane du pont d'Eagle Pass. Les migrants l'appellent la *cita*, le « rendez-vous » en espagnol. Quelle partie a été la pire ? « Ici, hier, répond Lisa en étouffant des sanglots. Notre rendez-vous était hier. Et on a été séquestrés pendant presque sept heures. » Des gangs se sont fait une spécialité des enlèvements de migrants, qu'ils savent pressés par le temps, pour les voler. À Lisa et Sergio, ils demandaient 3 000 dollars. « On ne les avait pas, bien sûr, on était à la dernière étape avant le rendez-vous », continue Lisa. Quand les malfaiteurs ont compris qu'ils ne pourraient jamais payer, ils les ont libérés, sans leur téléphone. « On est finalement arrivés hier, à 13 h 30. Le rendez-vous était à 13 heures. Les Mexicains ne nous ont pas laissés passer du côté américain. » Lisa a appelé sa mère pour qu'elle lui envoie de l'argent pour acheter un nouveau téléphone qui lui permette de reprendre rendez-vous. Ils vont devoir attendre des mois.

Pour tous ceux qui, comme Sergio et Lisa, suivent les règles, les barbelés d'Abbott n'ont aucune incidence. À moins que, comme de plus en plus de migrants qui ratent leur rendez-vous et traînent pendant des mois dans des foyers mexicains, guettant chaque jour à 11 heures l'apparition de nouvelles dates de rendez-vous sur l'application, ils finissent par tenter la traversée à la nage. Depuis la réunion au sommet d'Antony Blinken avec les autorités mexicaines, l'armée mexicaine coopère. Beaucoup de migrants racontent avoir été renvoyés du nord du Mexique à Tapachula, à la frontière guatémaltèque. « Le flux migratoire a beaucoup baissé, à cause des mesures du gouverneur du Texas, mais pas seulement, explique la sœur Isabel, qui tient le foyer. C'est juste beaucoup plus difficile pour les migrants d'arriver jusqu'ici. À partir de Monterrey, le calvaire commence, on les fouille, on leur demande des papiers. S'ils ne les ont pas, on les renvoie vers le sud. Parfois, s'ils ont le rendez-vous, aux points de contrôle, on les laisse passer mais la plupart du temps, on leur prend leurs affaires, leur argent, on fouille leur téléphone. Donc certains préfèrent passer par le désert, mais c'est dangereux. Il y a la chaleur l'été, le froid l'hiver, les enlèvements. » Ceux qui viennent d'Amérique latine traversent le détroit du Darién, une jungle infernale, entre la Colombie et le Panama. Ils disent que ce n'est rien à côté du Mexique.

Greg Abbott vante l'efficacité de son dispositif. Cela enrage les ONG qui refusent qu'on considère comme une politique migratoire efficace des barbelés causant des lacérations. Le chef des pompiers d'Eagle Pass, Manuel Mello, livre une vision plus nuancée : « On constate des blessures, mais les gens ne sont pas bêtes. Ils mettent des couvertures et des vêtements et ils passent dessus. Certains s'y ruent quand même parce qu'ils sont épuisés, ils pensent qu'ils peuvent passer à travers. Mais dans l'ensemble, ces barbelés sont censés être dissuasifs et ça marche. » Comme pour Estefania Ojeda, Vénézuélienne de 34 ans, qui lave son linge et celui de ses trois enfants dans l'évier collectif du foyer. Eux aussi ont été séquestrés dans une maison où une famille vénézuélienne de six personnes a été détenue pendant vingt jours, le temps d'appeler tout leur entourage pour amasser la rançon. Elle a été retenue, juste assez pour rater son rendez-vous. C'était le 24 novembre. Mais elle préfère attendre, à cause de ses enfants. « On m'a raconté, donc je n'envisage pas de traverser comme ça, je vais continuer à attendre la *cita*. » Alors que le comté d'Eagle Pass, Maverick County, répertoriait entre 1 200 et 2 000 traversées par jour, il ne passe aujourd'hui plus que 400 personnes. Les équipes de Mello ont quand même découpé les barbelés « une ou deux fois », pour accéder à des patients « dans des situations de vie ou de mort ». Mais si le nombre de gens qui traversent a « drastiquement baissé », pas celui des noyades. L'an dernier, il y en a eu 43. Il sort un tableau de chiffres : « Entre le 17 janvier et le 20 février, on a eu 17 morts. Et là, en quatre mois, le bilan s'élève déjà à 23. C'est beaucoup. » Le pont, le parc ont été construits aux endroits où le fleuve est le moins profond. En posant des barbelés là, les autorités texanes ont repoussé les migrants vers les lieux où il est plus traître, où des trous sont creusés dans son lit. Certains étaient au courant avant d'entreprendre le voyage, comme Irbis Chirinos, autre Vénézuélienne, venue sans rendez-vous avec ses trois enfants, qui n'a « pas pensé aux conséquences que pourraient avoir ces barbelés ». Elle a tenté de traverser dans l'un des endroits les plus dangereux, a confié son bébé à un homme qui est tombé dans un trou. Ils ont failli se noyer et sont retournés du côté mexicain. Les migrants mexicains, eux, ont des passeurs qui connaissent les endroits sûrs, plus loin. Et ils passent. Près du ranch, à Quemado, la caissière d'une épicerie confie qu'elle voit des groupes tous les jours.

Le 17 avril, la procédure de destitution contre Alejandro Mayorkas meurt au Sénat, contrôlé par les démocrates. Quant au projet de loi bipartite, il est coulé au Sénat en mai, à 43 voix contre 50. Tous les républicains sauf un ont voté contre. Ils ont été rejoints par quatre démocrates, qui le trouvaient trop dur. Le 4 juin, Biden passe une réforme par décret. Si les passages clandestins dépassent 2 500 par jour, la frontière fermera et ne rouvrira pas tant que la patrouille frontalière n'aura pas enregistré 1 500 passages maximum par jour, pendant au moins une semaine. « Je fais ce que les républicains au Congrès refusent de faire : prendre les mesures nécessaires pour sécuriser notre frontière. Les républicains ne m'ont pas laissé le choix. » La semaine du 14 juillet, la patrouille de la frontière du secteur de Del Rio a procédé à 1 537 appréhensions. En juin, les chiffres publiés par l'USBP sont les plus bas depuis janvier 2021 : 130 419. Les mesures de Biden et le piège mexicain fonctionnent. Le 31 juillet, Michael Vickers, propriétaire d'un ranch par lequel passent des migrants, attaque le gouvernement de Biden qui a « volontairement créé la crise à la frontière » et entraîné des dommages sur son terrain. À sa plainte se joint le shérif Brad Coe, qui avait parlé devant le convoi.

12

Freedom Corner

Washington, DC.

Elles ont tout de suite su. « Il est entré dans la maison et j'ai senti qu'il l'avait fait. Et j'ai eu honte de le penser, parce qu'il n'y avait pas vraiment de raisons, mais la façon dont il est entré… » décrit Peyton Reffitt. « Avec le FBI… » reprend Nicole, sa mère. « Tu as remarqué aussi ? » demande Peyton. « Le FBI nous a assises, Peyton et moi, à une table, on n'avait pas le droit de bouger, et Jackson est arrivé avec son sac à dos et ils ne l'ont pas fouillé, de tout le raid. Alors qu'ils retournaient toute la maison, on m'avait confisqué mon téléphone et je ne pouvais pas aller aux toilettes toute seule. » Le 16 janvier 2021, à Wylie, Texas, il faisait encore noir quand le FBI a arrêté Guy Reffitt, 49 ans, pour sa participation à l'assaut du Capitole dix jours plus tôt. Sa femme Nicole, 48 ans, et sa fille Peyton, 16 ans, ont compris : son fils Jackson, 18 ans, l'avait dénoncé. « Je l'ai vu traverser avec son sac à dos et j'ai pensé : "Oh…" reprend Nicole. C'est le genre de choses, tu ne veux pas l'accepter, mais tu sais. » Ensuite, il a mis un film d'animation, « genre *Happy Feet*, comme si tout allait bien », complète Sarah, l'aînée, 23 ans. Elle l'a trouvé « extatique » les jours suivants. « Il bombait le torse », ajoute Peyton. Ce n'est pas comme ça que Jackson l'a vécu. « Je me suis senti sale, me dit-il, en FaceTime, depuis le Texas, ses longs cheveux bruns sur les épaules. Il fallait vivre cette journée, je n'avais pas le choix, et être avec ma famille, et la réconforter et c'était hypocrite, parce que oui, je l'avais fait. » Jackson regrette « tous les jours de sa vie ». Mais si c'était à refaire, il le referait.

Nous sommes début avril 2024 dans un café de Washington, Sarah et Peyton sont venues voir leur mère et les cerisiers en fleurs. Chaque année, 1,5 million de personnes se pressent sous les nuages de pétales blancs autour du Tidal Basin, devant le dôme du Jefferson Memorial. Cette fois, une vague de froid a raccourci le spectacle. Sarah et Peyton regardent avec regret la météo au Texas. Nous sommes tout de même assises dehors, à la terrasse d'un café, pour parler. J'ai rencontré Nicole Reffitt au procès des Oath Keepers, en octobre 2022, au tribunal Prettyman. Blonde platine aux cheveux courts, Nicole est toujours bien maquillée, porte souvent des bottes à talons et fume comme un pompier du tabac, ce qui, ici, est une rareté. Mais Washington n'est pas vraiment sa ville. Elle est venue pour le procès de son mari et elle est restée. Le 28 février 2022, Guy Reffitt était le premier participant au 6 janvier à être jugé. Le procès était un microcosme de la politique américaine, un symbole de la façon dont Donald Trump a déchiré le pays – et les familles.

« Décapiter le démon »

Guy Reffitt appartient à la milice Three Percenters (III %) et dans ses groupes de discussion, il expose ses intentions pour le 6 janvier. Le 21 décembre, il écrit : « Il faut décapiter le démon et demander l'expulsion constitutionnelle des élus corrompus du Congrès. » Puis : « On marche sur D.C. le 6 janvier avec tous les Américains en vie. On purge le marécage. La Chambre et le Sénat doivent faire face à leurs responsabilités pour tous les actes tyranniques contre la république du peuple. » Il se rend à D.C. avec un tee-shirt des III % et son slogan : « Quand la tyrannie devient la loi, la rébellion devient un devoir. » Un écusson semblable est accroché sur son gilet tactique, qui contient des chargeurs pour son AR-15. Il porte un casque, siglé III %, avec une GoPro. Une vidéo le montre, pendant le discours de Trump, devant l'Ellipse, répondant à d'autres qui lui demandent si l'ancien président va invoquer l'Insurrection Act, permettant de mobiliser toutes les forces, officielles ou non – donc les milices : « Il sait ce qu'on a en tête. On sait tous ce qu'on va faire. Ce Capitole tombera et l'Insurrection Act nous protégera. On va dégager tous les politiciens. »

Reffitt se filme sous l'échafaudage, à côté de Jacob Chansley (« QAnon Shaman ») et Dominic Pezzola. On ne peut pas le rater sur les vidéos des autres, et des médias : debout sur la rambarde en pierre de l'escalier, il est le premier à avancer jusqu'au cordon de police sur la terrasse ouest, au-dessous de laquelle je me trouvais. On le voit parler, paume tendue devant lui parce que la police le met en joue. La foule suit. Il est vu comme un entraîneur. Les preuves montrent qu'il est d'accord. Le 9 janvier, lors d'une visioconférence avec des amis, il se vante : « Tout le monde disait la même chose : “Quand Trump a fini [de parler], on va au Capitole.” Et j'ai dit : “Je n'arrête pas tant qu'on ne les a pas dégagés… Je me fous que la tête de Pelosi se cogne à chaque pas quand je la tire par les chevilles, elle dégage.” » Il rejoue son affrontement avec une policière : « J'ai pris un mégaphone et j'ai dit : “C'est chez nous ici. Retirez-vous ou vous serez jugée pour trahison.” Et elle a dit : “Je ne peux pas !” Alors je me suis avancé et elle a commencé à bombarder mon gilet pare-balles de balles d'argile, ça faisait paf, paf, paf ! J'ai vu ça, je l'ai regardée et je lui ai dit : “Désolé, chérie, il va te falloir un plus gros putain de pistolet.” Et j'ai commencé à gravir ce truc, quelques marches de plus, elle a compris que ça ne servait à rien de viser le gilet, donc elle a visé les jambes et je voyais ça… L'adrénaline me faisait avancer. Je ne sentais rien, je les voyais exploser sur moi. Elle m'a probablement touché vingt fois et j'ai juste avancé… Et puis elle a tiré sur mon mégaphone et je l'ai jeté par terre. Et je me suis approché… presque assez pour plonger sur elle et lui prendre son arme, quand un homme est arrivé avec un spray anti-ours et m'a inondé de ce truc. Et je me suis arrêté là. Mais tout le monde m'a vu… et a avancé sur la rampe. Plus personne ne s'est arrêté… Quand je suis arrivé en haut de l'escalier, les gens venaient vers moi, ils me disaient que j'étais un patriote… C'est pas pour être arrogant, mais personne n'avançait jusqu'à ce que je grimpe sur cette rampe et que je me fasse détruire. » Il détaille : « J'avais mes plaques [de protection] Spartan, mes plaques rénales et mon [calibre] .40 sur le côté. Rocky était en bas, de l'autre côté de l'escalier, il avait son .45. Il avait probablement 46 balles. Il y avait deux personnes à côté de moi, elles avaient cinq armes. La fille qui m'aidait, elle avait son .22. Je veux dire, ils ont de la chance qu'on ne leur ait pas tiré dessus. Ils devraient nous remercier. » Il avait aussi des menottes. Il est au courant qu'il y a eu des morts, « malheureusement, les victimes de ce que je considère comme une guerre ». Ils parlent ensuite d'un camp qu'ils veulent établir dans le champ d'un ami au Texas, pour lequel ils achèteraient « un million de balles ». « Si Biden et Kamala sont élus, ils vont nous prendre nos armes », insiste Reffitt.

« Les traîtres, on les abat »

Dans le groupe de textos familial, les conversations sont tendues depuis des mois. Mais le 6 janvier au soir, Guy raconte sa journée. « Tu sais qu'ils traquent tous ceux qui étaient là ? Avec les vidéos des médias et des téléphones ? » demande Jackson. « Je m'en fiche. Je n'ai enfreint aucune loi », répond Guy. « Je croyais que tu avais pris le capitole des États-Unis ? Et brisé des cordons de police. Et qu'elle t'avait attaqué », rétorque Jackson. Le 8, Guy est de retour à Wylie. Jackson enregistre la conversation. Il lance :

— Tu dis que tu n'as pas enfreint la loi mais…

— Je suis allé protéger mon pays, comme la Constitution m'y autorise.

— Mais tu as apporté une arme, dans une zone fédérale.

— Ce n'est pas parce que cette loi est écrite qu'elle est juste. Tous les gens autour de moi étaient armés aussi… Ton père était là à un moment épique, historique de ce pays. Et tu sais quoi ? Je n'ai pas fini. Ce n'est que le début.

Quelques jours plus tard, il menace Peyton de « coller une balle » dans son téléphone si elle poste quoi que ce soit sur ce qu'il a fait le 6 janvier, sur les réseaux sociaux. Puis, à Jackson et Peyton : « Si vous me dénoncez, vous êtes des traîtres et vous savez ce qui arrive aux traîtres… On les abat. » Or, le soir de Noël, Jackson s'est connecté sur le site du FBI pour prévenir que son père « allait faire un truc énorme » et avait fourni des textos. « Il a envoyé des paragraphes entiers sur le groupe familial, très détaillés, sur ce qu'il allait faire », explique-t-il. Personne n'a répondu. Le 6 janvier, cinq heures après l'invasion du Capitole, son téléphone sonne. C'est le FBI. « “Sacré moment pour m'appeler !” je leur ai dit », raconte Jackson. Peyton dit qu'elle n'a pas pris les menaces de son père au sérieux. Jackson, si. Juste après, il rencontre un agent du FBI dans un parking. « Ma mère et mes sœurs disent que mon père est juste une grande gueule. Mais le 6 janvier était un acte dont il avait parlé et qu'il a mis à exécution. C'était terrifiant, c'était la première fois que ce n'était pas que des mots… Vous avez vu son appel sur Zoom, il disait qu'il allait faire ça, ça et ça… Je ne voulais pas porter la responsabilité de n'avoir rien dit s'il faisait quelque chose de mal. » Peu après, Reffitt est arrêté.

Il ne s'y attendait pas. « Je n'avais rien fait d'autre que de me tenir avec mon mégaphone, me prendre des tirs et du gaz et rentrer à l'hôtel, me dit-il. Je n'ai rien fait de plus que le manifestant moyen. » Début septembre, il m'appelle de sa prison du Texas, où on lui sert « des hamburgers aux steaks de soja, des patates ou des carottes trop cuites avec de la dinde ». Le 6 janvier, son seul but était « d'aller au meeting ». « J'ai traversé le pays, j'ai fait ce que la plupart des gens ont fait. Après le meeting, l'idée était d'aller au Capitole pour manifester, c'est pour ça que j'avais pris un mégaphone. Je ne m'attendais pas du tout à aller aussi près du bâtiment. C'est très bizarre que ça ait été possible, d'ailleurs, mais je ne vais pas me lancer là-dedans. » Les Maga soutiennent que la police a ouvert la voie (et les portes du Capitole) aux participants. C'est faux : une fois qu'ils étaient à l'intérieur, les policiers dépassés se sont contentés de leur demander de sortir, mais ils ne les ont pas invités. Reffitt assure que ses propos de ce jour-là sont à mettre sur le compte des « exagérations et de la rhétorique » des manifestations. Je lui demande comment il explique ceux de la visioconférence, il me répond qu'il ne connaissait « vraiment pas très bien ces gens ». « J'ai eu deux ou trois réunions avec eux pour voir qui ils étaient et ce qu'ils voulaient. Mais ils faisaient des trucs avec lesquels je n'avais rien à voir. » Et la phrase sur les traîtres qu'on abat, lancée à ses enfants ? « Ce n'était pas une vraie menace. Si quelqu'un dit qu'il se sent menacé, c'est qu'il veut se sentir menacé, pas qu'il y a une vraie menace. Mes filles et ma femme et toute ma famille savent que je ferais n'importe quoi pour les protéger, au péril de ma vie. » Il pense que Jackson lui a tendu un piège : « On discutait dans la cuisine et je lui ai demandé : “Jackson, quelle est ton idéologie politique ?” Sa réponse était qu’il était communiste et qu’il voulait que l’Amérique soit un pays communiste. » Au début de la conversation, quand je lui ai demandé comment il allait, il m’a répondu : « Tant que ma femme et mes filles tiennent bon, je tiens bon. » Et Jackson ? Il s’est « extradé » de la famille. « Mais je l’aime, et c’est très dur. Mon fils et moi, on avait une bonne relation, j’ai fait voyager ma famille dans le monde entier, le vrai monde, pas ce qu’on voit à la télé. Je voulais qu’ils voient, ressentent et rencontrent les gens du monde et pas qu’ils soient enfermés dans une petite ville, une communauté rurale du Texas. » Il a toujours bien traité Jackson, assure-t-il, il lui donnait 100 dollars quand il lui en demandait 20.

Le 23 janvier, Sarah travaille chez Hooters, une chaîne de bars sportifs où les serveuses portent un mini-short orange et un débardeur blanc. « Une amie est venue me dire : “Sarah, c’est pas ton frère, là ?” On passait les infos parce qu’il n’y avait plus de match. J’ai levé les yeux et c’était Jackson qui parlait. » Sur CNN, il raconte pourquoi il a dénoncé son père : « C’était la chose à faire… » Sarah quitte le boulot en catastrophe, tout comme Peyton, serveuse aussi, au Tricky Fish, et elles rejoignent Nicole à la maison. « On a revu l’interview et on était sous le choc », dit Peyton. Les filles adorent leur père. « Papa est probablement la personne la plus généreuse que je connaisse », assure Sarah. « Jusqu’au sacrifice, approuve Peyton. Il faisait toujours en sorte qu’on se crée des souvenirs mémorables. Et de petites choses, comme construire la piscine, la remplir ou la nettoyer pour qu'on passe un bon été. » La parenthèse enchantée de leur enfance, c'était la Malaisie, où Reffitt a travaillé pendant quatre ans pour une entreprise pétrolière.

Elles datent sa transformation du retour aux États-Unis, en 2015. « Il pensait nous avoir promis une belle vie à l'étranger et avoir échoué », raconte Peyton. Il a commencé à suivre Trump. Sarah imagine qu'il l'aimait bien, comme elle, « parce qu'il est tellement… vrai. Il dit ce qu'il pense ». Pour Peyton, Trump est « une *prima donna*, comme papa. Il fait sa *drama queen* tout le temps ». Reffitt admet que c'était une période « difficile », pas que c'est ce qui l'a poussé vers Trump. « J'avais juste plus de temps pour m'intéresser à la politique. » Et puis : « J'aime Trump. Je pense juste que c'est un très bon dirigeant. J'aime ses politiques. Comme beaucoup, partout dans le pays. Je ne suis pas un cas isolé. C'est comme ça. »

Une anecdote est ressortie pendant le procès : un soir, Reffitt a tiré avec son arme, au sol, à côté de Nicole. Elle jure qu'elle ne s'est pas sentie menacée. « On se disputait et on avait bu. Des *pickle backs*, une bouteille entière de whiskey Jameson avec du jus de cornichon, voilà. » Jackson, lui, se souvient d'une autre fois, plus récente, où Reffitt a pointé une arme sur la tempe de Nicole. L'explication de Guy est différente : « Cette année-là, j'étais en sursis pour conduite en état d'ivresse, je ne pouvais pas boire. Nicole et ses amies s'étaient réunies, j'étais le chauffeur, elles étaient toutes très ivres… J'ai tiré dans le sol, mais pas près d'elle. Et on habitait à la campagne, même pas en banlieue. Le week-end, on tirait des milliers de coups de feu dans notre propriété, les voisins aussi, ce n'était pas rare, ça la sortait immédiatement de l'ébriété. » Jackson était à l'intérieur de la maison, il n'a pas pu voir ce qui se passait, répète-t-il. Et pour l'autre scène ? « Il raconte des choses fausses. »

Après avoir perdu son contrat en Malaisie, Guy a fait ce qu'il a pu. « Il a toujours été doué de ses mains. Il a construit des solariums, des vérandas… Ensuite, il s'est mis à la vente. Juste avant le 6 janvier, il voulait monter une société de sécurité. » La veille de son départ pour D.C., Sarah lui a parlé. « Je connaissais si bien mon père que je pensais qu'il ne ferait rien de mal. » Peyton aussi, mais elle avait « très peur de la foule ». Sur le groupe familial, elle a écrit : « Papa s'il te plaît, fais attention ! Tu sais que tu risques ton entreprise mais aussi ta vie et ce n'est pas quelque chose à balancer comme ça, LOL. » Reffit a répondu : « Je n'en ai aucune intention. Je vous aime TOUS de TOUT mon cœur et mon âme. Je fais ça pour votre pays et pour VOUS TOUS et vos enfants. Que Dieu nous bénisse tous. » Nicole pense que Jackson l'a dénoncé « par méchanceté ».

« Le père le plus débile de l'année »

Peyton ne se sentait peut-être pas menacée, mais elle était angoissée par le spectre de la guerre civile : « L'anxiété de papa déteignait sur moi. Je me réveillais la nuit en me demandant avec qui je serais, en cas de problème. Je pensais à la milice. J'avais des idées apocalyptiques. Je ne suis pas forcément d'accord avec ces gens, mais je pensais que je serais protégée par mon père et eux. Mais dans quelle position ça me mettrait, dans ce scénario fou ? » Nicole présente les III % comme des « boy-scouts » : « Ils avaient des cours de purification d'eau, de premiers secours… et aussi des entraînements sur le tir en mouvement… mais c'était plutôt marrant, préventif. » Un soir de réunion chez eux, elle devait se limiter à la cuisine du brisket, cette joue de bœuf fondante typique du Texas. « Mais ces gens étaient très inorganisés », et elle a fini par la diriger. Il n'a jamais été question que Nicole aille à D.C. le 6 janvier, « au cas où ça tournerait mal », mais elle trouvait important qu'il s'y rende. Elle partage l'idée que « le gouvernement a outrepassé son pouvoir dans plein de domaines, surtout avec le Covid ». Elle pense aussi que les élections étaient « problématiques ». Guy estime qu'il y a eu des « anomalies révélées depuis ». Les filles ne savent pas quoi penser, si ce n'est qu'autour d'elles, au Texas, personne n'a compris que Trump perde.

Et puis il y a eu le raid, et leur vie a basculé. Peyton dormait sur le canapé du salon avec son copain, elle a été réveillée par la lumière des lampes torches à travers la verrière. « Il y avait une file d'agents à la porte, et ils avaient un bélier. Je ne savais pas ce que c'était. » Elle a passé la matinée à rire, « un peu hystérique ». Après l'interview sur CNN, elle a hurlé sur Jackson au téléphone : « Pourquoi tu fais ça à notre famille ? » Jackson est allé vivre à l'hôtel, Nicole était « en deuil de lui », les hommes de la famille avaient disparu. Les 14 mois du procès ont été éprouvants. « Dans les vidéos, papa parlait comme un abruti, je me disais que tous ceux qui ne le connaissaient pas allaient penser ça », raconte

Sarah. Elle vomissait tout le temps. Stephen Colbert, animateur du Late Show sur CBS, a fait un segment sur « le père le plus débile de l'année ». « Et c'était mon père ! J'ai pleuré toute l'année. »

Jackson a témoigné. Dans la salle d'audience, il a fallu passer devant sa mère. « Elle m'a dit : “Tu es tout beau”, parce que j'étais en costume et que ce jour-là, mes cheveux étaient bouclés. » Il n'a pas réussi à regarder son père, même quand on lui a demandé de le désigner. « Papa portait un masque et des grandes lunettes, que je ne l'avais jamais vu porter, des lunettes moches de prison. Elles étaient embuées tant il pleurait, ses yeux étaient agrandis par les verres, comme des yeux de chien battu », se souvient-il. Reffit a plus tard déclaré à des médias d'extrême droite que son fils était « comme un robot » qui répétait ce que le gouvernement lui avait dit. Le 8 mars, il est déclaré coupable d'avoir tenté d'entraver la certification des voix, apporté un Smith & Wesson sur le terrain du Capitole, entravé l'action de la police, entravé la justice en menaçant son fils et sa fille. Le 1er août, il est condamné à sept ans et demi de prison. Nicole s'exprime devant les caméras : « Guy est utilisé comme exemple pour que tous les January Sixers [comme on appelle les prisonniers du 6 janvier] plaident coupable. Ne le faites pas. La lutte ne fait que commencer. » Elle retient ses larmes, inspire et conclut par la phrase de Davy Crockett : « Vous pouvez tous aller en enfer, moi, je vais au Texas. » Sarah déclare : « Présenter mon père comme cette personne horrible, le juger comme ça, alors que quelqu'un va peut-être être réélu ? Ce n'est pas juste. »

Peyton ajoute : « Trump mérite la prison à vie, si mon père va en prison aussi longtemps. »

Guy n'est pas d'accord. « Vous pensez que (l'assaut du Capitole) est à cause de lui, ou à cause de tout ce qui est arrivé dans cette élection et qui a exaspéré les gens, le Covid, les masques, les vaccins, avoir caché un ordinateur portable [d'Hunter Biden, fils de Joe Biden] ? Un seul homme ne dit pas à 200 000 personnes [il n'y en avait pas autant] de faire quelque chose et tout à coup, ils le font. Les conditions étaient là. Et ensuite, ils ont enlevé les barrières, les gens sont arrivés et on les a laissés entrer et les émotions humaines… deviennent incontrôlables et l'esprit de groupe prend le dessus. »

Tout de même, je reprends, il est allé à DC parce que Trump l'y a convoqué par son tweet, c'est à cause de Trump qu'il est en prison. « Vous êtes en train de me dire qu'une personne n'a pas le droit d'organiser un meeting ? » Il s'énerve : « J'ai été invité à un meeting. Pourquoi tout le monde oublie qu'il y avait un meeting ? Tout le monde pense seulement au Capitole… Je ne veux pas être impoli, Claire. Mais tout le monde est allé au Capitole, les gens sont venus de 50 États… parce que, vous savez quoi, on était un petit peu contrariés par tout ce qui s'était passé l'année d'avant. Et donc on n'était pas contents et en 52 ans j'ai toujours entendu dire, si tu as un problème, tu vas en parler sur les marches du Capitole, et c'est exactement là où j'étais. »

Lorsque la sentence tombe, Peyton vient d'être diplômée. Elle passe les mois suivants prostrée, sans travailler. Les amis disparaissent, « ceux qui ne comprenaient pas qu'on ne dise pas : “Mon père est tellement stupide, je le hais, je ne lui parlerai plus jamais.” Ou le fait que je dise que j'avais été blessée que Jackson nous ait menti, que c'était comme si le sol s'était dérobé sous mes pieds, détaille Sarah. Certains disaient : “Il faut que tu comprennes que ton père est dégueulasse.” J'en pleurais ».

Elles l'appellent souvent. Avec Jackson, les rapports sont toujours délicats. Lui dit qu'il les « adore » mais qu'il comprend. Son père l'a appelé, une fois. « Il m'a supplié de dire que j'avais menti au tribunal, de revenir sur tout », raconte-t-il. Guy réfute : « Je ne lui ai rien demandé de retirer du tout. Je lui ai juste demandé de dire la vérité. » Jackson pense que son père n'a fait que se radicaliser en prison. Avec Nicole aussi, c'est dur. Elle s'est installée à Washington et passe sa vie avec Micki Witthoeft, 59 ans, cheveux gris frisés, visage rongé par la douleur de la mort de sa fille, Ashli Babbitt. Nicole et Micki hantent le tribunal Prettyman. Nicole est devenue le soutien des familles du 6 janvier, experte des chefs d'accusation. Elle m'en a expliqué beaucoup. « L'hospitalité des filles du Sud », sourit Jackson. Pendant les procès, elle s'assied avec les épouses, mères, sœurs des accusés. Elle les emmène à la cafétéria, leur passe la main autour de l'épaule lors du verdict. « Je sais comment on se sent, dans ces salles d'audience. Et c'est dur, quand on entend le nom de l'affaire, “*United States vs.* ... son proche”. Micki et elle assistent aussi aux audiences des commissions de la Chambre des représentants. Sur la crise migratoire, ou sur l'ordinateur portable d'Hunter Biden. Tout cela empêche Jackson de se réconcilier avec elle. « Je pensais que cet extrémisme se limiterait à mon père, mais ma mère est vraiment rude maintenant. » Guy pense que Jackson l'a dénoncé à cause d'une professeure « qui enseignait le communisme et le socialisme aux enfants ». Nicole aussi. Elle a toujours été conservatrice. « Mais j'ai lu qu'elle voulait tirer sur les contre-manifestants et menaçait des juges dans son coin du 6 janvier », dit Jackson. Nicole ne l'appelle pas exactement comme ça. Depuis le 1er août 2022, avec Micki et d'autres, elle tient une veillée, chaque soir, qu'il pleuve, qu'il neige ou qu'il vente, devant la prison de Washington, le « goulag de D.C. ». Ils ont baptisé le lieu où ils se rassemblent, avec des portraits des prisonniers et au centre, celui d'Ashil Babbitt, « *freedom corner* », le « coin de la liberté ». Ils appellent les prisonniers au téléphone, branché sur un ampli, qui racontent leur journée et leurs impressions sur l'actualité. Ils prient. En avril, Peyton et Sarah sont là aussi, emmitouflées dans leur doudoune. Chaque soir, les prisonniers chantent l'hymne national. Il a fini par être enregistré et Trump l'a passé dans certains de ses meetings. C'est le « chœur du 6 janvier », des « martyrs ».

Une centaine contre dix mille

Il y en a pour qui c'est une gifle. Comme Daniel Hodges, 36 ans, que l'on a vu en vidéo partout, du sang sortant de la bouche, écrasé par la foule le 6 janvier. Je le retrouve dans un autre café de Washington, cette fois par grand soleil. Il a servi six ans dans la Garde nationale de Virginie, « pour faire quelque chose de plus que juste gagner de l'argent, et en pensant au rôle de l'armée américaine dans le monde : du bon et du mauvais, mais plus de bon ». En 2014, il est entré dans la police de Washington, MPD, pour Metropolitan Police Department. Le 6 janvier, il est envoyé sur Constitution Avenue, devant l'Ellipse. « On a une formation anti-émeutes », explique-t-il. Il fait partie des forces déployées pour les émeutes Black Lives Matter et une Million Maga March. « Je regardais les infos, je connaissais la rhétorique sur la violence, la guerre civile et les mensonges sur l'élection volée, raconte-t-il. Les jours précédents, j'étais inquiet parce que j'avais lu que certains préparaient des actions violentes, et je pensais qu'ils allaient attaquer un commissariat, c'était déjà arrivé. Le sentiment anti-police était énorme en 2020. » Devant l'Ellipse, il remarque ceux qui portent des gilets tactiques et des armes. « Ça, plus ce que j'avais lu, et le fait que beaucoup appartiennent à des milices, ça m'a inquiété », décrit-il. Une équipe en civil tente d'arrêter ceux qui sont armés. À la radio, il entend qu'un engin explosif a été identifié près des sièges des deux partis. « Ensuite, le commandant dit qu'il faut aller en renfort de la police du Capitole. » Ils perdent plusieurs minutes à revêtir leur équipement qu'on leur a dit de ne pas mettre pour ne pas renvoyer une image agressive. Il montre sa progression sur un plan. « On est allés aussi près que possible en van, vers la partie nord-ouest, ensuite on a marché dans la foule. Ils nous traitaient de traîtres, de nazis. Et à mesure qu'on s'approchait, ils ont commencé à nous attaquer. » Lui, le catholique irlandais, il remarque « les images chrétiennes ». Arrivé près de la terrasse ouest, il note qu'on lui a arraché sa radio. « C'était très dense, ils nous ont arrêtés et ils ont commencé à pousser, à nous frapper. Quelqu'un m'a tapé derrière la tête avec un objet en métal et je suis tombé. Un autre est arrivé, il a tenté de prendre ma matraque. » Son masque couvre ses yeux, il est à quatre pattes, seul. « J'ai pensé que j'allais être lynché. » Une partie de son unité est sur la terrasse ouest, lui et d'autres sont encerclés. « Je me relève, je tente de pousser pour que les autres me suivent, je regarde derrière moi et je vois qu'ils sont attaqués. Je repars en arrière et on m'attaque encore. On s'en sort, on avance vers la terrasse ouest. » Il ignore que les manifestants sont entrés dans le Capitole, il rejoint la police qui tente de tenir. « On est peut-être une centaine contre 10 000 personnes ou plus. J'ai espéré qu'ils se contentent du terrain qu'ils avaient gagné. Certains me disaient de me placer du bon côté de l'histoire, d'autres, qu'ils étaient d'anciens militaires qui s'étaient battus pour leur pays. Une idiote a demandé à parler à mon chef. Un homme m'a dit d'enlever mon casque et mon badge, parce qu'il avait payé pour ça. Il a dit : "Tu crois que ces petits tireurs nous font peur ? On va vous rouler dessus." J'ai pensé que même si on utilisait la force létale, ils nous submergeraient. »

La foule finit par renverser les barrières. « Et c'est devenu un champ de bataille. J'ai été poussé contre un mur, et c'est là que quelqu'un a tenté de m'arracher un œil. » Il s'agit de Thomas Webster, condamné à dix ans de prison. Il se relève. « Ils étaient si nombreux, même si j'arrivais à en neutraliser un, il y en avait plein derrière lui. » Les policiers reculent et il se retrouve dans le tunnel du Capitole, étouffé par les gaz. Il met son masque à gaz. Il ne connaît pas le bâtiment, il ne sait pas où est son unité. « Et je suis là, en train de me battre, à les pousser, à essayer de ne pas être poussé, je ne sais pas combien de temps. Mais il y a l'encadrement en métal de cette porte à ma droite et j'essaie de me placer devant, pour ne pas pousser les policiers derrière moi et me stabiliser. Mais à ce moment-là, ils se sont mis à pousser plus fort. Donc je suis écrasé là, mes bras sont coincés, je n'ai aucune force, je suis complètement vulnérable. Et ils se mettent à chanter : "Oh hisse !" et à m'écraser contre la porte. Patrick McCaughey III [condamné à sept ans et demi] qui a un bouclier de la police me bloque et Steven Capuccio [*idem*] attrape mon masque et me frappe le visage avec, il vole ma matraque et me frappe la tête avec. À ce stade, je ressens les effets combinés de l'écrasement, des gaz, des coups à la tête et je crains de tomber et de devenir un poids pour mes collègues ou d'être traîné dans la foule et d'être démembré. Alors j'ai appelé à l'aide. » Il finit par se dégager et remonte sur la terrasse. Il est ensuite déployé en ville, avec la bouche en sang, une contusion à la tête et une main enflée, jusqu'à « 1 ou 2 heures du matin ».

Hodges s'estime chanceux. L'un de ses sergents a été amputé d'un doigt, écrasé, qu'il avait réparé avec du scotch pour continuer à se battre. Au moins 140 policiers ont été blessés, l'un est mort d'une crise cardiaque le lendemain, quatre se sont suicidés les jours suivants. Hodges a peiné à comprendre : « Le groupe censé aimer la police, ces gens avec des drapeaux Blue Lives Matter ["Les vies des policiers comptent"], qui nous attaquaient et nous traitaient de traîtres. Je pensais que ça permettrait de dégager Trump du parti républicain. Mais Kevin McCarthy est allé prendre ses ordres de lui en Floride. McConnell a dit que Trump était coupable, et puis il n'a pas voulu voter pour le condamner à la destitution. Et voilà où on en est. » La police, d'ailleurs, est toujours pro-Trump, y compris un homme de son équipe, qui était avec lui le 6 janvier. Le jour où il a témoigné devant la commission d'enquête, quand il est rentré au commissariat, un autre lui a demandé : « Tu penses vraiment que ce sont les partisans de Trump qui ont fait ça ? » Le 6 septembre, l'Ordre fraternel de la police, le plus gros syndicat, a adoubé Trump, comme en 2016 et en 2020.

Aujourd'hui, Nicole, Sarah et Peyton hésitent à blâmer Trump seul. Peut-être parce que depuis peu, il parle de « gracier les prisonniers politiques » s'il gagne. Il a appelé Nicole. « Il m'a dit qu'il constituerait une équipe qui examinerait chaque cas », raconte-t-elle. Sarah votera probablement pour lui, pour qu'il « aide » son père. Peyton ne peut pas : « Ça fait trop chier, il aurait infligé tout ça à ma famille et ensuite il redevient président et il se pose en héros, en les graciant ? » Le 1er juillet, la Cour suprême a décidé que le président jouissait de l'immunité totale pour les actes officiels, ce qui a repoussé son procès lié au 6 janvier. Elle a aussi décidé que l'entrave à une procédure légale, dont Guy Reffitt a été le premier à être accusé, ne s'appliquait pas aux accusés du 6 janvier. De nouvelles sentences vont être prononcées.

Le premier cas, Thomas Robertson, a vu sa sentence réduite de 87 à 72 mois. Guy Reffitt y croit : « Je ne vois pas comment ils ne me donneraient pas une peine plus légère. » Il espère la grâce promise par Trump aussi : « J'oserais dire que c'est ce qui arriverait. »

Jackson, qui a voté pour Bernie Sanders en 2020, redoute la réélection de Trump. La perspective d'une grâce présidentielle le « terrifie ». « Ça conforterait ces gens dans leurs idées. C'est un précédent terrible. » En 2020, Trump a gracié quatre employés de la société de sécurité Blackwater impliqués dans des meurtres d'Irakiens en 2007. « Là ce serait pire, pour moi, parce que c'est personnel, admet Jackson. Chaque jour, je reçois des messages qui me conseillent de bien surveiller mes arrières, ou de me suicider. » Trump a fait de sa réélection, pour beaucoup, une question existentielle.

13

La guerre de Sécession

Brady, Texas.

C'est un rectangle de métal noir, criblé de petits trous blancs, planté sur la terre en bas d'un talus. Mon bras gauche, à l'horizontale, est engourdi par le poids, ma main droite est crispée sur la poignée, à une soixantaine de mètres. La joue couchée sur la crosse, je tente en vain de positionner la croix du viseur sur la cible et de replacer mon poids sur la jambe avant. Je pose l'index sur la gâchette, et le coup part. « Premier tir, dans le mille ! salue Wes Virdell. Tu veux recommencer ? » Absolument pas. Je vais avoir des courbatures pendant une semaine. Il faudra qu'on m'explique comment un adolescent peut tenir ce genre d'arme, un fusil semi-automatique AR-15, pendant une demi-heure pour commettre un massacre, comme souvent dans ce pays. L'entraînement ? L'adrénaline ? Le cocktail de drogues et de médicaments auquel la jeunesse est accro ? Les trois ? Wes Virdell, en tout cas, prend son rôle d'instructeur très au sérieux. En 2021, il a milité au capitole d'Austin pour la loi sur le port d'armes visibles, passée en septembre. Il a ensuite pris la tête de la branche texane de Gun Owners of America, des défenseurs des armes. Il est une célébrité locale.

Texas First

Il m'emmène, avec le photographe, dans un restaurant de cow-boys, où l'on mange de la viande bien cuite sur des tables en bois, dans les champs, au milieu de nulle part, sous un silo à grains et entre les photos de famille des Jacoby, qui possèdent le ranch. « Ça me fait marrer quand les cow-boys portent des bottes, dans les films. Les vrais, ceux qui bossent dans la terre, ils sont en baskets », dit Virdell. Les clients le saluent : Virdell, barbe grise et visage poupin, 43 ans, vient de gagner sa primaire républicaine. Il vise la Chambre des représentants du Texas, le 5 novembre. Jason Jacoby, le patron, chapeau blanc et bretelles sur sa chemise à carreaux, vient s'asseoir et Virdell attaque : « Tu penses que le gouvernement fédéral honore la Constitution ? » Jacoby : « Nan. » Virdell : « Et il ne le fera jamais. » Le nord de l'État a été dévasté par un ouragan, les bêtes se sont échappées, mais « on est prêt à envoyer 300 millions en Ukraine ». Puis : « J'ai une autre question : inflation énorme. Mais le prix des matières premières, lui, il a doublé ? » Jacoby : « Nan, il a baissé. Surtout le maïs. » Là où veut en venir Virdell, c'est que faire partie des États-Unis nuit au Texas. Cet ancien de l'armée de l'air, dans les missiles balistiques intercontinentaux, a repris l'entreprise familiale de transport routier et le garage à Brady, ville qui se vante d'être située exactement au centre de l'État. D'un côté de la route, c'est l'ouest du Texas, de l'autre, Hill Country, montre-t-il ensuite, balayant le paysage de la main de son pick-up. Il a posé à ses pieds le revolver qu'il avait à la ceinture, pour conduire, et a mis l'AR-15 par terre, à l'arrière.

Virdell est aussi signataire de la promesse Texas First, le Texas en premier, comme des dizaines de candidats républicains. Il s'engage à pousser, s'il gagne, un référendum sur la sécession du Texas : le Texit. « Je veux un gouvernement réduit qui laisse les gens vivre leur vie, sans leur dire quoi faire et comment », explique-t-il. Washington abuse de son pouvoir. Virdell hait les impôts, le Département de l'Énergie, de l'Éducation, les mouchards sur les camions et toute limite au port d'armes. « Pendant le débat sur la Constitution à la convention de Philadelphie en 1787, certains n'ont rejoint l'Union que parce qu'on leur a confirmé qu'ils pouvaient la quitter s'ils le voulaient », affirme-t-il. Il sait que l'indépendance du Texas est peu probable, mais il la soutiendrait si elle se faisait « pacifiquement, proprement ». Et en parler « montre au gouvernement fédéral qu'on n'est pas content qu'il ne respecte pas son contrat ». Le Texit est un mot-valise formé sur le modèle du Brexit. L'idée est portée par le Texas Nationalist Movement (TNM), 623 069 adhérents dans un État de 30 millions d'habitants. Son fondateur, Daniel Miller, œuvre depuis dix-huit ans et a écrit un livre fouillé, qui prévient toutes les objections. Le Brexit lui a donné de l'espoir, non pas parce que, de même que beaucoup d'Américains, il voit l'Union européenne comme un pays, mais parce qu'il voit les États-Unis comme une alliance. « Les pères fondateurs avaient en tête une union politique, économique, un accord de défense mutuelle et une convention postale. Mais après la guerre de Sécession, il y a eu cet élan romantique, qui a poussé l'idée d'une nation unique. Et on a vu grossir un super État fédéral, qui a fait intrusion dans la vie quotidienne de chacun, quel que soit son État. Je pense que c'est ce que ressentent les eurosceptiques vis-à-vis de Bruxelles. »

Or, son but semble approcher. Le 7 juin, à l'issue de la convention du parti républicain, à San Antonio, la branche du Texas a approuvé le principe de la demande d'un référendum lors de la prochaine session législative. C'est un changement notable par rapport à la précédente direction du parti républicain texan, qui avait annulé une pétition, au motif que beaucoup de signatures étaient électroniques. Les étapes pour faire parvenir un tel référendum au public impliquent le passage d'un projet de loi devant une commission et des votes à la Chambre et au Sénat. Elles sont loin d'être gagnées. De toute façon, selon un sondage de février de Newsweek, 67 % des Texans voteraient pour rester. Daniel Miller en cite un autre, Survey USA, selon lequel 66 % des Texans voudraient « texiter ».

Un pays souverain

Il est aidé par une actualité : l'immigration. Greg Abbott est en plein bras de fer avec le gouvernement fédéral à Eagle Pass. Le Texas tente aussi de faire passer une loi qui lui permettrait de gérer directement l'immigration. « L'existence même de cette loi prouve que le gouvernement fédéral ne gère pas bien l'immigration. Et le fait qu'elle soit contestée devant les tribunaux est une preuve supplémentaire, soutient Miller. L'immigration est le premier sujet d'inquiétude des Texans. Nous voulons une frontière étanche avec le Mexique, quelque chose qu'on a toujours défendu depuis notre indépendance par rapport à lui. Et nous voulons une politique d'immigration sensée. Le gouvernement fédéral échoue sur les deux points. » Mais il refuse de considérer l'immigration comme le facteur majeur du Texit. Pour lui, le Texit est à l'œuvre depuis longtemps, et le Texas a déjà presque toutes les caractéristiques d'un pays souverain : « Il existe dans notre gouvernement un homologue de chaque département fédéral. Nous avons des mécanismes de taxation. Nous sommes plus près d'avoir notre propre monnaie que ce qu'on pense. » Ce serait une monnaie électronique, adossée au fonds souverain de l'État. Le Texas se considère comme un « État donateur », qui paie plus à Washington en impôts que ce qu'il reçoit. C'est un argument central de Miller.

Le seul domaine dans lequel le Texas partirait de zéro, ce serait les relations diplomatiques. Et Abbott vient de se rendre à Londres et en Inde. Dans l'émission *60 minutes*, à Shelby Park, une journaliste lui a demandé : « Je n'arrive pas à croire, gouverneur, que je vais vous poser cette question, mais je vais vous demander : croyez-vous que le Texas a le droit de faire sécession ? C'est de ça qu'on parle, là (avec le déploiement de la garde nationale texane qui bloque l'accès à la patrouille frontalière fédérale) ? » Abbott a botté en touche : « Ce sont des arguments fallacieux. Ce que le Texas et les États-Unis ont le droit de faire, c'est d'appliquer la loi. » Il aurait pu citer l'arrêt *Texas vs. White*, de 1869, par lequel la Cour suprême a tranché que le Texas n'en avait pas le droit. Il ne l'a pas fait.

Joshua Blank, directeur de recherche au Texas Politics Project de l'université du Texas, à Austin, a une explication : le parti était en pleines primaires et Abbott ne voulait pas s'aliéner les plus radicaux, qui votent. Peu de choses exaspèrent autant les politologues du Texas que le Texit, qui a fait la couverture de *Newsweek*. Il le résume ainsi : « Le Texas est en plein conflit potentiel avec le gouvernement fédéral. Tant qu'il y a un démocrate à la Maison-Blanche, il se voit comme à l'avant-garde de la résistance des États à toute politique perçue comme un abus de pouvoir fédéral, de la mauvaise gestion, etc. » Les sécessionnistes texans ont toujours existé, ils étaient présents dans le Tea Party, qui a précédé le trumpisme. La crise à la frontière leur donne de l'oxygène.

Un passeport pour l'Oklahoma

Blank souligne les difficultés concrètes : le remplacement du budget pour l'éducation, les normes de sécurité environnementales et… la gestion de la frontière. « Si le Texas devenait un pays, il ne pourrait maintenir l'idée d'un gouvernement texan limité. Il augmenterait énormément les impôts pour remplacer l'argent fédéral et ses agents. » Et il reste un détail : l'accord de Washington.

« Ils partent du principe que les États-Unis laisseraient le Texas faire sécession pacifiquement, dans des termes qui lui seraient favorables pour le commerce, la monnaie, la circulation des gens et des biens. Or le fameux climat favorable aux affaires du Texas disparaîtrait parce que les entreprises américaines qui y sont basées déplaceraient leur siège aux États-Unis. » L'ironie est que les « Texiteurs » sont républicains. « Le patriotisme joue un rôle central dans le conservatisme donc la contradiction est évidente avec la trahison que constitue la séparation d'avec les États-Unis », dit-il. Il blâme un « désenchantement blanc dans un État en plein changement » et des promesses irréalistes. « Beaucoup diraient : “En fait non”, si on leur disait que leur entreprise s'en va et qu'ils vont perdre leur emploi. » Ou qu'il leur faudra un passeport pour aller voir leur famille dans l'Oklahoma. Dans le sondage Survey USA, la proportion des favorables baisse dès qu'on évoque la possibilité d'un coût quelconque, ou de violences. Ceux que l'on interroge balaient cette perspective. Que pèseraient les armes du Texas face à l'armée américaine ? « On n'en arrivera jamais là », répond Virdell. « On martèle depuis des décennies que la sécession équivaut à la guerre civile, dit Miller. Le gouvernement fédéral a fait un travail phénoménal de propagande, alors que des indépendances se produisent tout le temps. » Mais à la sortie du film *Civil War*, d'Alex Garland, jugé irréaliste par beaucoup parce que le Texas s'allie à la Californie honnie (démocrate) pour faire sécession, Miller a sorti un podcast d'une heure. Il estime le scénario « 100 % crédible », si ces États réagissent à un acte anticonstitutionnel de

Washington. « La rhétorique de la guerre civile est de plus en plus présente, constate James Henson, collègue de Blank. Elle dérive de la polarisation idéologique extrême entre les deux partis. Dans nos études, les sentiments négatifs à l'égard de l'autre sont plus intenses que les sentiments positifs à son égard. La violence politique est dans l'air et on le voit dans le langage des gens et, parfois, leur comportement. »

Souvenez-vous de l'Alamo !

Un mercredi matin, à Yoakum, 7 400 habitants, Miller s'adresse aux femmes républicaines du coin. On chante l'hymne national, main sur le cœur, puis celui du Texas, sous les deux drapeaux, à côté d'un buffet de salade de pommes de terre, poulet et cookies. La réception est enthousiaste. A.J. Louderback, ancien shérif, coiffé d'un chapeau de cow-boy, qui se présente à la chambre locale, appuie : « Si les circonstances s'y prêtent, ce que M. Miller a toujours dit est tout à fait possible. Il y a un tas de gens dans notre État qui sont très inquiets de l'état des État-Unis et du Texas. » Mark Meyers, ancien juge du comté, approuve : « Le gouvernement fédéral ne représente plus le peuple du Texas. Les États-Unis ont tout fait pour détruire le Texas en ouvrant la frontière sud, ils laissent entrer des millions de migrants, des criminels qui apportent des maladies. » Pour James Henson, le Texit est surtout « un indicateur de là où se trouve le centre de gravité du parti républicain ». Il développe : « Ceux qui sont forcés à un second tour ou perdent aux primaires sont de centre droit. Et les représentants du Texas au Congrès sont bien plus conservateurs qu'il y a vingt ans. » Abbott sait qu'il a plus de chances d'être attaqué par la droite, donc il courtise l'extrême droite du parti. Henson rappelle l'opération Jade Helm 15, en 2014, un entraînement de l'armée américaine au Texas. Les théories complotistes ont fleuri : la loi martiale allait être appliquée, l'armée allait envahir le Texas, saisir les armes. Abbott a joué le jeu, et ordonné à la Garde du Texas de surveiller l'opération pour protéger la souveraineté de l'État.

Deux jours plus tard, le parti républicain du comté de Bexar, où se trouve San Antonio, tient une réunion. Il y a une tombola où l'on peut gagner des armes et des munitions, du coleslaw et du brisket. Les candidats se succèdent au micro. « Ceux qui ont été massacrés à l'Alamo ne se sont pas battus pour que le Texas ressemble à ça ! Ils ne se sont pas battus pour qu'on ait une frontière ouverte ! Ils se sont battus pour une Constitution, pour la liberté ! Et avec Ben Mostyn à Austin, on va faire respecter la Constitution et repousser les clandestins et la criminalité qui vient par la frontière ! Nous allons reprendre l'Alamo ! » Le public crie : « Souvenez-vous de l'Alamo ! » En 1836, lors de la révolution du Texas, 260 Texians (Anglo-Américains du Texas mexicain) et volontaires, comme Davy Crockett, ont été défaits par l'armée mexicaine lors d'une bataille, en fait largement symbolique, pour une mission catholique, le Fort Alamo.

« On est l'Arabie saoudite de l'Ouest »

Fameux sujet de western, la petite église vide que l'on visite à San Antonio est le symbole de la résistance texane. Mostyn, ancien militaire aussi, explique : « Reprendre l'Alamo, ça veut dire reprendre les valeurs conservatrices du Texas. Notre État est différent des autres. En partie parce qu'on est la première et la seule république. Ici, on grandit avec des valeurs. On dit : « Oui M'dame », « Oui M'sieur. » Il y a des endroits où les enfants dirigent leurs profs ou leurs parents, c'est l'agenda de gauche, qui soutient l'idée du changement de genre. On a permis ça dans l'éducation, la société, et la criminalité grimpe et la société se dégrade. On ne peut pas permettre ça au Texas. » Lui aussi a signé la promesse de Texas First. « Je ne vois pas de bénéfice à un départ du Texas des États-Unis, admet-il. Et j'ai prêté serment à ce pays. "Unis nous tenons, divisés nous tombons", tout ça… Mais le truc, c'est que le Texas a été la république du Texas. » Lui aussi, il y voit surtout un moyen de pression sur Washington. Cette prise de position l'expose pourtant à des attaques faciles en novembre. N'est-ce pas un risque ? « Si. Je l'ai pris pour deux raisons : ça me donne accès à une base de conservateurs et de vrais Texans. Et, que ça me plaise ou non, le Texas a rejoint les États-Unis sous réserve. C'est dans l'article 5. »

Parmi la centaine de participants, les avis sont partagés. Susan Solchar hoche la tête : « On reçoit de l'argent fédéral comme tous les autres États. Si on coupe ces aides, on n'aura plus de sécurité sociale, c'est infaisable, tout fermera. On en parle depuis toujours, je peux vous le dire, j'ai 80 ans. » Jack Prescott hésite : « Se priver de l'argent fédéral, c'est pas rien… Mais si on était notre propre pays et qu'on avait nos propres frontières, peut-être que le Texas arriverait à survivre, pour nos autoroutes, l'armée… » Steve Marasovich est « complètement pour » : « À cause de la frontière. Et les États-Unis s'endettent de 10 milliards par jour, on en prendrait peut-être une partie mais au moins, qu'on ne contribue pas à creuser la dette. » Il reconnaît que si Trump est réélu, la fièvre autour du Texit « sera moins forte ». « Je me fiche des tweets méchants, je me fiche de tout. Je l'aime. Ce mec est un génie… On a le tourisme, on a les ports, on a l'énergie… Qu'ils aillent se faire foutre. On est l'Arabie saoudite de l'Ouest. » Le PIB (2 636 milliards de dollars en 2023), les 5,9 millions de barils par jour, qui représentent 42 % de la production nationale, tout ça lui fait penser que le Texas n'a besoin de personne.

Cet État a été une république de 1836 à 1845, entre son indépendance avec le Mexique et son annexion par les États-Unis. Walter Buenger, historien, dissipe la légende : « La meilleure métaphore de l'histoire du Texas se trouve sur l'Alamo. Vous savez, le fronton à fioritures ? Il n'existait pas en 1836. Il n'y avait pas de toit. Il a été ajouté en 1900. » La mythologie du Fort Alamo, selon lui, a été inventée par les élites anglophones pour justifier leur domination sur les Mexicains, qui immigraient en masse. « C'est un stéréotype, le pionnier américain viril qui conquiert l'Ouest, notre civilisation, les belles femmes… C'était aussi une façon de justifier le statut des riches, qui méritaient de l'être parce qu'ils avaient créé le Texas. » Selon lui, l'idée que la république du Texas ait réussi est « de la foutaise ». « La plupart des Texans anglophones désiraient rejoindre les États-Unis, qui ont refusé, en 1836. Parce qu'il y avait une présidentielle et que le Texas voulait garder l'esclavage. Livrés à eux-mêmes, ils ont lamentablement échoué. Ils n'arrivaient pas à lever d'impôts, à commercer avec l'Europe parce qu'ils défendaient ouvertement l'esclavage. L'article 9 de la Constitution du Texas est le plaidoyer le plus clair pour l'esclavage que j'aie jamais vu. » En 1845, le Texas est annexé. En 1861, il rejoint les États confédérés et ressuscite l'idée qu'il a toujours eu le droit de faire sécession.

« La sécession est déjà en train de se produire »

Le TNM compte des groupes locaux qui se rassemblent chaque mois. Un après-midi, à l'arrière d'un autre restaurant de viande, à New Braunfels, ils sont six en comptant l'animatrice, Katherine Garcia. « C'est parce qu'on a oublié d'envoyer l'invitation sur Facebook », précise-t-elle. Ils regardent la dernière vidéo de Miller sur YouTube, qui explique « le nom du mouvement nationaliste texan, l'exact opposé du globalisme ». « Les globalistes ouvrent nos frontières, poursuit Garcia. Ça ouvre les yeux de beaucoup de gens sur le fait qu'il faut agir vite contre la mauvaise politique fédérale qui fragilise le Texas. » Kenneth Casper développe : « Pour l'instant, on est obligés d'attaquer le gouvernement fédéral en justice pour tout. Et toutes les agences à trois lettres. Il faut quitter le club pour se débarrasser de la patrouille frontalière (CBP), mais aussi du FBI, de la DEA (lutte contre le trafic de drogue), de l'IRS (le fisc)… » Il est sûr « à 100 % » qu'il verra le Texit de son vivant. « D'après le plus grand expert du monde, ça va arriver dans les dix ans », assure Garcia. L'expert en question est Matt Qvortrup, professeur de sciences politiques à l'université Coventry, spécialiste du référendum, de la politique européenne et l'un des rares qui a prédit le Brexit. Et il ne dit pas vraiment ça, même s'il est l'idole des texiteurs parce qu'il a signé un ouvrage détaillant les étapes de la création d'un pays. Il n'a aucune certitude sur le Texit. « La Norvège est devenue indépendante il y a moins de cent ans, l'Islande, Malte… des pays peuvent s'établir », admet-il. Il souligne les difficultés, comme l'arrêt *Texas v. White*. « Mais il y a eu 300 cas à la Cour suprême en deux cents ans et elle en annule en moyenne un par an, nuance-t-il. Même s'ils ne sont que 32 % favorables au Texit, en Écosse, en 2011, 29 % étaient pour l'indépendance, cinq ans avant le référendum. Rien que ça, c'est assez révolutionnaire. » Qvortrup reconnaît que si certains signataires de la promesse sont élus, la probabilité augmente. « Le simple fait que certains s'opposent ouvertement à la position constitutionnelle actuelle des États-Unis signifie deux choses : ils sont prêts à ignorer la loi fédérale, ce qui n'est pas très républicain. Et le parti républicain du Texas est maintenant légèrement pro-Texit. Il est étonnant que tant de républicains soient prêts à y songer ou à mettre leur nom sous ce genre d'initiative. Ça ne veut pas dire que ça va arriver maintenant, mais il va y avoir un moment critique dans quatre ou cinq ans, si ce mouvement se maintient. »

Le *Dallas Morning News*, à la veille de la primaire républicaine, implorait les Texans de voter car s'abstenir favoriserait des candidats extrêmes, dont ceux qui avaient signé la promesse. « Une fois que vous créez un monstre, il prend vie, acquiesce Qvortrup. Des conservateurs anglais alimentaient celui du Brexit et soudain, ils ne le contrôlaient plus. Boris Johnson n'était pas très pro-Brexit, mais à un moment, les brexiteurs lui ont forcé la main. » Francis Buckley, de l'école de droit Antonin Scalia, conservatrice, prédit l'inverse : « Ce qui va se passer, avec l'élection de Trump, c'est un Calexit. » Ce mouvement qui rêve de la sécession de la Californie existe depuis 2016. « On est si divisés que c'est étonnant qu'il n'y ait pas plus de soutien pour la sécession. Dans les États pro-Trump, comme l'Alabama, les démocrates sont une espèce en voie de disparition. Pareil pour les partisans de Trump en Californie ou à New York. En fait, la sécession est déjà en train de se produire. » En cas de victoire démocrate, il pense que le désir de sécession ne se limiterait pas au Texas. « Ce serait tout le Sud confédéré. » En juillet 2024, Joe Biden a annoncé qu'il se retirait de la course à la présidentielle, au profit de sa vice-présidente, Kamala Harris. Daniel Miller, depuis, multiplie les interviews dans lesquelles il assure que la victoire d'une candidate favorable aux énergies renouvelables et associée par les républicains à la crise migratoire ne ferait que pousser davantage de Texans vers le Texit.

14

Le procès de Donald Trump

New York, État de New York.

Sur la table en bois « qui avait l'air très lourde, peut-être en acajou », trônait une grande composition florale « avec une lumière au-dessus et c'était très, très beau ». « Cette chambre d'hôtel faisait trois fois la taille de mon appartement », décrit Stormy Daniels. Cela faisait deux heures que Donald Trump l'interrogeait sur le milieu du porno (Est-ce qu'il y avait des syndicats ? Comment les acteurs étaient-ils payés ? Est-ce qu'ils étaient testés ?) et elle avait faim, il lui avait promis un dîner. Elle rêvait d'un steak, au restaurant, en bas. Surtout, il n'arrêtait pas de lui couper la parole, pour parler de lui. Trump a fini par sortir un magazine, qui avait mis sa photo en Une. « J'ai dit : "Vous êtes toujours aussi grossier, arrogant et pompeux ? Vous êtes incapable de tenir une discussion… Quelqu'un devrait vous fesser avec ça. C'est le seul intérêt que je vois à ce magazine. Sinon, je m'en vais"… Il l'a roulé et il me l'a donné, l'air de me mettre au défi. Je l'ai pris, je lui ai dit : "Tournez-vous." Et je l'ai frappé. » « Où ça ? » demande la procureure,

Susan Hoffinger. « Sur les fesses. » En juillet 2006, lors d'un tournoi de golf de célébrités à Lake Tahoe (Utah), Stormy Daniels, star du porno de 27 ans, a fessé, avec un magazine sur lequel il figurait en couverture, Donald Trump, 60 ans, futur 45e président des États-Unis. « Connerie… » souffle-t-il. Le juge prévient son avocat, Todd Blanche : « Il pourrait intimider le témoin, le jury le voit. Je ne le tolérerai pas. »

Le premier président américain poursuivi au pénal

Stephanie Clifford, dite Stormy Daniels, porte des lunettes qu'elle pose parfois sur son crâne, des mèches blondes devant, noires et relevées dans une pince derrière, une robe noire sobre avec des volants sur les épaules. Tout cela couvre « Thunder » et « Lightning », surnoms des seins qu'elle s'est offerts à 24 ans, quand elle a constaté que les filles de son club de strip-tease qui avaient investi dans des implants gagnaient plus qu'elle. En ce premier jour de témoignage, elle parle trop et trop vite. Le juge Juan Merchan, puis Susan Hoffinger lui demandent de ralentir pour la greffière. Chaque matin, au 15e étage du tribunal pénal de Manhattan, Donald Trump s'assied, mains sur la table, la gauche posée sur la droite. Pour les photographes, il se penche, fronce les sourcils. Pendant quelques secondes, il fait campagne, lui qui est bloqué dans ce bâtiment Art déco défraîchi et hérissé d'échafaudages, glacial quand il fait froid, irrespirable quand il fait chaud. Puis il se cale dans le fauteuil, la tête en arrière, les yeux presque toujours clos. Impossible de savoir s'il dort, « repose [ses] beaux yeux bleus », comme il l'a écrit sur Truth Social, ou s'extrait de la situation, lui, le premier président américain de l'histoire à être poursuivi au pénal.

Pendant sept semaines, je me suis levée entre 4 et 5 heures du matin pour avoir une place dans le tribunal, avec une centaine de journalistes et membres du public, dans une salle d'audience, devant trois écrans. Ils retransmettent le procès de la salle 1 530, à côté, en circuit fermé. Je n'avais aucune intention de le couvrir. Après des mois de procès liés à l'assaut du Capitole, les audiences de la commission d'enquête sur le sujet et la mise en inculpation de Donald Trump pour ses tentatives d'inverser les résultats de l'élection de 2020, s'il y en avait un qui m'intéressait, c'était son procès du 6 janvier, à Washington. Les avocats de Trump ont invoqué son « immunité absolue », ce qui l'a retardé. Celui de Géorgie (pour avoir tenté d'y inverser les résultats de l'élection de 2020) a été reporté parce que la procureure générale Fani Willis a eu une liaison avec son procureur spécial. Celui pour les documents classifiés a été repoussé aux calendes grecques par la juge Aileen Cannon. Bref, l'avalanche de procès s'est réduite à un seul avant l'élection : celui qu'on appelle, à tort, « le procès des pots-de-vin ». Et il se révèle passionnant.

« Pas ma tasse de thé »

D'abord, il y a la sélection du jury. Il faut trouver 18 personnes qui n'aient pas d'opinion tranchée sur Donald Trump. Pour condamner, le jury doit parvenir à un verdict à l'unanimité. Il suffit d'un membre pour le bloquer et annuler le procès. La défense cherche donc cette personne. Pour l'accusation, c'est plus simple : Manhattan, où se tient le procès et d'où les jurés sont issus, a voté à 86,4 % pour Joe Biden, à 12,2 % pour Donald Trump. Les jurés potentiels sont interrogés sur leurs sources d'information (plutôt *New York Times*, considéré comme étant de gauche, ou *Wall Street Journal*, vu comme étant de droite ? Plutôt MSNBC ou Fox News ?) ou leur appartenance à des groupes d'extrême droite (comme les Proud Boys) ou d'extrême gauche (Antifa). La question 34 est la plus intéressante : « Avez-vous une opinion tranchée… sur l'ancien président Donald Trump, ou sur le fait qu'il soit actuellement candidat à la présidentielle, qui entraverait votre capacité à être un juré juste et impartial ? » Le juge Merchan a décidé, pour accélérer la procédure, que ceux qui le souhaitaient pouvaient quitter la salle s'ils ne pensaient pas pouvoir être impartiaux. Pourtant, à l'étape d'après, beaucoup s'en disent incapables. À se demander s'ils ne sont pas restés pour le balancer devant Trump. « Bien sûr que je connais le président Trump, je suis une femme. Je sais que certains disent qu'il ne traite pas bien les femmes, ce genre de choses », dit l'une. Une autre lance : « Il a l'air très égoïste et égocentrique. Je n'aime pas ça du tout, chez un fonctionnaire. Son intégrité, la façon dont il se comporte en public… ce n'est pas ma tasse de thé. » Susan Necheles, avocate de Trump : « À vous entendre, ce que vous dites, c'est que vous ne l'aimez pas. » La femme : « Voilà. » Les réseaux sociaux des jurés potentiels ont été passés au peigne fin. En 2017, un homme a écrit sur Facebook : « Super nouvelle ! Trump a perdu sa bataille juridique et son *travel ban* illégal ! Prenez-le et jetez-le en taule ! » Le rapport des New-Yorkais à l'ancienne star de téléréalité et magnat de l'immobilier est ambigu. « *Oh boy*… Disons que je suis new-yorkais », répond un homme noir, façon de rappeler que l'ex-président est une figure de la ville. Cet ancien gardien de prison confie qu'il « admire l'autorité » que Trump « dégage quand il entre dans une pièce ». Dans le square face au tribunal, Kara McGee, numéro 377 du premier groupe de 96 jurés potentiels, regrette de ne pas avoir été retenue : « C'était dingue. C'est l'histoire qui s'écrit sous nos yeux. » Elle a 29 ans et travaille dans la cybersécurité. Il lui aurait été « très difficile » de déserter son poste six à huit semaines d'affilée : « Être aussi proche d'un ancien président, quelqu'un qui a tant été dans les médias, un personnage public… J'aurais vraiment aimé rester. » Elle assure qu'elle aurait été impartiale. « Tout le monde dans la pièce avait une opinion. Mais il faut essayer de tout évacuer et de défendre la démocratie, parce que, quoi qu'on pense de Donald Trump, le droit à un procès équitable est vraiment important », dit-elle. McGee était abonnée à des newsletters et à des groupes anti-Trump sur les réseaux sociaux. Peut-être pensait-elle pouvoir être neutre, mais c'est le genre de profil que l'accusation traque, pour ne pas risquer d'annulation après le verdict.

Un homme âgé en sous-vêtements

Ensuite, ce n'est pas qu'une histoire lubrique. Pendant six semaines, l'accusation alterne témoignages croustillants et pièces comptables à assommer un insomniaque. Après la funeste fessée, la conversation a repris. « Généralement, les gens veulent connaître les détails salaces ; lui, il voulait savoir si je touchais des *royalties* », raconte Stormy Daniels. Trump salue la gestion de sa carrière, lui propose de l'inviter dans *The Apprentice*. Il dit qu'elle lui rappelle sa fille, « belle et intelligente ». C'est pour ça que quand elle sort des toilettes et le trouve posé sur le lit, en caleçon et tee-shirt, lui qui était habillé et dans la salle à manger juste avant, elle se fige et se demande : « Comment ai-je pu aussi mal lire la situation ? » Dans la salle d'audience, des éclats de rire masculins résonnent dans le public. Les femmes ont les sourcils froncés, parfois la main sur la bouche. Et l'on pense aux débats dans le jury, entre ceux qui diront qu'elle savait où elle mettait les pieds et celles qui répondront qu'on « se met parfois » dans des situations qu'on pense, à tort, inextricables. « J'imaginais que c'était ce que tu voulais, si tu voulais sortir de ta caravane… », lance Trump. Un coup de poignard pour Daniels, qui n'a pas grandi dans une caravane, mais presque, avec une mère absente qui laissait la crasse s'installer au point que des cafards vivaient dans son support de brosse à dents, comme elle le raconte dans son livre. La défense bondit : « Objection ! »

Le contre-interrogatoire est sanglant et tente de réduire Stormy Daniels à sa condition de star du porno. « Vous avez joué et eu des relations sexuelles dans plus de 200 films pour adultes ? » demande Susan Necheles, avocate de Trump. Daniels : « Environ 150. » Necheles : « Et il y avait des hommes et des femmes nus, qui couchaient ensemble, dont vous-même ? Mais voir un homme en caleçon et tee-shirt sur un lit était tellement choquant que vous avez eu la tête qui tournait ? » Daniels : « Je suis sortie de la salle de bains et j'ai vu un homme âgé en sous-vêtements, que je ne m'attendais pas à voir là. » Même si Necheles l'accuse de « tout inventer », ce témoignage place Trump dans un milieu qui bafoue toutes les valeurs de ceux qui se réclament de lui.

Ingérence électorale

Dix ans plus tard, à la veille de l'élection présidentielle de 2016, Michael Cohen, avocat de Trump, a payé Daniels 130 000 dollars pour qu'elle se taise. Il a été remboursé, en 2017, par des chèques entrés comme « frais juridiques » dans la comptabilité de la Trump Organization. Trump est donc visé par 34 chefs d'accusation de falsification de comptes. Selon la loi de New York, ce délit devient un crime s'il vise à en commettre un, ici, cacher ce rapport sexuel aux votants, une ingérence électorale au niveau fédéral. En 2016, Donald Trump l'a emporté sur Hillary Clinton avec une marge inférieure à 1 % dans les États clés, et 78 000 voix. Peut-être le silence sur ces « trois minutes en missionnaire », selon Daniels, a-t-il décidé du sort de l'Amérique.

Le procès est un miroir de la relation du pays à l'argent, à la célébrité, de ses divisions politiques. Les médias le couvrent en boucle, certains paient une entreprise pour leur garder une place dans la queue, dès minuit. Des citoyens viennent de partout. « C'est ma première fois à New York. Je suis allé au mémorial du 11-Septembre, à Times Square, à Central Park, et je suis ici, énumère Thomas Wilson, du Michigan. Je voulais être témoin de l'histoire, dire un jour à mes enfants que j'étais là. » Lawfare, média en ligne qui analyse les procès liés aux questions de sécurité nationale, a loué un appartement à New York et déployé trois journalistes à temps plein, dont Benjamin Wittes, cofondateur. « Nous nous sommes toujours intéressés aux limites du pouvoir présidentiel, explique-t-il. Et nous avions traité l'enquête sur l'ingérence russe dans l'élection de 2016, qui touchait au contre-espionnage et à un abus de pouvoir présidentiel. La première chose que Trump a faite une fois à la Maison-Blanche a été de renvoyer le chef du FBI à cause de cette investigation. » L'ingérence électorale, le lien avec l'enquête sur la Russie (avec laquelle Cohen était en contact pour ouvrir un hôtel Trump à Moscou), la capacité du système judiciaire à investiguer sur un président et un procès qui pourrait « protéger la démocratie ou faire d'un dangereux démagogue un martyr » l'ont convaincu qu'il fallait le couvrir.

« Journalisme de carnet de chèques »

Les audiences dévoilent le monde de Trump, où l'argent règne en maître et d'où la morale est absente. Le premier témoin, David Pecker, P.-D.G. du groupe de presse AMI, affable et chenu, décrit sereinement sa pratique du « journalisme de carnet de chèques ». Pendant treize ans, l'émission de téléréalité *The Apprentice* a mis en scène des candidats pour la Trump Organization. La phrase « Vous êtes viré ! » (« *You're fired!* ») a fait florès. Trump informait Pecker quand un candidat allait être « viré », Pecker s'y préparait, passait des articles racoleurs dans son tabloïd, le *National Enquirer*, et augmentait l'audience de l'émission. Tout le monde y gagnait. L'achat d'articles était monnaie courante, et ne requérait son autorisation que pour des sommes supérieures à 10 000 dollars. Mi-août 2015, le tout récent candidat à la présidentielle l'a convoqué dans son bureau de la Trump Tower, avec Cohen. « Ils m'ont demandé ce que je pouvais faire pour aider la campagne, raconte-t-il. J'ai dit que je publierais des articles positifs sur Trump et des articles négatifs sur ses adversaires. » À l'écran, s'affichent des titres comme : « Accusations choquantes : ce pervers de Ted Cruz pris en flagrant délit d'adultère avec cinq maîtresses secrètes ! » Tout était faux. « J'ai dit que je serais ses yeux et ses oreilles, poursuit Pecker. Si j'entendais quoi que ce soit sur des femmes qui voulaient vendre leur histoire, je le dirais à Michael Cohen… pour qu'elles ne soient pas publiées. » Il achète l'exclusivité puis enterre l'histoire, ce qu'on appelle un *catch and kill* (« attraper et tuer »). Il applique ensuite ce procédé pour Karen McDougal, playmate avec laquelle Donald Trump a entretenu une liaison de dix mois en 2006. Autre personnage sulfureux, clé dans le procès : Keith Davidson, un temps avocat de Stormy Daniels et de Karen McDougal, qui s'est fait une spécialité des contrats sordides à Hollywood. Il s'agit d'« aider » des stars à négocier pour empêcher la publication d'une preuve compromettante. Pour McDougal et Daniels, il négocie par le biais du rédacteur en chef du *National Enquirer*, Dylan Howard. Tout ce beau monde appartient à l'entourage de Trump. Le 8 novembre 2016 au soir, quand il devient évident que Trump a gagné, Davidson envoie un texto à Howard : « Qu'est-ce qu'on a fait ? » Howard : « OMG » (« Oh, mon Dieu »). Au procès, Keith Davidson développe : « Nous comprenions que nos activités avaient pu, d'une certaine manière, aider la campagne présidentielle de Donald Trump. »

« Les attraper par la chatte »

Le public est aussi projeté au cœur de la campagne de Trump, un mois plus tard, quand sort une vidéo de l'émission *Access Hollywood* de septembre 2005. Trump disait, hors caméra : « Quand t'es célèbre, elles te laissent le faire… Tu peux tout faire. Les attraper par la chatte. » Il est déjà à la traîne dans les sondages auprès des femmes, c'est la panique dans l'équipe. « Niez, niez, niez », ordonne Hope Hicks, sa communicante, dans un mail interne peu réaliste étant donné la preuve irréfutable. « Un réflexe, avance-t-elle, avec un rire gêné, à la barre. J'étais évidemment un peu choquée. » Elle ajoute : « M. Trump pensait que ce n'était pas bon. Mais aussi que c'était juste une discussion entre deux hommes en privé, des propos de vestiaire, pas de quoi en faire tout un plat. » Michael Wolff a hanté la Maison-Blanche pour écrire ses best-sellers sur Trump, à commencer par *Fire and Fury*, 1,7 million d'exemplaires en trois semaines. « C'est une peinture saisissante de la vie de cet homme, qui est une ordure, commente-t-il devant une salade, au déjeuner. Tout ce qu'il fait diffère de ce que ferait une personne normale. Et tout le monde est comme ça dans son entourage. David Pecker, je le connais depuis des années, c'est la pire ordure. Quant à Stormy Daniels, c'était un bon témoin. Mais vous savez quoi ? C'est une star du porno. » Il décrypte la relation de Trump aux femmes, « à la Hugh Hefner [ancien P.-D.G. de *Playboy*], un modèle tombé en désuétude dans les années 1980 ». Il développe : « C'est son idée de la virilité, il n'a pas envie d'avoir des relations avec ces femmes, mais d'être admiré parce qu'il les côtoie. »

On découvre aussi l'emprise de Trump sur son entourage. Quiconque a assisté à ses manifestations l'a vu hypnotiser la foule. Mais ce qui ressort des témoignages, c'est une dévotion intime. Quand elle se rend compte qu'elle vient d'affaiblir le principal argument de la défense (selon lequel Cohen aurait pris seul l'initiative de payer Daniels, exonérant Trump), Hope Hicks éclate en sanglots. « C'est un sadique. Avec lui, c'est récompense-punition, un outil très puissant, décrit

Wolff. Il humilie les gens. C'est ce qu'il fait à ses avocats : dans leur salle privée, pendant les pauses, il leur hurle dessus. » Il faut voir, quand Trump s'adresse aux caméras, les épaules rentrées et le regard tétanisé de Todd Blanche. À la barre, Michael Cohen admet qu'il a « menti, intimidé » pour plaire au « boss ». « J'étais jusqu'au cou dans la secte de Trump », regrette-t-il. Il n'a refusé aucune tâche, aucune bassesse.

En 2014, pour ses vingt-cinq ans, la chaîne CNBC lance un sondage en ligne pour élire les 25 hommes d'affaires les plus influents encore en vie. Trump figure parmi les 200 proposés et un mail interne ordonne au personnel de la Trump Organization de cliquer afin de voter pour lui. L'évolution est visible en direct sur le site et Trump est 187e. Il demande à Cohen d'« arranger ça ». Celui-ci paie RedFinch Solutions, qui achète des adresses IP. « Au départ, il voulait être numéro 1, mais on pensait que ça éveillerait les soupçons », raconte Cohen. Le trucage fonctionne, Trump grimpe à la neuvième place, il triomphe. Mais CNBC l'ôte de la liste. « Donc, M. Trump n'a pas considéré qu'il avait obtenu le bénéfice de son achat, et il a refusé de payer », résume Cohen. Celui-ci se fait rembourser, deux ans plus tard, par le directeur financier, Allen Weisselberg, en gonflant la somme réglée à RedFinch. Un vol qu'il justifie par l'amputation de son bonus cette année-là. Trump refuse aussi de payer AMI pour le *catch and kill*. Et Michael Cohen enregistre une conversation à l'insu de son client. Ces deux-là se méritent.

Réalités parallèles

Dans un pays si polarisé, peut-on juger Trump, l'une des figures les plus clivantes de son histoire ? Ceux qui hantent le procès semblent vivre dans des réalités parallèles. « C'est une affaire très solide », assure George Conway, avocat devenu anti-Trump. Il connaît ce monde comme sa poche : son ex-femme, Kellyane Conway, a été conseillère du président. Certes, Cohen est connu pour avoir menti, « mais son témoignage a été corroboré par des preuves et il a expliqué comment Trump était au courant du système pour le rembourser ». À l'inverse, Jonathan Turley, professeur à l'université George-Washington, chroniqueur sur la chaîne conservatrice Fox News, s'insurge contre la situation : « Je n'ai jamais vu ça. Les opposants à Donald Trump auraient été bien mieux lotis avec le cas de Mar-a-Lago. Cette affaire-ci est la plus faible. » Andrew McCarthy, signature de *National Review*, magazine conservateur historique, estime que ce procès est « indubitablement politique ». Tous deux en veulent pour preuve que l'ancien procureur du district, puis le Département (fédéral) de la Justice, en 2019 et 2021, ont renoncé à un procès à cause du rôle central de Michael Cohen, peu fiable.

Joe Biden et le gouvernement fédéral n'ont rien à voir avec la décision d'inculper d'Alvin Bragg, procureur de Manhattan, élu du comté de New York, qui ne reçoit pas d'ordre du président des États-Unis. Mais Bragg a fait campagne sur ce point. Les procès pour falsification de documents, y compris en vue de commettre un crime comme l'évasion fiscale, sont d'ailleurs courants. Susan Del Percio, stratège républicaine qui a travaillé pour Andrew Cuomo, gouverneur démocrate de New York, mais aussi pour Rudy Giuliani, maire républicain, soupire : « Bien sûr que certains disent que ce procès n'aurait pas dû avoir lieu, puisqu'il a été abandonné avant. Ça laisse place à la spéculation, en fonction de la bulle médiatique dans laquelle vous vivez. » Elle-même est analyste sur MSNBC. « À gauche, ils pensent que ce sera le seul procès avant l'élection, donc ils l'ont couvert au maximum. Mais je serais curieuse de savoir comment l'histoire le verra dans trente ans. » Selon un sondage CNN, 34 % des Américains pensent que Trump est traité plus sévèrement que d'autres accusés, et 34 %… moins sévèrement. Celui qui crie à la chasse aux sorcières de Biden pour l'empêcher de se présenter, c'est Trump. À chaque pause, il s'adresse aux caméras dans le couloir. « J'ai vu presque toutes les analyses et il n'y a pas de crime, il n'aurait jamais dû y avoir de procès. Mais on a un juge extrêmement, on va dire, compliqué et biaisé… Je n'ai pas le droit de dire ce que je voudrais, j'ai une obligation de silence. Sinon, vous seriez très impressionnés, mais je suis bâillonné », déclare-t-il un matin. Fatigué de ses déclarations contre les témoins, le juge l'a condamné à une amende de 10 000 dollars pour outrage et l'a menacé de prison s'il récidivait. Depuis, Trump délègue à une armée d'élus républicains, en pèlerinage au procès. Mike Johnson, président ultraconservateur de la Chambre des représentants, a dénoncé une « parodie de justice » devant les caméras. Le grand défenseur des valeurs familiales (qui a confié en 2022 que lui et son fils de 17 ans contrôlaient leurs consommations respectives de porno grâce à une appli) érige en martyr un homme accusé d'avoir trompé sa femme, à la maison, à côté de leur fils Baron âgé de quatre mois, avec une actrice de porno. Un matin, des élus débarquent, en costume bleu sombre et cravate rouge, déguisés en Trump. « *Standing back and standing by, Mr. President* », tweete Matt Gaetz, référence aux Proud Boys.

Dix heures de délibération

Le 31 mai, je suis dans la file à 4 h 24 du matin, derrière les *line-sitters* payés, pelotonnés sous des tentes, affalés sur les bancs, qui dorment encore. Depuis la veille à 11 h 30, le jury délibère. Parmi les journalistes, ça spécule sec. Tout le monde pense que s'il y a un *hung jury* (« sans majorité »), ce sera à cause du juré numéro 2. Un banquier d'investissement, titulaire d'un master, qui vit avec sa femme, sans enfant. Avant le procès, il lisait les posts de Trump sur Truth Social et ceux de Michael Cohen sur Twitter. Il suit Trump depuis qu'il est devenu président, il a lu des citations de son livre *The Art of the Deal*. Un journaliste a écrit qu'il avait adressé un regard encourageant à Trump. Il aurait hoché la tête lors des plaidoiries de Todd Blanche, son avocat. Il aurait souri le jour où J.D. Vance, sénateur de l'Ohio qui rêve d'être vice-président de Trump, est venu. « C'est lire dans le marc de café, s'insurge une journaliste en avalant son sandwich au Café Lafayette. C'est peut-être juste quelqu'un qui hoche la tête souvent.

Moi, par exemple, je hoche beaucoup trop la tête. » En réalité, personne ne sait ce qui se passe entre les quatre murs derrière lesquels le jury débat. Prend-il une vraie pause à déjeuner ? Délibère-t-il, tranche de pizza pepperoni à la main ? Les jurés ne disposent pas de la retranscription des audiences et ont demandé qu'on leur relise des passages du témoignage de David Pecker sur la réunion d'août 2015 à la Trump Tower, les souvenirs de Michael Cohen sur cette réunion et les instructions sur ce qu'ils peuvent inférer d'une preuve. Les spéculations redoublent : ils sont en train de se pencher sur la tentative d'ingérence électorale. Ils essaient de convaincre l'un d'entre eux (le numéro 2, sûrement) qu'on peut déduire que Trump était central dans le complot. Ils n'ont aucun doute sur la falsification des documents comptables, ils n'ont rien demandé là-dessus, le verdict est pour dans quelques heures. « Vendredi 14 h 30, prédit un habitué. Ils ont presque fini, ils veulent leur week-end tranquille, mais un jury ne renonce jamais à un déjeuner gratuit. » Ou alors, ils procèdent par ordre chronologique ? Ça va prendre des semaines.

L'heure du déjeuner sonne, 13 heures. Sans audience, il n'y a plus aucune raison de nous imposer des horaires, mais la police nous administre un régime de plus en plus martial. Il est interdit de manger ou boire au 15e étage. Les toilettes constituent le seul espace de liberté, où l'on engloutit des barres de céréales et où l'on passe des coups de fil. Et encore, à certaines heures. Si l'on s'y trouve quand Trump ou le jury passe dans le couloir, une policière tambourine sur la porte : « Ne sortez pas ! » Les illustratrices posent leurs dessins sur la poubelle et les prennent en photo pour les envoyer à leur rédaction. À 16 h 25, le juge annonce qu'il va renvoyer le jury pour la journée. Trump sourit. Andrew Giuliani, fils de Rudy Giuliani, ancien maire de New York et ex-avocat de Trump, me l'a dit dans la file : « Plus ça traîne, meilleur c'est pour le président Trump. » Tout le monde soupire, rassemble ses affaires.

Coupable

Et puis Juan Merchan reçoit une note. « Nous, le jury, avons un verdict. Nous demandons une demi-heure pour remplir le formulaire. » Murmures. Je demande à ma voisine si j'ai bien entendu ce que j'ai entendu, elle hoche la tête en tapant frénétiquement sur son clavier. Silence. Une journaliste derrière moi plonge dans son sac, fait semblant de le fouiller pour appeler sa rédaction, l'un des quatre policiers qui nous surveillent la rappelle à l'ordre. Trump ne sourit plus du tout. Il a repris sa pose, bras croisés, tête renversée, yeux clos. Le jury revient. J'ai préparé une feuille avec les 34 chefs d'accusation, pensant que le jury acquitterait peut-être pour les chèques signés par Eric Trump et Don Jr. Le premier « coupable » tombe. Et puis le deuxième. Et puis 3, 4, 5, 6, 7, 8, 9… comme un marteau, jusqu'à 34. Il est 17 h 08 à New York et, pour la première fois dans l'histoire des États-Unis, un ancien président vient d'être déclaré coupable au pénal. L'huissière demande à chaque juré : « L'accusé Donald J. Trump a été déclaré coupable, est-ce votre verdict ? » Trump se tourne sur sa chaise et fixe chacun. Le juge Merchan les remercie, comme à la fin de tout procès, pour leur ponctualité, leur attention, la responsabilité qu'ils ont acceptée. Mais cette fois, l'accusé dont ces sept hommes et cinq femmes, au terme de neuf heures trente de délibérations, viennent de décider qu'il ne pourrait plus posséder d'arme, être juré, voter s'il est en prison, est le 45e président des États-Unis et peut-être le 47e. Il se lève, serre la main de son fils Eric Trump, mâchoires serrées, furieux. « *Clear the courtroom!* » (« Quittez la salle ! ») aboie un policier.

Le groupe de journalistes et de curieux est projeté dans le square baigné de soleil et envahi de manifestants rappelant qu'il s'agit d'un moment historique. Nadine Seiler, qui dort dans la queue depuis des jours, a dégainé une nouvelle banderole, « *Don the Felon* » (« Don le criminel »). Les panneaux « Coupable ! », « Les mensonges ont des conséquences » ou « Trump n'est pas au-dessus des lois » côtoient ceux qui proclament « Trump 2024 » et « *Fuck Joe Biden* ». Andrew Giuliani pense que Donald Trump va « gagner dix points dans les sondages, bon OK, peut-être cinq ». La sentence sera prononcée le 11 juillet, trois jours avant la convention républicaine à Milwaukee qui sera « la plus enthousiaste de l'histoire américaine ». Richard Partington, instituteur, est venu huit jours. Cela fait quatre nuits qu'il ne s'est pas douché : « Je suis très, très content. Et un peu surpris. J'avais peur qu'on ait un jury sans majorité. Justice a été rendue. Ce qui est dingue, c'est qu'il puisse quand même devenir président. » Nadine Seiler n'a plus de voix : « J'ai été prise de vertige ! Surtout qu'ils ont pris le temps de bien délibérer, ils ont demandé des précisions.

Ceux qui disent : Ce n'est pas une affaire importante, gnagnagna..., je m'en fiche ! Une condamnation, c'est une condamnation ! » Michael Wolff sourit : « Je vous l'avais dit ! Les preuves étaient si claires. » Il s'assombrit : « C'est son argument de campagne, et je pense qu'il y a de grandes chances qu'il redevienne le président des États-Unis. Il ne baisse même pas dans les sondages, c'est fou. » Au contraire, Jonathan Turley, avocat conservateur, hoche la tête : « Je ne suis pas sûr de ce à quoi je viens d'assister. Il y a tellement de problèmes dans cette affaire, ça ira à la Cour suprême. »

Le 1er juillet, la Cour suprême aide en effet Trump, différemment : le président bénéficie de l'immunité pour les actes officiels. Le lendemain, les avocats de Trump invoquent cet arrêt pour annuler le procès. Merchan les autorise à soumettre leurs arguments, auxquels il devra répondre. La sentence est repoussée au 18 septembre. Pourra-t-il alors faire campagne ? Ou Merchan lui imposera-t-il de la prison ? La menace se précise pour Trump. Du moins, s'il perd l'élection.

15

La guerre à Gaza

Columbia University, New York.

Au fond, sur le bleu impeccable du ciel, se dressent les colonnades de la Butler Library, 9 étages, 15 niveaux de volumes, 28 millions de manuscrits, 500 000 livres rares et l'une des plus vastes collections au monde sur la culture émigrée russe et est-européenne. Au fronton, les noms d'Homère, Hérodote, Sophocle, Platon, Aristote, Démosthène, Cicéron, Virgile. Au premier plan, en rouge, noir et vert, des bannière accrochées aux buissons : « Bienvenue à l'université du peuple de la Palestine » et « Libérez tous les prisonniers palestiniens, cessez le feu maintenant ». En ce 22 avril, j'ai pris le métro, depuis Chinatown et le procès de Trump, pour Morningside Heights, 116e rue et Broadway. Des étudiants ont monté un camp pro-palestinien dans l'université Columbia et la presse est tolérée, à certaines heures. Des étudiants en gilet jaune, à l'entrée, prennent les noms et les envoient à quelqu'un dont on ne connaîtra jamais l'identité, mais qui vérifie la vôtre. Je veux photographier un panneau, on me répond : « Sans montrer le visage » de celui qui le tient. Ce n'est pas très compliqué, son menton est caché par ledit panneau, le bas de son visage, par un masque et le reste, par des lunettes de soleil. Il porte les dix « règles de vie de la communauté » (avec des cœurs rouges). Les aînés qui manifestaient contre la guerre du Vietnam ne seraient pas restés longtemps. Pas de drogue, pas d'alcool et des « limites physiques » à ne franchir qu'après « consentement affirmatif ». Il est aussi précisé que les organisateurs sont « conscients de [leur] rôle en tant que visiteurs et pour beaucoup d'entre [eux], de colons, sur ces terres des Lénapes colonisées » (Amérindiens du fleuve Hudson).

Professeurs propalestiniens

Le 17 avril, Nemat « Minouche » Shafik, présidente de Columbia, a témoigné devant une commission d'enquête, au Capitole, à Washington, sur l'antisémitisme dans les campus. Parmi les points soulevés figurait Joseph Massad, professeur palestinien chrétien d'histoire intellectuelle et politique arabes, qui, le 8 octobre, a publié un article sur le site Electronic Intifada : « Juste une bataille ou la guerre palestinienne de libération ? » Il écrit : « La vision des combattants de la résistance palestiniens prenant de force les checkpoints israéliens séparant Gaza d'Israël était stupéfiante. Les scènes, vues par des millions d'Arabes exultants, qui ont passé la journée à regarder les infos, des combattants palestiniens de Gaza brisant les barrières de la prison d'Israël ou qui s'envolaient, n'étaient pas moins impressionnantes. » Pour ce dernier terme, il a utilisé l'adjectif *awesome*, qui signifie aussi « génial ». Un étudiant a lancé une pétition demandant son renvoi, signée par des dizaines de milliers de personnes.

Autre cas, celui de Mohamed Abdou, qui enseigne « Les études gay décoloniales » (*Decolonial queerness and abolition*) et se décrit sur le site de Columbia comme « un anarchiste musulman maghrébin-égyptien militant-chercheur interdisciplinaire en études indigènes, noires, théorie critique de la race et islamiques, ainsi que sur le genre, la sexualité, l'abolition et la décolonisation ». Il a été embauché pour le printemps 2024, alors que le 11 octobre, il avait posté sur les réseaux : « Je suis avec le Hamas et le Jihad islamique. » Columbia possède une particularité : un bachelor qui permet de passer deux ans en Israël et deux ans à New York, grâce à une antenne à Tel-Aviv. Parmi les étudiants israéliens se trouvent des anciens de Tsahal. Columbia propose aussi un bachelor en échange avec Sciences-Po, dont le campus Moyen-Orient Méditerranée de Menton. Le 22 janvier, des manifestants pro-palestiniens ont dit avoir été arrosés de gaz pestilentiels par deux hommes. Huit ont été hospitalisés pour des brûlures aux yeux, des maux de tête et des nausées. Les organisateurs ont affirmé que les deux attaquants étaient des anciens de Tsahal qui avaient utilisé du « skunk », ou moufette, arme de répression de la police israélienne. Katherine Franke, professeure de droit, a dit en interview : « Ces étudiants sont connus pour harceler les étudiants palestiniens et d'autres sur notre campus. » Elise Stefanik, élue républicaine de l'État de New York et membre senior de la commission sur l'éducation, a paraphrasé (« Tous les étudiants israéliens anciens de Tsahal sont dangereux et ne devraient pas être sur le campus ») et demandé quelles mesures avaient été prises. Shafik a répondu que Massad avait été démis de son rôle d'encadrement, qu'Abdou ne travaillerait « plus jamais à Columbia » et que « quelqu'un de très senior dans l'administration » avait parlé à Franke.

Du Vietnam à Gaza

Le jour même, des étudiants ont monté un camp, sur une pelouse de Columbia. Le lendemain, la police de New York les a délogés et en a arrêté 108, qui ont été suspendus. Parmi eux figurait Isra Hirsi, fille de l'élue démocrate progressiste du Minnesota Ilhan Omar. Hirsi a ensuite écumé les plateaux de télévision, pour raconter les sept heures qu'elle a passées, menottée, et l'accès interdit à la cantine, alors qu'elle paie pour y prendre ses trois repas. Dans le camp, les étudiants ont planté deux fois plus de tentes sur la pelouse d'en face. Ils exigent que Columbia « désinvestisse » des entreprises israéliennes, fabricants d'armes ou de la tech en lien avec le gouvernement israélien (le fonds de Columbia pèse 13,6 milliards de dollars et est géré par une société de placement possédée par l'université), la transparence financière et l'amnistie pour les étudiants et professeurs qui ont été arrêtés. Les mêmes revendications ont été avancées pour s'opposer à la guerre du Vietnam.

Dans les années 1980, des étudiants ont demandé que Columbia coupe tout lien financier avec les entreprises opérant en Afrique du Sud, à cause de l'apartheid. En 1985, 150 étudiants ont manifesté trois semaines et bloqué l'entrée d'un bâtiment. Columbia avait été la première université à désinvestir d'Afrique du Sud, c'est une référence omniprésente chez les manifestants d'aujourd'hui. En 2000, l'université a établi une commission sur l'investissement responsable. En décembre, Columbia University Apartheid Divest (CUAD) lui a soumis une proposition liée à Israël. Et les étudiants ont voté en faveur du désinvestissement. La cérémonie de remise de diplômes doit avoir lieu sur ces pelouses mi-mai, un moyen de pression dans les négociations avec la direction de Columbia. Régulièrement, la rumeur court que la garde nationale va déloger tout le monde.

J'attends trois quarts d'heure, devant un étudiant aux ongles roses, porte-parole du camp, qui nous dit qu'on est tous *great* mais qu'il y a beaucoup de demandes. Une fois à l'intérieur, on m'envoie au « coin des médias » interviewer ceux qui sont autorisés à parler. La jeune femme qu'on m'assigne s'appelle « Participante aléatoire numéro 1 ». « Nous demandons la pleine transparence financière et le complet désinvestissement des entreprises activement complices et bénéficiaires du génocide à Gaza », m'explique-t-elle. Participante aléatoire numéro 1 s'est-elle déjà mobilisée pour d'autres causes ? « La cause palestinienne est connectée à toutes les autres. Tous les mouvements de libération sont liés. » Elle a appuyé Black Lives Matter. « Mais ce que disent mes camarades [dans le camp, ils s'appellent "comrade"], c'est que la Palestine, c'est notre boussole. Ce n'est pas un mouvement plus important que les autres, mais si la Palestine est libre, nous serons tous libres et libérés par la résistance palestinienne. » Le rabbin a conseillé aux étudiants juifs de quitter le campus pour des raisons de sécurité, qu'en pense Participante aléatoire numéro 1 ? « Les Juifs ne sont pas un groupe uniforme, on a beaucoup d'étudiants juifs avec nous, en solidarité avec la cause palestinienne. » Et les slogans pro-Hamas, et les débordements ? « Je peux juste dire que je suis très contente que ce mouvement ait mobilisé tant de gens pour la Palestine libérée. »

Intersectionnalité des luttes

Tous les étudiants juifs n'ont pas l'air de trouver cela si simple. Une Française, que j'appellerai Caroline, confie : « Je m'identifie comme de gauche, socialiste, "libérale" [au sens américain]. Ça a toujours été une position libérale de prôner une solution à deux États, avec un gouvernement libéral, qui ne serait pas le gouvernement actuel en Israël. » Or depuis octobre, les slogans sont : « On ne veut pas de deux États, on veut 1948, on veut tout ! » (tout l'État d'Israël, dessiné en 1948), et le fameux : « Du fleuve [Jourdain] à la mer [Méditerranée], la Palestine sera libre. » Caroline reprend : « C'est pour ça que parfois je ne me sens pas à ma place. Il y a un conflit entre mon identité culturelle et mon identité politique. J'aime des auteurs comme Michel Foucault, Cornel West [intellectuel noir, progressiste, qui a enseigné à Columbia, et candidat à la présidentielle]. Et j'ai l'impression de trahir quand je vais d'un côté ou de l'autre. Après le 7 octobre, je me suis beaucoup rapprochée de la communauté juive sur le campus. Mais quand je les vois défendre les arrestations, les renvois, quand je les vois répéter certains slogans, j'ai l'impression que ces gens ne sont pas de ma famille politique. Plein de camarades juifs me disent : "T'as pas honte, t'es une arrière-petite-fille de rescapés de l'Holocauste, et tu prônes ça ?" » Ressent-elle l'antisémitisme ? « S'il y avait une manifestation pacifiste contre la guerre en Russie, ils ne demanderaient pas la destruction de la Russie, répond-elle. Pourtant, ils crient pour la destruction de l'État d'Israël. Peut-être que c'est des restes d'antisémitisme, de penser que les Juifs, c'est ces gens qui n'ont pas de terre, qui sont pas vraiment une nation, qui errent par-ci par-là, qui sont chassés d'un côté, de l'autre. Donc on peut leur dire : "Rentrez chez vous." » Dans la rue, des manifestants ont crié aux étudiants juifs de rentrer en Pologne.

Tout cela parvient à Tali, juive et américaine, quand elle est dans son lit : « Ma chambre donne sur Broadway. La nuit du 17 au 18 avril, je les ai entendus crier leurs slogans habituels, "Libérez la Palestine", "Du fleuve à la mer". Je suis allée me coucher vers minuit et demi, ils étaient encore une quinzaine. Ça n'avait jamais duré aussi longtemps. » Le jeudi matin, certains ont été arrêtés. L'après-midi, la police a embarqué les étudiants dans le campus. « Je trouvais ça nécessaire. C'était trop. Je ne trouve pas que ce soit injuste, ils avaient été prévenus des conséquences. » Elle a passé le week-end dans le campus.

« Il n'y a pas eu un moment où on n'entendait pas les slogans. » Tali est ensuite partie pour Pessah dans sa famille. Ses amis sont restés. Samedi soir, ils ont agité des drapeaux israéliens et américains. Une étudiante a posé avec un panneau : « Prochaines cibles d'Al Qassam » pointant vers eux. C'est en voyant les vidéos que Talia a eu peur. « Quelqu'un a attrapé le drapeau israélien d'un copain et a tenté de le brûler et la sécurité n'a rien fait. Je me suis dit : "Si personne ne réagit, ce n'est peut-être pas sûr pour nous." » Elle avait prévu de rentrer la semaine dernière. « Mais j'ai décidé de rester le plus loin possible, le plus longtemps possible. »

Dans le camp, une étudiante lance des instructions au porte-voix, que tout le monde répète, intonations comprises, comme lors du mouvement anticapitaliste Occupy Wall Street de 2011 : « Si vous avez des problèmes de santé chroniques ["Si vous avez des problèmes de santé chroniques"], des allergies ["des allergies"] ou des médicaments ["ou des médicaments"], assurez-vous que ces informations ["assurez-vous que ces informations"] soient écrites dans l'appli Santé de votre téléphone ["soient écrites dans l'appli Santé de votre téléphone"] ET SUR VOTRE BRAS ["ET SUR VOTRE BRAS"]… Merci ! ["Merci !"]. »

Outre cette influence, il y en a une plus ancienne. Les Afro-Américains, historiquement, étaient sensibles à la mémoire partagée avec les Juifs, issue de l'Ancien Testament, de l'esclavage et de l'exode. Les Juifs de gauche ont aidé à la création de la NAACP (Association nationale pour la promotion des personnes de couleur) et lutté pour les droits civiques des Noirs. Mais dès

1948, des intellectuels noirs, comme W.E.B. Du Bois, militant panafricaniste, ont vu dans la création d'Israël celle d'une nation colonisatrice. En 1967, une tribune du SNCC (Student Nonviolent Coordinating Committee, Comité de coordination étudiant non-violent) présente le sionisme comme un « mouvement mondial juif nationaliste », qui a envoyé des « immigrés juifs d'Europe en Palestine (le cœur du monde arabe) pour prendre la terre et les maisons des Arabes ». Elle lie la lutte des Noirs américains et celle des Arabes contre l'impérialisme. Le groupe militant noir Black Panthers, ensuite, soutient la cause palestinienne, tout comme Malcolm X. Black Lives Matter, organisation créée en 2013, qui lutte contre les violences policières contre les Noirs, récupère cette tradition intellectuelle et les contacts palestiniens depuis les années 1960. Depuis 2011, des militants noirs se rendent en Cisjordanie pour y rencontrer des militants. En 2014, lors des émeutes raciales à Ferguson, dans le Missouri et à New York, après que deux hommes noirs ont été tués par des policiers blancs, des militants palestiniens tweetent des conseils aux manifestants noirs pour résister aux gaz lacrymogènes. Enfin, la pensée intersectionnelle universitaire cimente le soutien noir à la cause palestinienne.

« Joe le génocidaire »

Dans le camp, il y a une distribution de pommes et de casse-croûte (sans porc, est-il demandé aux donateurs), des ateliers de pancartes, des chorégraphies, des prières, des conférences, de la musique et de la poésie palestiniennes. Les interviews sont compliquées, les étudiants ont reçu la consigne de répondre : « Je n'ai pas été formé aux médias, retournez au coin médias. » Je parle à ceux qui me sont présentés par une étudiante que je connais. Chloe, 21 ans, qui étudie l'économie, n'a jamais passé la nuit dans le camp, mais elle est restée jusqu'à 3 heures du matin un soir (il a fait froid, ces jours-ci). « On s'y sent bien, ils ont organisé toute une vie. Bon, il y a certains slogans que je ne vais pas répéter, qui me mettent mal à l'aise… Je sais que parmi ceux qui manifestent, certains professent des opinions pro-Hamas, hyper problématiques, très antisémites, mais je ne sais pas s'ils sont liés au camp. » L'organisation a publié un communiqué pour s'en distancier. Chloe comprend que certains étudiants juifs se sentent en danger, elle-même dit avoir été agressée : « C'étaient deux étudiants israéliens, l'un d'eux était un ancien de Tsahal. Ils ont arraché mon *keffieh* et m'ont insultée. » Sur la pelouse, c'est l'instant actualités. L'étudiante a repris le porte-voix : « Dans les vingt-quatre dernières heures, quatre massacres ont tué 37 Gazaouis et en ont blessé 68, ce qui a porté le massacre à 34 049 meurtres. La Défense civile de Gaza [rattachée au Hamas] continue à déterrer les corps des martyrs d'une fosse commune dans un hôpital. Ils ont sorti les corps de 50 Palestiniens, ce qui porte le nombre total à 150 corps de martyrs sortis et 5 000 disparus, d'après la Défense civile. »

Je retente les questions, cette fois sur l'élection. Voteront-ils pour Biden ? Tous répondent non. « Je vote à New York, donc je pense que ça n'a aucune importance, je me sens assez à l'aise pour lui envoyer ce signal », dit une jeune femme qui votera blanc, « comme la dernière fois ». Les manifestations contre le soutien américain à Israël ont commencé quelques jours après les attaques en Israël. Le 10 octobre, à Washington, entre les « *Allahu akbar* », les manifestants hurlaient : « Biden, tu ne peux pas te cacher, tu soutiens un génocide ! » et portaient des pancartes « Biden + Netanyahou = criminels de guerre » ou « Joe le génocidaire ». L'injonction du « moindre mal » par rapport à Donald Trump ne fonctionne pas sur une génération qui ne se souvient pas de sa présidence. Ils soutiennent Cornel West, Robert Kennedy Jr. ou Jill Stein, candidate écolo, mais pas Biden. Son soutien parmi les jeunes fond alors que les 18-29 ans avaient joué un rôle clé en 2020 en votant pour lui à 60 %. En novembre, le taux d'approbation de Biden parmi les 18-34 ans, selon un sondage NBC, était à 31 %.

Les experts répètent que jamais la politique étrangère n'a influencé une élection américaine. Pourtant, les politiciens des deux bords se pressent à Columbia : la guerre Israël-Hamas est devenue un sujet de politique intérieure. Les démocrates progressistes y flattent leurs jeunes électeurs. Après Cornel West, Ilhan Omar et sa fille (qui n'a plus l'air bannie) Alexandria Ocasio-Cortez, puis Jill Stein, sont venues. À l'inverse, Mike Johnson, président de la Chambre, y convoque une conférence de presse pour montrer aux républicains qu'il se dresse contre l'antisémitisme d'extrême gauche. Il est hué. Les négociations se poursuivent. Les plaques à poser sur le gazon pour la cérémonie de remise de diplômes s'entassent entre les pelouses. La rumeur sur la garde nationale va et vient. « Si elle est déployée, je ne viendrai pas, prévient Chloé. J'aurai trop honte de serrer la main de Shafik. C'est une question de liberté d'expression. » Et ceux qui ne sont ni pour ni contre ? Qui voudraient terminer l'année normalement ? « Ils en ont marre mais le camp, c'est le truc cool du moment, dit Tali. Je me demande si Columbia est une institution à laquelle j'ai envie de continuer à donner mon argent. » Certains de ses amis pensent à terminer leurs études en Israël. Le mouvement a gagné des dizaines de campus et des centaines d'arrestations ont lieu chaque jour.

« Les sionistes ne méritent pas de vivre »

Le soir, dans mes recherches, je tombe sur un certain Khymani James, noir, bandana sur la tête, qui, est-il précisé, utilise les pronoms « lui/elle/eux ». En janvier, il a rédigé des posts anti-sionistes sur Internet et a répondu aux réactions : « Je ne me bats pas pour blesser ou pour qu'il y ait un gagnant et un perdant, je me bats pour tuer. » Il a été convoqué à un conseil de discipline en visioconférence et la vidéo a fuité. « Vous comprenez pourquoi c'est problématique ? » lui demande une responsable. « Non, répond-il. Prendre la vie de quelqu'un est parfois nécessaire et meilleur pour le monde. Les sionistes, ils ne méritent pas de vivre confortablement, les sionistes ne méritent pas de vivre, tout court. Vous devriez être contents que je n'aille pas assassiner des sionistes. » Mercredi, c'était lui qui tenait la conférence de presse du camp. Et c'est celui qui a envoyé mon nom pour « vérification », à l'entrée. Columbia a annoncé qu'il avait été « banni » du campus.

Huit jours plus tard, les rumeurs de démantèlement se précisent. Le campus est fermé, l'accès est réservé aux étudiants logés à l'intérieur et au personnel essentiel. Les bus de la police s'accumulent dans le quartier. Le 30 avril au soir, un groupe d'étudiants envahit Hamilton Hall, bâtiment occupé en 1968 pour protester contre la guerre du Vietnam, en 1985 pour exiger le désinvestissement en Afrique du Sud et en 1992, quand la direction prévoyait de transformer le théâtre Audubon, dans lequel Malcolm X avait été assassiné en 1965, en complexe de recherche biomédicale. Le matin, Shira Dicker, résidente juive du quartier, lance à un étudiant masqué, favorable au camp : « Tout ce que vous faites, c'est haïr ! Est-ce que vous avez eu une pensée, une seconde, pour les otages ? Pour les victimes du Nova Festival, qui avaient votre âge ? Qui fêtaient la paix ? Vous savez que la majorité des gens tués dans les kibboutz étaient des militants pacifistes de gauche ? J'entends "Libérez la Palestine" dès mon réveil, mais ça n'a rien à voir avec la libération de la Palestine. C'est un festival de la haine, vingt-quatre heures sur vingt-quatre, sept jours sur sept. » En parfaite application des consignes, le jeune homme refuse de répondre et ne donne qu'un prénom, Jerry. Il est juif et dit que « les étudiants juifs ont été très impliqués dans cette manifestation depuis le premier jour ». La seule tension qui existe, assure-t-il, est celle opposant les 90 % d'étudiants qui soutiennent le mouvement et les 10 % qui soutiennent le « génocide ».

Le moment fort de la journée aurait pu être la conférence de presse d'une porte-parole du camp. Le CUAD (Columbia University Apartheid Divest) a convoqué des télés du monde entier, mais elle refuse de s'identifier. Elle a noué un *keffieh* autour de son cou, comme ses deux accompagnants, dont un jeune homme qui porte aussi un crop-top et du mascara. Elle salue l'occupation de Hamilton Hall, rebaptisé Hind Hall, en hommage à une Palestinienne de 6 ans, trouvée morte à Gaza avec les corps de six membres de sa famille. « Columbia a forcé les manifestants à l'escalade en contribuant à un génocide et en refusant les règles de base d'un comportement permettant les négociations », lit-elle. Elle transmet les exigences des occupants, comme « l'engagement de Columbia de ne pas envoyer la police de New York, ce qui constituerait un risque grave pour le bien-être des étudiants ». Et aussi que Columbia « leur apporte de la nourriture et de l'eau, des produits de base qui assurent la sûreté de ses étudiants ». Un journaliste la pousse, elle répond : « Quelles sortes d'obligation Columbia pense-t-elle avoir envers ses étudiants ? Est-ce que vous voulez que vos étudiants meurent de faim et de soif ou tombent gravement malades, parce qu'ils ne sont pas d'accord avec vous ? Nous demandons de l'aide humanitaire de base. » Les révolutionnaires exigent d'être nourris par la direction. Mais la journée ne fait que commencer. Plus tard, le maire de New York, Eric Adams, donne une conférence de presse expliquant que « ce qui aurait dû être une manifestation pacifique » a été « coopté par des agitateurs professionnels de l'extérieur ». Il avertit : « Si vous êtes le parent ou le gardien d'un étudiant, appelez votre enfant et dites-lui de quitter les lieux avant que la situation empire. » Le mouvement a appelé à manifester dans plusieurs universités de New York et le groupe, qui a enflé au fil des étapes, atteint Columbia.

Le camp démantelé

Le soir, la police condamne les avenues Broadway et Amsterdam entre les 110e et 120e Rues, le long de Columbia. Vers 21 heures, des policiers entrent dans le campus, y compris dans Hamilton Hall par une échelle, sur le toit d'un camion. La direction envoie un communiqué : « Nous regrettons que les manifestants aient choisi d'aggraver la situation par leurs actions. Une fois que l'université a appris la nuit dernière que Hamilton Hall avait été occupé, vandalisé et bloqué, nous n'avions plus le choix… Nous ne risquerons pas la sécurité de notre communauté ni ne prendrons le risque d'une aggravation future. » 112 manifestants menottés sont embarqués dans des bus. La police en arrête ensuite 170 à la City University of New York (CUNY). Cela porte leur nombre à plus de 1 000 depuis le 18 avril. L'identité des porte-parole de ce matin n'est pas difficile à trouver. Au micro, c'était Johannah King-Slutzky, en Ph. D., qui, d'après le site de Columbia, s'intéresse « aux théories de l'imagination et de la poésie interprétées selon un prisme marxien [*sic*] en vue d'actualiser et de proposer une alternative aux critiques idéologiques historicistes de l'imagination romantique ». Le jeune homme en crop top était Cameron Jones, l'un des cadres du mouvement Jewish Voice for Peace de Columbia et Barnard. Ce groupe, fondé en 1996 à Berkeley, en Californie, est très actif depuis le début de la guerre à Gaza, et a organisé plusieurs manifestations dans une annexe du Capitole, à Washington. La troisième, Maryam Alwan, appartient à Students for Justice in Palestine, groupe présent dans toutes les universités, fondé il y a trente par Hatem Bazian, un professeur de l'université Berkeley. Étant donné le climat politique, les universités se préparent à une reprise des manifestations à la rentrée. Les groupes pro-palestiniens préparent une « Marche sur la convention nationale démocrate », à Chicago, en août. Le 14 août, « Minouche » démissionne de la présidence de Columbia. À la rentrée, les manifestations reprennent.

16

Biden doit-il se retirer ?

Detroit, Michigan.

La salle est plongée dans le noir, une voix lancinante résonne, sur une musique entêtante, deux notes au synthétiseur : « Celui que j'ai choisi se présentera et les gens diront, il est sanguin… Mais l'esprit de Dieu dit oui… il est peut-être sanguin, mais il renforcera les murailles de ce pays et l'économie de ce pays changera rapidement… dit le Seigneur des armées. Écoutez la parole du Seigneur. Dieu dit… je mettrai à votre tête pendant deux mandats un président qui priera, mais il ne sera pas un président qui prie au début. Je vais le nommer à ces fonctions. Et ensuite, je vais le baptiser du Saint-Esprit et de ma puissance… dit le Seigneur des armées. » La foule laisse échapper un cri. Une photo en noir et blanc s'affiche, de Kim Clement, « prophète » australien aux longs cheveux bruns, mort en 2016.

Trump et le prophète

Je suis dans l'église Grace Christian de Sterling Heights, près de Detroit, pour la 23e étape du ReAwaken America Tour et sa fille, Donné Clement, est sur scène, sous la croix de bois. Juste avant, elle a passé un enregistrement d'avril 2007, où son père avait prévu : « Trump sera une trompette ! » Autant dire, son avènement. Dans celui de février 2007, en Arizona, il prophétisait un deuxième mandat. Les centaines de spectateurs retiennent leur souffle. Donné Clement enchaîne : « On a vu Donald Trump traverser tant de choses. Et ce dont nous devons tous nous souvenir, c'est qu'il n'est qu'un homme. Et c'est un miracle qu'il ait surmonté ce qu'il a vécu. Quand j'ai vu ce qu'ils lui ont fait au tribunal, j'ai pleuré. » Elle ordonne de « compter d'abord sur Dieu et soutenir les hommes courageux qui se dressent et font ce que fait Donald Trump ». Elle a « beaucoup de respect pour lui et sa famille ».

D'après l'organisation, les 7 et 8 juin, l'événement attire 3 800 personnes. 51 médias « patriotes » et « chrétiens », inconnus du grand public, le couvrent, 113 le transmettent. Selon l'Anti-Defamation League, ONG de lutte contre l'antisémitisme, ReAwaken America Tour est une « série de conférences d'extrême droite controversées, à travers les États-Unis, auxquelles participent des influenceurs QAnon importants, des militants antivax, des complotistes sur la fraude électorale, des pasteurs chrétiens, des candidats politiques et des élus. Les conférences sont organisées par le complotiste d'extrême droite Clay Clark. » Il dit perdre 100 000 dollars chaque fois, 1,4 million de dollars en tout pour l'instant. La motivation est au royaume des cieux. On peut pourtant difficilement imaginer plus parfaite adaptation des marchands du Temple du Nouveau Testament au XXIe siècle que les vendeurs du vestibule de l'église. Un *Trump store* propose des casquettes Maga, avec signature de Trump brodée, une autre avec une touffe de cheveux jaunes sur le crâne, les baskets Trump dorées et des drapeaux « *Let's Go Jesus* », adaptation de « *Let's Go Brandon* ». D'autres vendent des crèmes pour le visage, des sarcophages « anti-âge qui promeuvent le rajeunissement, le bien-être et une meilleure qualité de vie », des pièces de monnaie Trump. Dans le public, habillé comme pour une manif de Trump, je remarque un tee-shirt : « Biden n'a pas été élu, il a été installé comme des toilettes. »

Le ReAwaken America Tour

Le personnage central est Michael Flynn, lieutenant-général à la retraite qui a joué un rôle important dans le contre-terrorisme en Afghanistan et en Irak. Il a aussi été conseiller à la sécurité de Donald Trump, pendant les 22 premiers jours de son mandat. Il a démissionné après avoir menti au FBI sur la nature de ses rapports avec la Russie et Trump lui a accordé la grâce présidentielle en novembre 2020. Peu avant, alors que Trump refusait de reconnaître sa défaite, il lui a suggéré de suspendre la Constitution, mettre la presse au pas et tenir une nouvelle élection supervisée par l'armée. Sa réunion dans le Bureau ovale avec Trump et l'avocate Sidney Powell à ce sujet a été l'un des éléments clés de la commission sur le 6 janvier. Le 4 juillet 2021, il a tweeté une vidéo où il prêtait serment à la Constitution et concluait par : « *Where we go one, we go all* », le cri de ralliement de QAnon. Les théories complotistes ont été intégrées, dans un syncrétisme étrange, à la *doxa* des chrétiens nationalistes. Flynn, catholique fervent, est devenu une figure du mouvement. La veille de l'événement passe un documentaire sur sa vie, qui le présente en victime de persécutions dues à son travail pour Trump.

Le ReAwaken America Tour est une tournée de recrutement Maga, par le prisme du nationalisme chrétien. Clay Clark, coach et entrepreneur, candidat malheureux à la mairie de Tulsa, Oklahoma, fait partie des Maga qui se sont mobilisés à cause du Covid. Il a attaqué la ville, qui avait imposé les masques en août 2020. Il assure que le vaccin contient de la luciférase, une technologie de cryptomonnaie combinée avec la marque de la bête (Satan) décrite dans la Bible. Bill Gates aurait associé l'ADN de Jeffrey Epstein à de la luciférase pour créer une nouvelle race humaine en l'insérant dans le vaccin. C'est Dieu qui lui a inspiré les rassemblements « Santé et liberté », en 2020, pour « réveiller l'Amérique » (*reawaken*). Clarke a participé au rassemblement chrétien pro-Trump, à Washington, la veille du 6 janvier. Après avoir consulté Flynn, à l'été 2021, il a adopté le nom ReAwaken America, la notion de « grand réveil » (*great awakening*) étant centrale chez les QAnon. Les membres de la famille de Trump et ses avocats sont des participants réguliers. En fond est projetée une image scindée en deux. À gauche, en rouge, le bien : Greg Locke, un pasteur, Flynn, Mike Lindell, P.-D.G. d'une entreprise d'oreillers et conseiller de Trump, et trois médecins antivax. À droite, en bleu, le mal : George Soros, Klaus Schwab, l'organisateur du Forum de Davos qui, pendant la pandémie, a proposé un grand « départ à zéro » (*great reset*) vu comme un plan de gouvernement mondial, Bill Gates, Yuval Noah Hariri, Barack Obama et Mark Zuckerberg.

Biden, Hitler et la république bananière

Je suis venue recueillir les réactions au verdict de Manhattan. Eric Trump se réjouit que les républicains aient levé « plus de 300 millions de dollars » depuis. « Vous ne croyez pas que Dieu regarde ? » demande-t-il. Rudy Giuliani fait la quête pour ses propres problèmes judiciaires et répète que la loi a été bafouée parce que l'unanimité n'a pas été requise (c'est faux, les jurés n'avaient pas à être d'accord sur le deuxième crime, mais sur les 34 chefs d'accusation, si). Je sonde aussi le public, les « médias » et les vendeurs. Darren Conrad, ex-toxicomane et alcoolique, a été baptisé onze ans et onze jours après être devenu sobre, dans une piscine en plastique dans son jardin. Dieu lui est apparu et lui a ordonné de créer un podcast. Je lui demande son avis sur le verdict : « Pour l'élite mondiale, Trump est un obstacle. S'ils se débarrassent de Trump, ils prendront le pouvoir et imposeront un gouvernement mondial unique. » Si Trump ne gagne pas, il est sûr que la liberté de culte sera en jeu : « Ils veulent changer Dieu. Ils veulent réécrire la Bible. » Les participants vivent sans aucune exposition à autre chose que leurs médias et leurs références. William Schmieding, vendeur, déclare : « Rien que le fait qu'ils utilisent le *lawfare* [utilisation de la justice en politique] contre quiconque n'est pas d'accord avec eux, c'est un truc de république bananière. C'est ce qu'a fait Hitler. Biden fait pareil. » Il pense que Biden ouvre les frontières aux terroristes, surtout à des Chinois qui s'entraînent à la kalachnikov dans des fermes. « Souvenez-vous bien de ce que je vous dis. On est mal. Et vous savez quoi ? Les pays européens sont jaloux des États-Unis. » Jaloux de quoi ? « On a la liberté. On a le droit de manifester. On a la liberté d'expression. On a le droit de travailler. Pourquoi vous pensez qu'ils viennent tous aux États-Unis, les clandestins ? » Je reprends : « Vous croyez qu'en France, je n'ai pas ces droits ? » Lui : « Ben… pas comme aux États-Unis. C'est plus restrictif, je crois. Non ? »

Sur scène, Jim Breuer, ancien comédien de l'émission *Saturday Night Live*, devenu Maga avec le Covid, bondit, siffle et grimace comme le diable, pour imiter les démocrates : « “Trump est coupable ! Mouahaha ! C'est un criminel ! Mouahaha !” Ils font tous la fête comme des gremlins. “Ouais, il va en prison !” Leur haine les aveugle sur le fait qu'ils ont tout fait pour éliminer un adversaire. » Mais un bon tiers de son sketch est consacré à Joe Biden. « Je pense qu'on regarde un film. Convainquez-moi que c'est le vrai Joe Biden. Si vous me le dites de tout votre cœur, que vous êtes convaincu, comme pour l'alunissage... » Suit un passage qui reflète l'idée, courante chez les Maga, que c'était un coup monté par la Nasa. « OK, même si vous y croyez, vous ne pouvez pas me dire, quand vous regardez Joe Biden marcher, que vous n'êtes pas là : "Oh non... Il va où ? Il a raté le podium. Quelqu'un peut le rattraper ? Merci... Oh, mon Dieu, ça craint. OK, parle aux gens, Joe..." » Le public s'étouffe de rire. Biden rentre de Normandie. Lors de la cérémonie, il a fait mine de s'asseoir puis s'est redressé, pour s'installer avec les autres quelques minutes plus tard. Les vidéos sur les réseaux trumpistes étaient coupées avant que tout le monde s'asseye, donnant l'impression qu'il n'y avait pas de siège. « Vous l'avez vu devant les anciens combattants, quand il a voulu s'asseoir sur un siège imaginaire ? » Hurlements de rire. Il achève la foule : « Je suis convaincu qu'il a chié dans son froc. Et eux, ils disent : "Au moins, c'est pas un criminel, il a pas touché de pots-de-vin !" Je suis sûr qu'il a chié dans son froc, parce que le gars à côté de lui a marqué un arrêt brutal. Vous l'avez vu de vos yeux. J'invente rien. C'est pas un mensonge, c'est un fait. Quand t'es stoppé dans ton élan comme ça, soit t'es dans le film *Avengers*, soit t'es submergé par une puanteur comme jamais. » Il continue en faisant mine de vomir : la caméra a dû se détourner du voisin, qui avait des haut-le-cœur, il a fallu « arroser Biden au tuyau »... le public en pleure. Voilà ce que l'on voit depuis des mois : des vidéos trafiquées par les Maga contre des apparitions officielles de Joe Biden de plus en plus rares, qui donnent à tous des doutes que personne n'exprime clairement. En février, le conseiller spécial chargé de l'enquête sur les documents classifiés stockés chez Joe Biden a choisi de ne pas l'inculper. « C'est un homme âgé de bonne volonté mais à la mémoire limitée, écrit Robert Hur dans son rapport. Il ne se souvenait pas, même à quelques années près, de quand son fils Beau était mort », ajoute-t-il. Beaucoup de médias ont relativisé et l'ont accusé de biais partisan, d'autant qu'une commission dominée par les Maga l'a cuisiné lors d'une audience au Capitole, avec délectation.

Le fiasco du débat

Trois semaines après Detroit, je m'assieds dans un bar à cigares de Washington, peuplé de lobbyistes et de républicains. Nous sommes le 27 juin, Biden débat enfin contre Trump. Dès le début, l'image est désastreuse : le pas de Biden est saccadé, voûté, hasardeux. Le silence s'installe. Parfois, fuse un : « Réveille-toi, Joe ! » Des républicains éclatent de rire quand Donald Trump lance : « Je n'ai pas compris ce qu'il a dit à la fin de sa phrase, je ne pense pas qu'il ait compris lui-même. » Biden a le regard fixe, il bredouille, il est inaudible.

Matthew Bartlett, ancien du département d'État de Trump qui a démissionné après le 6 janvier, est sans pitié : « Il ne s'agit plus de savoir qui a gagné le débat, mais si le président Biden devrait démissionner et s'il est assez compétent pour être candidat. À l'inverse, l'ex-président Trump semble être en bonne voie pour un retour historique au pouvoir. » Ben Proto, chef du parti républicain dans le Connecticut, insiste : « Nous venons de voir ce qui se passe quand les gens ne savent pas quand il est temps de quitter la scène. Il a gravement entamé son héritage politique ce soir. Il a fait beaucoup de mal au parti démocrate. En tant que chef républicain, je trouve ça formidable pour nous. Il était perdu, confus, incapable de terminer ses phrases, il a prouvé pourquoi il ne devrait pas être réélu. » En routier de la politique, il sait que les démocrates sont paniqués, il imagine les conversations pour tenter de convaincre Joe Biden de se retirer. Jeudi soir, après le débat, sur CNN, les intervenants appellent à son remplacement. Un éditorial du *New York Times*, dès le lendemain, titre : « Pour servir son pays, le président Biden devrait abandonner. » Le quotidien estime que les enjeux (« l'avenir de la démocratie américaine ») sont trop importants pour risquer un échec. « M. Biden a été un président admirable. Sous sa direction, la nation a prospéré et commencé à s'attaquer à une série de défis de long terme, et les plaies ouvertes par M. Trump ont commencé à guérir. Mais le plus grand service public que M. Biden puisse maintenant rendre serait d'annoncer qu'il ne se présente plus à sa réélection. »

Pendant les trois semaines qui suivent, la Maison-Blanche s'enfonce dans des excuses pataudes (un « mauvais épisode », un « rhume », le « décalage horaire ») et un déni hostile. Le 2 juillet, Lloyd Doggett, du Texas, est le premier représentant à lui demander de se retirer. Une poignée d'autres suivent. Biden s'obstine, mais chaque interview ou conférence de presse empire la situation. Le 5 juillet, on lui demande, sur ABC, s'il pourrait se retirer. « Si Dieu tout-puissant descend et me le demande, je le ferai peut-être », répond-il. En 2016, Barack Obama l'a dissuadé de se présenter à la présidentielle, au motif qu'Hillary Clinton était bien placée pour battre Donald Trump. Il ne l'a pas digéré et pense qu'on l'a toujours sous-estimé. Le 8 juillet, il envoie une lettre aux élus du Congrès, leur ordonnant de se ranger derrière lui. Il appelle son émission favorite *Morning Joe*, sur MSNBC, et répète : « Je ne me présenterais pas si je n'étais pas sûr que je suis le meilleur candidat pour battre Donald Trump en 2024. On a eu un processus de nomination démocratique où les électeurs se sont clairement exprimés. » Il se dit ulcéré par les « élites » et invite qui veut à se présenter contre lui lors de la Convention nationale démocrate. S'ensuit un vaudeville au Capitole, où les élus enchaînent les réunions de crise, puis déclament des chefs-d'œuvre de langue de bois.

L'élite démocrate contre Biden ?

Le 9 juillet, dans le couloir aux murs moutarde, moulures et carrelage en mosaïque de Minton, les médias attendent la sortie du déjeuner des sénateurs, devant l'horloge de l'Ohio en acajou qui y donne l'heure depuis 1817. Richard Blumenthal, sénateur du Connecticut, se lance : « Joe Biden est le candidat démocrate, et il a mon soutien, il est le seul qui peut décider s'il est le candidat, mais il a dit sans équivoque et avec force qu'il avait l'intention d'être le candidat, et je pense qu'il conservera mon soutien. » Lors de la conférence de presse qui suit, Chuck Schumer affirme, trois fois : « Je suis avec Joe. »

Biden est entré au Sénat en 1973, Schumer travaille avec lui depuis les années 1990. En cinquante ans, Biden en a aidé beaucoup. Il vit chaque déclaration comme un coup de poignard. Ceux qui parlent craignent une victoire de Trump, mais aussi que Biden ne les entraîne dans sa chute en leur faisant perdre leur siège, pour certains en jeu le 5 novembre. L'idée que Biden, pur produit de Washington, les assimile à l'élite déconnectée, alors qu'ils ne font que traduire les inquiétudes qu'ils perçoivent dans leur État, où ils sont tous les week-ends et qu'ils sondent en permanence, ne manque pas de sel.

Sur les marches du Capitole, j'interroge Dean Phillips, candidat que j'avais écouté dans le New Hampshire. « Il n'y a pas eu de débat, ni de vraie primaire, dont le but est d'identifier le meilleur candidat », soupire-t-il. Et certains, qui lui disaient que c'était grotesque de se présenter contre Biden cet hiver, lui formulent maintenant leurs excuses. « Je n'ai jamais été aussi triste d'avoir raison », conclut-il. Le 10 juillet, Nancy Pelosi, 84 ans, suggère sur MSNBC qu'il reste peu de temps à Biden pour « prendre sa décision » – qu'il considère avoir prise. George Clooney, dans le *New York Times*, révèle qu'il a été frappé par le déclin de sa forme lors d'un gala de donateurs, tuant l'excuse de « l'épisode » isolé. Le lendemain, à l'Otan, Biden présente Volodymyr Zelensky comme « le président Poutine » et appelle Harris « le vice-président Trump ». Sur les réseaux sociaux, l'argument de l'élite prend. Le mot-dièse BlueMaga émerge, il fait allusion à une frange bruyante des démocrates qui refusent de lire la moindre information défavorable à Biden. Le coup est dur, notamment, pour les républicains qui se sont ralliés à Biden pour faire barrage à Trump et ont le sentiment que les démocrates sont aussi fanatiques que les Maga qui les conspuent. Tim Miller a dirigé la campagne de Jeb Bush, en 2016. Il est dépité : « Je suis particulièrement déçu de la réaction de l'équipe Biden, qui essaie de dire aux gens qu'ils ne devraient pas croire ce qu'ils ont vu et qui tente de diviser. L'idée selon laquelle les gens ordinaires, les Noirs et les syndiqués sont avec Biden et que ce sont les élites qui sont contre lui, tout ça est totalement faux et source de divisions. Je ne veux pas dire qu'ils font du Trump, mais c'est une stratégie plus cynique que ce que j'aurais attendu d'eux. »

Biden reprend la route et marque une étape à Detroit, le 12 juillet. Le Michigan est l'un des États qu'il ne peut pas perdre. À l'entrée, Tom Moran, 69 ans, tient un panneau : « Passe le flambeau, Joe. » Il me dit : « Ça fait cinquante ans que je vote démocrate. Je ne peux pas voter Trump, mais je ne peux pas voter Biden parce qu'il n'est plus apte à la fonction. » Il trouve « insultante » la théorie de la cabale des « élites » : « Je suis chauffeur de bus ! » Le public est fervent, malgré l'absence de figures démocrates locales, comme Gretchen Whitmer, la gouverneure. Un seul homme, Gary Kanjorsky, me confie : « L'état de Biden me stresse, je pense qu'Harris aurait plus de chances… Je ne savais pas qu'il était comme ça et beaucoup, dans son cercle, disent que ça fait un moment, je ne veux pas qu'il dirige le pays et le mette en danger. » Son amie Kathy répète au contraire que « Biden a toujours fait des gaffes et qu'il bégaie », argument de la Maison-Blanche. « On ne va pas l'écarter pour quatre-vingt-dix minutes ratées », dit Denise Brown, « très confiante » en son aptitude à gouverner quatre ans et demi de plus. « Il connaît les dirigeants du monde entier, il a grandi avec eux. Il a été au Sénat. Il sait trouver des accords. » Ce meeting est un « bon jour » de Biden. Il est galvanisé par le public qui scande, avant qu'il parle : « Ne lâche pas ! » Il sourit, extatique : « Il y a beaucoup de spéculation : "Que va faire Joe, est-ce qu'il va rester ?" Je me présente ! Et on va gagner ! Vous avez fait de moi le candidat, et personne d'autre ! Pas la presse, pas les experts, pas le cercle des initiés, pas les donateurs ! » Il parle des procès de Trump, du Project 2025, programme écrit pour le candidat républicain par la Heritage Foundation. Il accuse aussi les médias de « tout passer » à Trump. « La presse – et il y a des gars et des femmes bien là-haut –, ils se sont acharnés sur moi », lance-t-il. La foule se tourne vers les journalistes pour les huer, comme le font les partisans de Trump. J'interroge à nouveau les gens à la sortie. « Je suis contente d'être venue, ce n'est pas du tout ce qu'on nous montre à la télé, où il doit réagir à un torrent de mensonges de Trump », dit Lakshmi. « Je suis impressionné. Il avait l'air d'avoir 40 ans », complète Ken Jacobs. Il y a quatre ans, dans ce lycée, Biden est monté sur scène avec Kamala Harris, Gretchen Whitmer, gouverneure du Michigan et Cory Booker, sénateur du New Jersey, et a assuré : « Je me vois comme un pont, rien d'autre. » En attendant, il dégringole dans les sondages.

17

Trump qui rit, Biden qui pleure

Butler, Pennsylvanie.

Il marche, filmé comme un boxeur, dans le couloir, pansement blanc énorme sur l'oreille droite, puis gagne le cœur du stade gigantesque, sous le plafond orné de milliers de ballons et les ovations de centaines de fans. « Y a-t-il le moindre doute sur qui va être le prochain président des États-Unis ? » demande Lee Greenwood en personne, qui chante « God Bless the USA ». « Parce que Dieu a fait en sorte, quand Donald Trump a juste un peu tourné la tête, que la balle le rate, juste assez pour qu'il ait la vie sauve et devenir le prochain président des États-Unis ! » Trump s'offre à l'adoration de la foule, joint les mains et formule un « *Thank you* » muet. Les trois premiers soirs, il ne parle pas. Il s'assied, avec son aréopage politico-familial, dans une tribune rouge et reçoit le déluge d'éloges des intervenants au podium. Parfois, ce sont d'anciens adversaires, avec lesquels il n'a pas daigné débattre lors des primaires. Deux mille participants guettent ses réactions, comme les Romains suspendus au pouce de l'empereur. Il affiche un sourire que ses partisans décrivent comme

« bienveillant » et « nouveau ». « La tentative d'attentat lui a fait prendre conscience qu'il n'était pas invincible, avance Ben Proto, délégué et chef du parti républicain du Connecticut. Il a l'air plus… humain. » Kai Trump, fille de Don Jr., 17 ans, monte sur scène, perchée sur des talons aiguilles dorés, robe blanche à volants à mi-cuisses et cascade de cheveux bruns : « C'est juste un grand-père normal, il nous donne des bonbons et du soda quand nos parents ne regardent pas. Il veut toujours savoir si on est bons à l'école. Beaucoup lui ont fait vivre un enfer et il est toujours debout. » Trump arbore un sourire doux, tête penchée. « Ce n'était pas un sourire de politicien, assure Proto. Il souriait comme un grand-père. » Les candidats, dont les discours ont été lissés, s'abstiennent de mentionner l'élection « volée » à Trump ou l'avortement, sujet sur lequel leur position est impopulaire hors de leurs rangs. Main sur le cœur, ils assurent que les propos des démocrates sur Trump ont motivé la tentative d'assassinat et qu'ils cherchent l'apaisement. La campagne de Trump martèle un terme : unité. Le miraculé a changé, répète-t-elle.

À quelques centimètres de la mort

Il y a deux jours, lors d'une étape de campagne à Butler, Pennsylvanie, son sort a failli basculer. La scène dure moins d'une minute. Trump se tourne pour montrer des chiffres à la foule, porte la main à son oreille tandis que sifflent des balles, se jette sous le pupitre, puis est entouré et redressé par les services secrets. Il se hisse alors, le haut de l'oreille droite éraflé, un filet de sang sur la joue, brandit le poing et crie : « *Fight! Fight! Fight!* » Alors qu'il enjoint ses partisans à « combattre », il fait face aux objectifs. Lui qui conspue les médias, mais a vécu grâce à eux pendant treize ans de téléréalité, il sait instinctivement où regarder et si les caméras tournent. La foule hurle. Une partie, frappée de stupeur, tente de comprendre ce qu'étaient ces claquements, une autre, derrière lui, voit, horrifiée, un participant touché à la tête. Trump sait aussi que les images capturées à 18 h 12, ce samedi 13 juillet 2024, marqueront la campagne et l'histoire. Avant la confirmation du FBI le lendemain matin, la « tentative d'assassinat » est couverte en continu. Sur les réseaux sociaux, le mot-dièse #TeflonDon émerge, surnom d'un ancien chef de la mafia new-yorkaise puis de Trump : Don l'invincible.

La Convention nationale républicaine (RNC) commence le 14 juillet, à Milwaukee ; 50 000 personnes y assistent, 2 429 délégués doivent voter pour le vainqueur de la primaire de leur État et nommer officiellement le candidat à la présidentielle. Le suspense est nul : Trump a remporté 2 265 délégués. Il a raflé toutes les primaires, sauf dans le New Hampshire et à Washington D.C., gagnés par Nikki Haley. Il y a quelques jours, elle a « libéré » ses 97 délégués et les a encouragés à voter pour Trump à la RNC. Le centre de la capitale du Wisconsin s'est transformé en labyrinthe de piles de béton, grillages et check-points. Quatre mille policiers viennent en renfort, avec les uniformes et chapeaux de leur État. Les hôtels sont pleins de délégués. L'ambiance de cette convention ne ressemble à aucune autre. « Tous ces gens sont allés à des meetings de Donald Trump, note Ron Kaufman, délégué du Massachusetts et président général de la RNC. Cela aurait pu être eux. Tout le monde est horrifié. À quelques centimètres près, Donald Trump a été épargné. »

Depuis des mois, la tension monte. En mars, Trump a promis un « bain de sang » dans le marché automobile s'il n'était pas réélu et ajouté : « Et ce ne sera que le début. » Le 4 juillet, Kevin Roberts, président de l'institut de réflexion The Heritage Foundation, qui a rédigé Project 2025, programme ultra-conservateur pour le prochain président, a assuré qu'il s'agissait d'une « deuxième révolution », qui resterait « sans effusion de sang, si la gauche le [voulait] bien ». Les républicains blâment les seuls démocrates. Amy Carnevale, présidente du parti républicain du Massachusetts, accuse : « Il y a des leaders progressistes qui ont alimenté le vitriol chez leurs partisans. » On ne sait pas grand-chose du tireur, Thomas Crooks, 20 ans, abattu par la police, juste qu'il était inscrit comme… républicain, même s'il avait donné 15 dollars à un groupe démocrate. « La rhétorique de l'extrême gauche, c'est de dire que Donald Trump est une menace pour la démocratie, poursuit Carnevale. Quelqu'un qui intériorise ce message peut aller trop loin. »

Biden a insisté sur la démocratie en danger, pour les élections de mi-mandat, avec succès. Et le 8 juillet, dans un appel à ses donateurs, il a dit : « J'ai un seul boulot, battre Donald Trump. Je suis absolument certain que je suis le mieux placé pour ça. Donc on arrête de parler du débat, il est temps de se concentrer sur Trump [littéralement : de le mettre dans le viseur]. » Vendredi, à Detroit, il a dit : « Trump est encore plus dangereux maintenant. Il est fou. Trump dit que s'il gagne, il va être un dictateur dès le premier jour. On ne va pas permettre ça. Il faudra me passer sur le corps. » Pour Carnevale, on a trop parlé de la violence de la droite, « si tant est qu'il y en ait eue », et négligé celle de la gauche, lors des émeutes qui ont suivi l'assassinat de George Floyd. Parmi les délégués de Californie, je retrouve Blake Marnell, « Brick Suit Man ». Le 13 juillet, il était à Butler. « Cet homme est un combattant. On a vraiment de la chance qu'il se batte pour notre pays », dit-il. Pour les républicains, Trump était déjà un héros, un martyr. Ils se rassemblent comme jamais autour du chef : « Nous avons un parti très, très uni », dit Kaufman. Selon un sondage NBC News, 71 % des républicains sont satisfaits de leur candidat, contre… 33 % des démocrates. « Que Dieu les bénisse, ils sont en ruines et je dois admettre que ça me fait plutôt plaisir, sourit Kaufman. Ils n'arrivent même pas à décider qui est leur candidat, et leur convention est dans un mois. Ils me font un petit peu de peine. » Carnevale ne boude pas son plaisir : « Ces deux dernières semaines, on a sorti le pop-corn et on les a regardés imploser. »

Teflon Don bénéficie d'un alignement de planètes à peine croyable. Le 15 juillet, Aileen Cannon, juge de son procès dans l'affaire des documents classifiés, en Floride, l'annule, arguant que la nomination du conseiller spécial, Jack Smith, est illégale. Cela s'ajoute à sa bonne fortune pour son procès de Géorgie et au délai de la proclamation de sa peine, en septembre. Ceux qui pensaient que la justice arrêterait Trump prennent conscience qu'ils ne peuvent compter que sur l'élection.

Et les républicains semblent sûrs de gagner. En juin, les prix ont baissé pour la première fois depuis le Covid. Le taux de chômage est le plus bas depuis cinquante-trois ans, sous les 4 %, et 15,7 millions d'emplois ont été créés sous Biden. Le gouvernement a investi des milliards pour créer des routes, des ponts, des accès internet, à l'eau potable. Mais tout cela, Biden n'a pas pu l'articuler lors du débat face à Trump. Qui n'a aucune raison de se modérer. Sur Truth Social, dans un message d'appel à l'unité, il parle tout de même du « coup monté » du 6 janvier et demande que tous les chefs d'accusation des « chasses aux sorcières » contre lui soient abandonnées.

J.D. Vance à la conquête de l'électorat ouvrier et du Midwest

Il annonce aussi qu'il prend J.D. Vance, 39 ans, comme vice-président. Diplômé de l'école de droit de Yale, ancien investisseur en capital-risque, il est sénateur de l'Ohio depuis un an. C'est aussi l'auteur du best-seller *Hillbilly Elegy*, dans lequel il raconte son enfance dans une famille blanche de cols bleus en plein déclin, avec une mère addict et violente, dans les Appalaches. Après avoir accepté sa nomination par acclamation, Vance accueille sa famille sur scène. Et l'on voit, en chair et en os, ceux qu'il a décrit dans son « élégie aux ploucs ». Plus tôt, les réseaux sociaux se sont excités, après l'intervention de Matt Gaetz, sur son utilisation du Botox. Après le défilé des créatures du monde de

Trump, le contraste est saisissant. Vance livre une prestation terne (« étonnamment ennuyeuse », selon les habitués à ses blagues dans les couloirs du Capitole), qui ne peut que rassurer Trump : il ne l'éclipsera pas. Il encense Trump, saluant « le père bien-aimé et le grand-père et, bien sûr, un homme d'affaires comme on en trouve un par génération, et l'homme redouté par les adversaires de l'Amérique ». Les délégués de l'Ohio sont extatiques. « Il a tenu toutes ses promesses de campagne, il se bat pour nous, il se bat pour Trump », dit Linda Caudill, de Cincinnati.

Usha Vance, sa femme, a donné le ton de son intervention : « Un homme de la classe ouvrière qui a surmonté des traumatismes d'enfance que j'arrive à peine à concevoir et qui atterrit à Yale. » Le cœur du discours de son mari est son histoire : « Jamais, dans mes rêves les plus fous, je n'aurais pensé que je me tiendrais ici ce soir. J'ai grandi à Middletown, Ohio, dans une petite ville où les gens disaient ce qu'ils pensaient, travaillaient de leurs mains, aimaient Dieu, leur communauté et leur pays de tout leur cœur. » Son livre est aussi un hommage à celle qui l'a sauvé, sa grand-mère, « Mamaw », « le nom qu'on donne, nous, les ploucs, à nos grand-mères ». Le parti traditionnel des élites et des chefs d'entreprise accros aux exemptions fiscales scande : « Mamaw ! », une scène à peine croyable. « Mais c'était aussi un endroit rejeté et oublié par la classe dirigeante de l'Amérique à Washington », poursuit Vance. L'Ohio n'a pas oublié East Palestine. Plus tôt, Trent Conaway, son maire, a pris la parole : « Il y a eu une grande différence entre l'ancien président Trump et le président

Biden. Pendant très longtemps, la Maison-Blanche n'a rien dit, et on n'a jamais entendu la vice-présidente. Je suppose qu'on n'était pas leur genre. Les élites de Hollywood, les millionnaires de Wall Street… à East Palestine, on était juste des Américains de la classe ouvrière. » Vance a lancé un projet de loi bipartite pour renforcer la sécurité des chemins de fer. Janet Weir Creighton, déléguée de l'Ohio, collier de marrons autour du cou (le marronnier est le symbole de l'État), accuse : « C'était malheureux que le président des États-Unis ne fasse rien. Il ne s'est pas intéressé à eux avant le premier anniversaire [de la catastrophe], quand il savait qu'il allait se représenter. C'est parce que c'était un comté républicain et qu'il ne voulait pas les aider. J'ai travaillé pour George W. Bush, mon boulot était de l'amener dans les zones sinistrées. C'est ce qu'ils sont censés faire. Honte à Joe Biden d'avoir négligé une petite ville de l'Ohio dans une situation tragique. » Vance poursuit : « Quand j'étais en CM1, un politicien de carrière du nom de Joe Biden a soutenu l'Alena, mauvaise alliance commerciale qui a envoyé d'innombrables bons boulots au Mexique. Quand j'étais en première, ce même politicien de carrière du nom de Joe Biden a offert à la Chine un autre accord d'échange favorable et a détruit encore plus de bons boulots ouvriers de la classe moyenne américaine. » Les relocalisations d'usines au Mexique et la disparition d'emplois ouvriers, accompagnée d'une augmentation des métiers de service sur les côtes, ont laissé des poches désertes au cœur des États-Unis. C'est de ces régions que parle Vance.

Il a été accusé, à la sortie du livre, de généraliser à partir d'une frange de la population et de présenter les pauvres comme coupables de leur sort, dû à leurs mauvais choix et leur paresse. Il les dépeint désormais comme les victimes des politiques démocrates. Il joue sur l'émotion : « Notre mouvement, c'est celui des mères célibataires comme la mienne, qui ont eu du mal à joindre les deux bouts et se sont battues contre l'addiction mais n'ont jamais abandonné. » Il fait un signe à sa mère qui porte ses mains à ses lèvres puis les tend vers lui. « Et je suis fier de dire que ce soir, ma mère est là, après 10 ans d'abstinence et de sobriété. Je t'aime, maman. » La foule se lève, scande : « La maman de J.D. ! » Plus tôt, j'ai croisé Roger Stone, conseiller de Trump : « On n'est plus le parti de Wall Street, on n'est plus le parti du big business, on n'est plus le parti du Country club, de l'élite. On est le parti de la classe ouvrière américaine. On est parti de l'Amérique d'abord. On est le parti de la classe moyenne. C'est un tournant dans la politique américaine. » D'après une étude NBC News, la part des ouvriers chez les républicains a progressé de 12 % en 10 ans. Stone pense que Vance attirera « les cols-bleus catholiques du Midwest ».

Vance cite « le travailleur de l'automobile du Michigan, qui se demande pourquoi des politiciens déconnectés détruisent leur emplois, l'ouvrier du Wisconsin qui travaille de ses mains et est fier du savoir-faire américain, le travailleur dans l'énergie en Pennsylvanie et dans l'Ohio, qui ne comprend pas pourquoi Joe Biden veut acheter du pétrole et du gaz à des dictateurs quand il pourrait en acheter à ses citoyens ». Ces États, arrachés par Trump en 2016, sont cruciaux pour 2024. Terrence Wall, délégué du Wisconsin, approuve : « Le Midwest a été décimé par l'Alena et la Chine. Les démocrates ont oublié ces Américains et les républicains les récupèrent. Vance est de l'Ohio, il pourrait faire basculer le Michigan, le Wisconsin. C'est énorme, qu'il soit du Midwest, on n'a pas eu de candidat du Midwest depuis des décennies. » Toute la RNC tourne autour du déclassement. Des Américains racontent leurs histoires de simples citoyens affectés par l'économie « du deux fois pire qu'avant » de Biden.

En 2016, Vance disait détester Trump. « J'hésite sans cesse entre penser que Trump est un connard cynique comme Nixon, ce qui ne serait pas si mal (et pourrait même être utile), et qu'il est l'Hitler de l'Amérique », a-t-il écrit à un associé. En 2022, quand il s'est présenté au Sénat, il a opéré un virage total, pour devenir le plus féroce défenseur de l'agenda trumpiste. Il dit que les victimes de viol et d'inceste devraient être forcées de porter les grossesses à terme. Il désapprouve l'aide à l'Ukraine et soutient la thèse de l'élection volée à Trump. Le 13 juillet, après la tentative d'assassinat, il a tweeté : « Aujourd'hui n'était pas un événement isolé. Le postulat central de la campagne de Biden est que le président Donald Trump est un fasciste autoritaire qui doit être stoppé à tout prix. Cette rhétorique a mené directement à la tentative d'assassinat de Donald Trump. » Mike Dewine, le gouverneur de l'Ohio qui se réjouit déjà de l'accès qu'il aura à la Maison-Blanche, plaide aussi pour l'unité. Et le tweet de Vance ? « Je ne sais pas comment cet homme a pu commettre cet acte affreux, le FBI enquête, c'est leur boulot… Ils sont bons pour ça… Ils nous diront ce qu'ils trouveront, ou pas… » Mais le tweet sur Biden ? « Je ne… Je ne dirais pas ce qu'il a dit. »

Dans les couloirs, je croise Vivek Ramaswamy, candidat malheureux à la primaire présidentielle et camarade de Yale de Vance. Il insiste sur l'importance de revenir sur ce qui rassemble les Américains, « une nation devant Dieu ». Les républicains, eux, vont-ils arrêter de traiter les démocrates de « marxistes globalistes impies » ? « Il y a bien une idéologie qui est notre ennemie, ce n'est pas la même chose que de désigner un être humain. Je ne modérerai pas mon langage vis-à-vis de cette idéologie. » Pourquoi le ferait-il ? Les républicains sont certains qu'ils voguent vers la victoire.

Trump fidèle à lui-même

Le quatrième soir, les lettres TRUMP s'affichent au néon, au fond de la scène, devant une photo de la Maison-Blanche. Un pupitre sort du sol, Trump s'avance. C'est la première fois, depuis la tentative d'assassinat, qu'il parle à ses partisans. « Mes amis, délégués, concitoyens, je me tiens devant vous ce soir avec un message de confiance, de force et d'espoir. La discorde et la division qui détruisent notre société doivent être guéries le plus vite possible. » La première demi-heure fait presque illusion. Il assure qu'il se présente « pour toute l'Amérique, pas la moitié », puis entame le récit de l'attaque, « et vous ne l'entendrez pas de ma bouche une deuxième fois, parce que c'est trop pénible à raconter ». Il n'ajoute rien que les chaînes de télévision n'aient pas raconté, à part la touche personnelle sur « le soleil mourant » et le fait que « d'après d'intéressantes statistiques, les oreilles saignent plus que tout autre organe, pour une raison quelconque, les médecins m'ont dit ça ». Il ne peut s'empêcher de se vanter que le public n'ait pas couru : « Ils ont pensé que j'étais en danger… cette magnifique foule ne voulait pas me laisser, on pouvait voir cet amour… »

La suite, qui dure plus d'une heure, dissipe tout espoir qu'il ait changé. Lors de sorties de route qui doivent donner des sueurs froides à l'employé chargé du prompteur, il retombe dans ses outrances habituelles. L'élection volée, *crazy Nancy Pelosi* (« folle »), la « plus grande déportation dans l'histoire du pays » de sans-papiers qu'il va organiser, les démocrates qui « instrumentalisent la justice et traitent leur adversaire politique d'ennemi de la démocratie ». Il ne devait pas prononcer le nom de Biden, il ne peut s'en empêcher : « Si vous preniez les dix présidents les pires de l'histoire des États-Unis… ensemble, ils n'ont pas fait les dégâts que Joe Biden a faits. » Trump a beau chasser le naturel, il revient au galop. Il dit tout ce qui lui passe par la tête y compris les bizarreries (« Vous avez vu *Le Silence des agneaux* ? Le super regretté Hannibal Lecter. Il adorerait vous avoir à dîner ») qui font dire aux démocrates que douter de la santé mentale du seul Biden est injuste. En 1 h 42, Trump réussit un exploit : rendre ce premier discours d'un candidat à la présidentielle, après une tentative d'assassinat, remarquablement ennuyeux.

Un culte de la personnalité affirmé

Cela n'a aucune importance. En quatre jours, les faux pansements fleurissent sur l'oreille droite des délégués. Les allusions à la force physique, contraste évident avec Joe Biden, ne font pas dans la subtilité. Avant Trump, le catcheur Hulk Hogan déchire sa chemise sur scène pour révéler un tee-shirt « Trump-Vance » et Dana White, président d'un championnat d'arts martiaux, déclare : « Je suis dans le business des costauds et cet homme est l'être humain le plus coriace et le plus résistant que j'aie jamais rencontré de ma vie. » Les comparaisons religieuses sont omniprésentes. Franklin Graham, pasteur évangélique millionnaire, remercie Dieu d'avoir « sauvé la vie du président Donald J. Trump ». Trump lui-même confie : « Il y avait du sang partout. Et pourtant, d'une certaine façon, je me sentais en sécurité car j'avais Dieu avec moi… » Puis : « Je ne devrais pas être ici [la foule : « Si ! »]. Je me tiens devant vous dans ce stade uniquement par la grâce du Dieu tout-puissant. Tout ce qui est arrivé cette semaine, en voyant les rapports ces derniers jours, beaucoup disent que c'est un moment providentiel. » S'il fallait une preuve que Trump a transformé le parti, la voilà.

« Je n'ai jamais vu une convention aussi unifiée, déclare Paul Dame, délégué et chef du parti républicain du Vermont. En 2016, vous aviez Ted Cruz [sénateur du Texas] ici, qui n'avait pas adoubé Trump. En 2012, vous aviez les partisans de Ron Paul [libertarien], qui ont causé toutes sortes de problèmes. Il y avait des gens qui n'étaient pas d'accord en arrivant. Le but de la convention est de les réunir et de parvenir à un accord. Ici, on est parti d'une base où 97 % des gens sont d'accord. Ils aiment Donald Trump. Ceux qui étaient en désaccord et ont voté pour Nikki Haley ou Ron DeSantis ne sont pas là. » Les adversaires ont plié. Nikki Haley, ex-ambassadrice de Trump à l'ONU, qui, lors des primaires, avait juré qu'elle ne « ressentait pas le besoin de faire allégeance » à un Donald Trump « dérangé » (Trump l'avait traitée de « cervelle de moineau »), déclare : « Je soutiens totalement Donald Trump, point final. » Même chose pour Ron DeSantis, gouverneur de Floride, autre candidat malheureux, qui répétait que Trump n'avait pas tenu ses promesses. Trump l'avait surnommé Ron DeSanctimonious et avait dit qu'il avait besoin d'une « greffe de personnalité ». Il lance : « Renvoyons Donald Trump à la Maison-Blanche ! »

Après le discours, une pluie de ballons bleus, rouges et dorés tombe du plafond et la foule joue avec, sous le regard du clan Trump, sur la scène. « J'ai trouvé que c'était un discours unifiant, pas aussi agressif que les habituels discours de Trump. Il a même dit qu'il fallait arrêter de dire du mal des autres. Il a changé », assure Brian Hobbs, délégué de l'Oklahoma, qui porte un pansement orné du drapeau américain sur l'oreille. Les médias qui avaient cessé de montrer Trump ont couvert la RNC et insistent sur le culte de la personnalité. Le reste du pays le redécouvre. Et les démocrates voient se profiler la victoire d'un adversaire pourtant faible tant il est clivant – s'ils lui opposaient un candidat solide. Les sondages montrent un décrochage de plus en plus net de Biden. Le lendemain, une dizaine de représentants et sénateurs lui demande de se retirer de la présidentielle. Son équipe répond qu'il reprendra la campagne la semaine prochaine.

Biden se retire

Le 20 juillet, une pluie d'été arrose 200 militants progressistes, devant la Maison-Blanche. Ils crient : « Passe le flambeau ! » et : « Merci Joe, il est temps de partir ! » La colère s'est installée envers ce vieux président pour lequel ils ont voté sans enthousiasme en 2020. Dan Palino, 30 ans, a recopié sur une affiche la promesse de Biden d'être un « pont », faite à Detroit. « Il avait promis de passer le relais à la génération suivante, accuse-t-il. Tout le monde était un peu inquiet, mais on se disait qu'il savait ce qu'il faisait. Et on a vu le débat, et les semaines suivantes. Et il ose dire que c'est un coup des élites, des donateurs ! Et il ne croit pas les sondages ! Et il dit que lui seul peut battre Trump ! C'est tellement égoïste, tellement mal ! » Comme d'autres, il a perdu confiance en les démocrates, il a le sentiment qu'on lui a menti. La situation est intenable. Le 21 juillet, Biden se retire et adoube sa vice-présidente, Kamala Harris, ancienne procureure de San Francisco, procureure générale de Californie, puis sénatrice.

Le lendemain, au Capitole, l'ambiance a changé. Tous les élus qui juraient, avec un sourire crispé, qu'ils étaient « avec Joe » ont du mal à cacher leur euphorie. Dan Kildee, représentant du Michigan, s'arrête sous les lustres de la salle Rayburn, avant une réunion des démocrates. « Kamala Harris est venue à Flint quand elle était procureure générale de Californie. Au Sénat, l'une des premières choses qu'elle a faites, c'était de travailler avec moi sur l'accès à l'eau potable. Donc je n'ai pas vraiment à la vendre aux électeurs. Mais l'enthousiasme, ça, c'était imprévisible. Des centaines de bénévoles se présentent à nos bureaux dans le Michigan. J'adore Joe Biden, mais nous avions du mal à motiver notre base, c'est un fait. Ce problème est réglé. » Debbie Dingell, du Michigan aussi, utilise la même précaution oratoire : « J'aime Joe Biden, mais je pense que Kamala Harris sera une bonne candidate. Elle attire aussi la communauté noire. » Elle résume les enjeux de son État : « La gouverneure, moi-même et d'autres femmes, on va se retrousser les manches pour que les gens voient la différence entre les deux candidats. Le Michigan a eu l'un des taux de participation les plus élevés en 2022 à cause des droits des femmes, et il n'y pas d'argument plus fort que de rappeler que Donald Trump se vante d'avoir fait annuler *Roe v. Wade*. Il veut aussi éliminer le Département de l'Éducation. » Les syndicats de professeurs vont en entendre parler. « Maintenant, il y a une procureure qui s'est battue pour les citoyens contre des criminels, contre un type avec un casier judiciaire », conclut Dan Kildee. Trump pensait s'être débarrassé de la justice, elle revient sous les traits de Kamala Harris. Il tempête sur Truth Social : « On se souviendra de Joe Biden comme du pire président de l'histoire des États-Unis. Kamala, notre horrible et incompétente tsar des frontières, sera pire ! » Rien n'est joué mais tout a changé. Trump a peur.

18

Harris qui rit, Trump qui pleure

Detroit, Michigan.

L'avion blanc et bleu se pose, opère un demi-tour et se range devant le hangar. C'est l'Air Force Two, celui de la vice-présidence. Quinze mille personnes attendent, parfois depuis plus de cinq heures, certains dans la touffeur brassée par les ventilateurs énormes du plafond, d'autres sur le tarmac, assommés par le soleil de Detroit début août. Kamala Harris vient d'atterrir et la foule exulte, sur la chanson de Beyoncé : « *Who Runs the World? Girls!* » (« Qui dirige le monde ? Les filles »). Dans la queue, William Daniels, 74 ans, s'appuie sur le bras de sa femme Linda, 71 ans. Ils sont noirs. « On est en extase, me dit-il. Joe Biden avait toujours sa tête et son sens moral. Mais maintenant on a la jeunesse et la vigueur. » Trois quadragénaires les suivent. « Cette vague d'enthousiasme ne déferle que depuis que Kamala a annoncé sa candidature. Biden a tant fait, elle est prête à prendre le relais », décrit Erin House. « On sait ce qui est en jeu, enchaîne Christina Gath. Les droits des femmes, en particulier. Je suis prof et si Kamala devient présidente, mes étudiantes peuvent réussir tout ce qu'elles veulent. C'est tellement motivant ! » C'est le premier meeting politique de leur vie. C'est l'effet Kamala.

Kamala « sur le piquet de grève »

Il y a moins d'un mois, pour le meeting de Biden, je me suis garée deux heures avant, sur le parking vide d'une école, et j'ai guetté une poignée de manifestants à interviewer pour m'occuper. Selon son équipe, il avait attiré 2 000 personnes. Cette fois, il y a tant de monde que les participants se garent sur un parking de l'aéroport, avant de monter dans des navettes qui les emmènent vers le hangar du meeting. Les médias s'entassent dans des bus scolaires jaunes. L'ambiance est électrique et le chœur des jeunes de Detroit chauffe la foule. Vida Bonacci aussi était au meeting du 12 juillet. « C'est incomparable, constate-t-elle. Kamala est plus jeune, elle représente deux races, les gens voient que c'est l'exact opposé du Project 2025. » Après l'annulation de *Roe v. Wade*, une loi de 1931 qui interdisait l'avortement, sans exception en cas de viol ou d'inceste, s'est appliquée. Aux élections de mi-mandat, le Michigan a aussi voté pour l'inscription, poussée par la gouverneure Gretchen Whitmer (qui, en 2013, a révélé avoir été violée), du droit à l'IVG dans la Constitution. Le thème mobilise ici et alors que Joe Biden, d'origine irlandaise, catholique fervent, a reconnu ne pas être « fan de l'avortement », Kamala Harris porte le thème ouvertement. « Je suis maman, déclare Natasha, assistante sociale médicale. Je suis très inquiète pour les droits reproductifs. J'ai une cousine dont la fille a dû se faire avorter dans l'Illinois. Le cerveau du bébé s'était détaché de sa colonne vertébrale et le Michigan n'a pas autorisé l'IVG. Je ne veux pas que mes filles perdent ces droits que j'ai eus. Et j'ai peur que ce soit le cas sous Trump. » L'absence de Gretchen Whitmer au meeting de Biden était notable. Pour Harris, elle est là, ovationnée. La campagne a remplacé le thème de la sauvegarde de la démocratie par celui de la liberté et Whitmer insiste sur celles que Harris protégera. « La liberté de respirer de l'air pur et de boire de l'eau propre ! ["*Hell yeah!*" crie la foule.] La liberté d'être préservé de la violence des armes à l'école, là où vous priez ou dans votre communauté ! ["*Hell yeah!*"] Et la liberté de prendre vos propres foutues décisions pour votre propre corps ! »

Nous sommes dans le Midwest, où se joue la bataille pour les cols bleus. Le meeting est organisé dans une ville dont les usines sont le poumon économique, avec l'Union des travailleurs automobiles (UAW). Shaw Fain, son chef, est un héros local. Il est en conflit ouvert avec Trump depuis des mois. « Je suis putain de furax ! » lance-t-il, et la foule rugit. « Donald Trump est un briseur de grèves, qui connaît que dalle à l'industrie automobile ! » Il résume : « Cette élection est très simple. D'un côté vous avez un milliardaire qui se sert, lui, et ses potes milliardaires. Il ment, il triche, c'est comme ça qu'il a réussi. C'est le toutou des milliardaires. Et de l'autre, on a une femme forte, intelligente et je vais le dire, une teigneuse… qui est venue sur le piquet de grève ! » Il rappelle son combat pour faire payer les banques, après la crise de 2008, et la présente comme « la championne de la classe ouvrière ». Il souligne que Donald Trump, opposé aux véhicules électriques, a fini par soutenir cette industrie en disant qu'il n'avait « pas le choix » parce qu'Elon Musk, fondateur de Tesla, le soutenait. « Nous sommes la majorité de la société ! Nous avons les voix ! Et quand nous nous dressons, unis, nous faisons peur à la classe des milliardaires ! »

Dawnya Ferdinandsen, cheveux blonds ras, tee-shirt rouge de l'UAW, est machiniste chez General Motors où elle découpe le métal pour fabriquer les transmissions des boîtiers de vitesses : « Pendant notre grève, en 2019, le président Trump n'est pas venu nous voir, il ne s'est pas mis de notre côté. Il a dit aux entreprises de fermer et de s'installer dans un autre État où la main-d'œuvre est meilleur marché pour qu'on les supplie de revenir et de nous verser des salaires de misère. Vance n'est pas avec la classe ouvrière. Vance ne pense qu'à lui-même. Je l'ai vu changer de camp, il a dit du mal de Trump il n'y a pas si longtemps. Et maintenant c'est son vice-président ! On ne peut pas faire confiance à Vance, il n'a pas de substance. Tim Walz est solide. On sait pour quelle cause il se bat, c'est un homme bien, il se bat pour le peuple. Les républicains sont pour 1 % de la population, les millionnaires et les milliardaires, qui ne vont pas soutenir quelqu'un qui va les forcer à payer de meilleurs salaires. Trump est pour le big business. Il n'en a rien à faire, de l'homme du peuple. Trump ne saura jamais ce que c'est, d'avoir à choisir de payer la facture d'électricité ou la facture de gaz, la facture de téléphone ou des médicaments. Kamala, elle, n'était pas riche. »

Tim Walz et les « bizarres » républicains

Tim Walz fait une entrée acclamée sur du Bruce Springsteen, le géant du rock du New Jersey qui a décrit la classe ouvrière sous Ronald Reagan. Kamala Harris a choisi comme colistier le gouverneur du Minnesota, né dans une petite ville du Nebraska, ancien coach de football, instituteur, militaire pendant vingt-quatre ans et sénateur. C'est lui, sa carte maîtresse pour séduire les ouvriers et les ruraux du Midwest. Il a eu un coup de génie, celui de définir les candidats républicains, non pas comme effrayants et antidémocratiques, mais comme « bizarres ». Le public adore. « C'est très clair : oui, ils sont flippants et hyper bizarres. Leur comportement n'est pas normal. Personne ne veut de ces trucs dingues ! » lance-t-il sur scène. Le Minnesota est le premier État à avoir signé, en janvier 2023, une loi protégeant le droit à l'avortement après Dobbs. Elle interdit aussi d'arrêter les médecins qui le pratiquent sur des femmes venues d'États où il est interdit, et les patientes elles-mêmes. Il a aussi signé un décret protégeant l'accès aux traitements de genre. « Dans le Minnesota, on respecte les choix de nos voisins. On peut ne pas être d'accord, mais notre règle, c'est : occupez-vous de vos oignons ! Vous n'aimez pas un livre ? Ne le lisez pas ! » Il enchaîne sur une anecdote personnelle : « Ma femme et moi sommes passés par des années de traitement de fertilité. Chaque fois que le téléphone sonnait, je retenais mon souffle, j'étais nerveux et désespéré quand on nous disait que le traitement avait échoué. Mais quand notre fille est enfin née, on n'a pas hésité, on l'a appelée Hope ["Espoir"] ! » Les républicains ont commencé à s'attaquer à la fécondation *in vitro*. S'ils reprennent le pouvoir, « ils interdiront l'avortement dans tout le pays, il n'y a aucun doute », dit Walz. Il ironise sur Vance : « Il a le même programme dangereux et rétrograde que Trump. L'habitant moyen de l'Amérique profonde est allé à Yale, bien sûr, a eu une carrière financée par des milliardaires de la Silicon Valley puis a écrit un livre qui crache sur la communauté qui l'a élevé… » (« Bouh ! » hurle la foule). Le décor est planté. Kamala Harris est la candidate de la liberté, des femmes et de la classe moyenne.

Aux origines californiennes de Kamala Harris

Ce n'était pas gagné. Se définir a toujours été son problème. En mai 2021, je suis allée sur ses traces, à San Francisco. Née à Oakland le 20 octobre 1964, Kamala Harris a grandi au premier étage d'une maison jaune avec sa sœur et sa mère Shyamala Gopalan, Indienne brahmane et cancérologue à l'université Berkeley, divorcée de Donald Harris, économiste marxiste jamaïcain. Gopalan louait à Regina Shelton, qui tenait un jardin d'enfants au rez-de-chaussée. « Mme Shelton » était la maman noire de Kamala et Maya quand leur mère travaillait. Le couple s'était formé dans la lutte pour les droits civiques et emmenait Kamala manifester, en poussette. Dans la Californie de 1960, Berkeley était une poche militante de gauche. Cela a fourni à Harris une attaque calculée, lors du débat des primaires démocrates de la présidentielle, le 27 juin 2019, contre Biden : « Il y avait une petite fille, en Californie, qui appartenait à la deuxième génération des écoles publiques intégrées, amenée en bus chaque jour. Et cette petite fille, c'était moi. » Quand il était sénateur du Delaware, Biden s'était opposé au *busing*, qui devait forcer la déségrégation : des enfants noirs étaient amenés en bus dans les écoles des quartiers blancs et les enfants blancs, dans les écoles des Noirs. Des tee-shirts où la réplique était imprimée se sont arrachés pendant 48 heures et cette sortie lui a valu un pic dans les sondages – et la rancune tenace de Jill, l'épouse de Joe Biden –, avant une chute abyssale.

Après une scolarité à Montréal, Kamala Harris choisit l'université Howard, à Washington D.C., le « Harvard noir ». De grands noms, l'avocat Thurgood Marshall, premier juge noir à la Cour suprême, l'écrivaine Toni Morrison, la cantatrice Jessye Norman, s'y sont formés. Du temps de Harris, les étudiants se mobilisent pour boycotter l'Afrique du Sud, contre la drogue qui vise les Noirs, pour la campagne présidentielle du pasteur Jesse Jackson. Harris entre dans une sororité (association d'étudiantes), Alpha Kappa Alpha (AKA), réseau clé de femmes noires en politique. Diplômée en 1986, elle rejoint la Californie et intègre l'école de droit de Hastings, où elle n'a pas marqué les esprits.

Elle devient ensuite procureure et non avocate, pour « changer le système de l'intérieur ». C'est aussi la voie la plus directe vers la politique. Kamala Harris entre au bureau du procureur du comté d'Alameda, réussit le concours du barreau la deuxième fois. Elle se lance en politique et, à 29 ans, entame une liaison avec le futur premier maire noir de San Francisco, Willie Brown, 61 ans, séparé mais pas divorcé. C'est un tel monstre de la politique californienne qu'on parle de la « machine Brown ». Président de la Chambre des représentants pendant quinze ans, il a lancé les carrières de politiciens majeurs (dont Gavin Newsom, l'actuel gouverneur). Il place Kamala Harris dans deux commissions et l'introduit dans l'élite démocrate. Leur histoire, de notoriété publique, s'arrête peu après la victoire de Brown.

Qui est Kamala Harris ?

En 2003, elle se présente au poste de procureure générale de San Francisco. Infatigable, elle distribue des tracts sur les trottoirs dès l'aube. Elle charme dans les galas, écoute aussi les femmes noires qui réclament des enquêtes sur la mort de leurs fils. Elle gagne, est réélue. À l'époque, le public exige la sécurité. Les années 1990 ont consacré la théorie de la « vitre cassée », selon laquelle la dégradation de l'espace public favorise la criminalité, à combattre par la tolérance zéro. C'est la politique qu'a appliquée Rudy Giuliani, entre 1994 et 2001, pour sécuriser New York. Harris s'inscrit dans cette ligne. En trois ans, le taux de condamnation bondit de 52 % à 67 %. Elle boucle les consommateurs de cannabis, crée un délit pour les parents dont les enfants sèchent l'école. En revanche, elle tient une promesse de campagne, l'opposition à la peine de mort. Quand un policier est tué, en 2004, elle refuse de la requérir contre son meurtrier. La police se retourne contre elle, on ne l'y reprendra plus. Parmi ses scandales de « première flic », elle couvre une technicienne de laboratoire qui a falsifié ses analyses et 600 affaires sont classées. Surtout, elle s'oppose à la réouverture de cas entachés de bavures. Sur les collines d'Oakland, je suis allée voir Caramad Conley, qui doit son immense maison aux 3,5 millions de dollars que la ville lui a versés, après dix-sept ans en prison pour un double meurtre qu'il n'a pas commis. En 2003, un cabinet d'avocats lui a appris que le chef de la police qui l'avait fait accuser avait caché des cartons de preuves innocentant des condamnés. Dans son cas, les témoins avaient été payés. En 2009, quand l'Habeas Corpus a atterri sur le bureau de Kamala Harris, elle s'y est opposée. C'était l'un de ses derniers actes avant de devenir procureure générale de Californie.

En 2012, elle demande à Amos Brown, de la troisième église baptiste de San Francisco, légende des droits civiques, ancien élève et compagnon de cellule de Martin Luther King, d'être son pasteur. Un élément de plus pour cimenter son appartenance à la communauté noire de San Francisco. Harris est redoutablement efficace. Négociatrice acharnée, elle obtient, en 2012, pour la Californie ravagée par la crise des *subprimes*, 20 millions de dollars des banques, qui en offraient entre 2 et 4. Puis passe une loi qui régule l'attribution de prêts immobiliers. Mais elle n'a pas poursuivi les cas de corruption, ni de violence policière. Et son combat moral est illisible. En 2014, un juge rend un verdict qui crée un précédent et élimine la peine de mort dans l'État. Harris fait appel pour la maintenir. Il faut dire que les Californiens ont voté, lors d'une initiative populaire en 2012, pour la conserver... En 2016, une nouvelle initiative est rejetée. Harris se tait.

En 2016, elle se présente au Sénat et gagne, encore. Elle s'y illustre par son style d'interrogatrice cinglante. Elle se lance ensuite dans la course à la présidentielle de 2020, qu'elle abandonne en décembre 2019. Si sa campagne est un fiasco, c'est que les électeurs ne comprennent pas à qui ils ont affaire. Quand elle lance : « Cette petite fille, c'était moi », elle se présente comme le fer de lance des droits des Noirs opprimés. Vraiment, elle qui a incarcéré un nombre record de Noirs, qui lui en veulent encore, à San Francisco ? Elle appuie l'assurance-santé universelle, puis se rétracte. Elle lance sa campagne avec un slogan : « La justice est en jeu », puis l'enterre car elle craint qu'on ne la ramène à son passé de procureure. Elle semble ignorer qui elle est. Joe Biden la choisit comme vice-présidente car, au cœur de l'époque Black Lives Matter, de la colère contre les violences policières, elle peut incarner la lutte pour la justice sociale, elle, une femme noire. Et tant pis si cela ne correspond pas à son CV. Elle a aussi tissé une amitié profonde avec Beau Biden, le fils chéri mort d'un cancer au cerveau, à 46 ans, en 2015, au milieu d'une carrière politique prometteuse. Beau était procureur général du Delaware en 2011 et s'est battu avec Kamala Harris contre les banques.

Un bilan de vice-présidence en demi-teinte

Son bilan de vice-présidente a déçu les électeurs, qui ont trouvé qu'elle était invisible et qu'on lui confiait les tâches ingrates – la définition exacte de la feuille de route de la vice-présidence. Biden l'a chargée de la crise migratoire en mars 2021 (mission qu'Obama lui avait confiée quand il était son vice-président) et non seulement elle a tardé à se rendre à la frontière, mais elle a livré une interview désastreuse en juin 2021, sur NBC, alors qu'elle rentrait du Guatemala et du Mexique. Lester Holt, le journaliste, lui a demandé si elle avait l'intention de se rendre à la frontière. « On y est allés, on y est allés », lui a-t-elle répondu. « Vous n'êtes pas allée à la frontière », a-t-il repris. « Et je ne suis pas allée en Europe ! a-t-elle répliqué avec son rire que certains trouvent méprisant. Et, je veux dire… je ne… comprends pas où vous voulez en venir. » Certes, sa mission était de travailler avec les gouvernements d'Amérique centrale. Mais ce n'était pas par générosité pour ces pays, mais parce que les migrants qui en étaient issus s'accumulaient dans les États frontaliers du Mexique. Le bilan à la frontière sera sa plus grande faiblesse. Les démocrates, dans la même réécriture de la réalité que celle dont ils ont fait preuve sur la santé de Biden, ont commencé par répéter qu'elle n'avait « jamais été chargée de la frontière ». Par ailleurs, cette interview a échaudé Kamala Harris qui a disparu des médias et en a voulu à la Maison-Blanche de ne pas la soutenir face aux critiques. Les fuites régulières dans la presse ont révélé les démissions en cascade dans ses équipes, qu'elle est réputée traiter avec dureté.

Mais pendant quatre ans, elle a reçu la meilleure formation possible. Elle a rencontré les chefs d'État du monde entier, qui la décrivent comme chaleureuse, drôle, dure en affaires. Lors de son deuxième séjour à Paris, en novembre 2021, elle est restée cinq jours pour réparer la relation après que les États-Unis ont trahi un accord en achetant des sous-marins à l'Australie. Elle a visité l'institut Pasteur, où sa mère avait travaillé, et dépensé 440 euros en poêles et ustensiles de cuisine chez E. Dehillerin, près des Halles, elle qui adore cuisiner. Kamala Harris a aussi pris à bras-le-corps le thème de l'avortement depuis Dobbs. Elle a des défauts. Quand Donald Trump dit, devant une assemblée de journalistes noirs, qu'elle était indienne avant de « devenir noire », c'est une insulte raciste cinglante, dans un pays profondément multiculturel. Mais il met le doigt sur le manque d'authenticité qui l'a affaiblie en 2020.

C'est pourtant à son tour de bénéficier d'un alignement de planètes à peine croyable. Nul ne saura jamais qui aurait émergé d'une véritable primaire, dont les démocrates ont été privés, face à des adversaires de talent, comme Pete Buttigieg. Mais à 107 jours de l'élection, le rassemblement derrière elle était la meilleure solution, étant donné ses qualifications, sa connaissance des rouages du pouvoir – et la seule raisonnable. Le 5 juillet, avant même la convention démocrate de Chicago, elle a été nommée candidate après un vote en ligne de cinq jours en recevant 4 563 voix délégués sur 4 615 exprimés, 99 % des participants. Après des années d'insécurité dans les grandes villes, son image de procureure est valorisée, elle peut se permettre d'être sincère. Donald Trump a 78 ans et c'est maintenant lui qui a l'air vieux face à ses 59 ans, elle qui peut tenir le rythme de deux États par jour en campagne sans mollir. Kamala Harris est *brat*, tweete la chanteuse Charli XCX, et tant pis si la génération X ne comprend pas : les milléniaux et la génération Z l'adorent, les mèmes sur les réseaux sociaux la montrent en train de danser, les phrases qu'on lui reprochait sont devenues des forces. « Tu crois que t'es tombée d'un cocotier ? » lui a un jour demandé sa mère, phrase qu'elle a répétée lors d'une cérémonie à la Maison-Blanche, en 2023. Cela signifiait que chacun existait dans un contexte et ne « sortait pas de nulle part ». Objet de moqueries, la phrase a été adoptée au point que les stars se disent maintenant « accro à la noix de coco » et que l'émoji de ce fruit a envahi les réseaux sociaux.

« Who runs the world? »

À Detroit, elle monte enfin sur scène, au son de « Freedom », de Beyoncé : « Je brise mes chaînes toute seule, Je ne laisserai pas ma liberté pourrir en enfer, Hey ! Je vais continuer à courir, Parce qu'une gagnante n'abandonne pas ! » Le contraste ne pourrait pas être plus saisissant avec les entrées de Donald Trump, sur « God Bless the USA ». La chanson patriotique sortie en 1984 par Lee Greenwood, chanteur de country blanc, était passée lors de la convention républicaine qui avait consacré Ronald

Reagan, puis lors de la campagne de George W. Bush, avant de devenir un cri de ralliement pendant la guerre du Golfe. Beyoncé, « Queen B », reine mondiale de la pop, célèbre la culture noire et les femmes fortes. La foule scande : « Kamala ! Kamala ! », au point qu'elle finit par couper : « On a du boulot, là ! » Elle se lance : « On va gagner en novembre ! Et on sait contre quoi on se bat… J'ai été élue procureure générale, et avant, procureure. Et j'ai affronté des malfaiteurs de toutes sortes. Des prédateurs qui agressent des femmes, des fraudeurs qui escroquent les consommateurs. Écoute-moi bien, Detroit, quand je dis : les gars comme Donald Trump, je les connais. » Le public explose et tant pis si les brancards circulent, à mesure que certains s'évanouissent à cause de la chaleur. Elle reconnaît que les prix sont « encore trop élevés », autre faiblesse du bilan de Biden, et qu'elle va s'y attaquer. « Nous aimons travailler dur, car nous savons ce que nous défendons, poursuit-elle. Nous défendons le peuple, nous défendons la dignité du travail et nous défendons la liberté. Nous défendons la justice. Nous défendons l'égalité ! »

Aura-t-elle le vote musulman ?

Le Michigan est l'État qui abrite le plus de musulmans du pays. Lors des primaires, 13 % des habitants ont voté « sans engagement » (*uncommitted*) pour punir Biden de son appui à Israël contre le Hamas. Avant d'aller au meeting, je me suis rendue à Dearborn, ville collée à Detroit, à majorité arabe. Je voulais voir si on m'y dirait la même chose que les manifestants de la campagne « Abandon Biden » qui n'ont toujours pas changé de nom malgré son retrait de la présidentielle. Ils ont manifesté devant le Capitole, le jour de la venue de Benjamin Netanyahou, Premier ministre israélien, le 24 juillet. « Le gouvernement Biden-Harris a refusé d'appeler à un cessez-le-feu, elle en fait partie. Si elle ne l'obtient pas immédiatement, je ne vais pas plus voter pour elle que pour Biden », m'a dit une manifestante. « Il faut être en cheville avec les sionistes pour être au pouvoir aux États-Unis », m'a dit Cassandra. Tous envisageaient de s'abstenir ou de voter pour la candidate verte Jill Stein. À Dearborn, les habitants étaient méfiants.

Dans la foule à Detroit, j'ai cherché des représentants de cette communauté et n'ai trouvé qu'un petit groupe de jeunes femmes, arrivées tard, voilées. Elles ont refusé de s'exprimer. Je ne tarde pas à comprendre pourquoi. Alors que Kamala Harris parlent, elles hurlent : « Kamala, Kamala, tu ne peux pas te cacher, on ne votera pas pour le génocide ! » La vice-présidente s'interrompt : « Je suis là parce que je crois en la démocratie, et toutes les voix comptent. » Puis, alors qu'elles continuent : « Si vous voulez que Donald Trump gagne, dites-le. Sinon, je parle. » La foule adore, scande : « On ne retournera pas en arrière ! » Elle jette son regard foudroyant de procureure et la phrase : « Je parle » est aussi cinglante que lorsqu'elle l'avait adressée à Mike Pence, lors du débat vice-présidentiel de 2020. La police finit par emmener les manifestantes.

C'est l'une des difficultés qui vont se présenter à elle. Pour l'instant, les républicains déboussolés font peu d'usage de ses faiblesses. Donald Trump panique. Le 8 juillet, pendant la tournée de Kamala Harris dans le Midwest, il donne une conférence de presse à Mar-a-Lago, où il traite Tim Walz d'homme « de la gauche radicale » et répète que Kamala Harris n'est pas assez intelligente pour débattre avec lui, assure que l'avortement ne jouera pas de rôle dans cette élection. Il affirme aussi, au sujet du 6 janvier : « Si vous regardez Martin Luther King lorsqu'il a prononcé son discours, son grand discours, et que vous regardez le nôtre : mêmes immeubles, même tout, même nombre de personnes, sauf que j'en avais plus. Ils ont dit qu'il avait eu 1 million de personnes, mais moi, j'en avais 25 000. » Environ 250 000 personnes ont assisté au discours historique « I Have a Dream », le 28 août 1963, à Washington. Kamala Harris a levé 310 millions de dollars, plus que Donald Trump. On ignore comment elle rétablirait le droit à l'avortement comme elle le promet et pourquoi, exactement, Joe Biden a passé la main alors que 14 millions de démocrates l'avaient élu lors des primaires. Lui-même, depuis la Maison-Blanche, a dit avoir agi « pour sauver la démocratie ». La Maison-Blanche assure que ce n'était pas à cause d'un problème médical. Donald Trump le regrette amèrement, et fourbit déjà ses arguments en cas d'échec, en affirmant que ce remplacement était un « coup d'État ». En trois semaines, Kamala Harris n'a pas donné une interview, mais dépasse maintenant Trump dans les sondages. Ses faiblesses existent, mais Trump est aux abois. Tout a changé, tout est possible.

Sources et bibliographie

Pour rédiger ce livre, je me suis appuyée sur ma couverture de la politique américaine pour *Le Point* depuis l'automne 2020. Certains chapitres reprennent des reportages que j'ai approfondis et prolongés, parfois en retournant sur place. Les dialogues, interviews, slogans de manifestations et descriptions reposent sur des photos et des enregistrements audio et vidéos que j'ai pris moi-même, sur place. Pour les procès de Washington et New York, où toute captation est interdite, j'ai pris des notes en direct et je me suis référée aux dossiers. Les articles initiaux avaient été relus par le rédacteur en chef du service étranger du *Point*, Luc de Barochez, ou par les membres du service Internet. Qu'ils en soient remerciés.

Les livres traitant de la polarisation politique aux États-Unis sont innombrables, en voici une sélection succincte, notamment ceux auxquels il est fait référence dans le texte. La plupart sont en anglais.

Sur le 6 janvier 2021 et les mouvements extrémistes

Le rapport de la Commission d'enquête, disponible en ligne.

The Storm Is Here: An American Crucible, Luke Mogelson, Penguin Press, 2022.

Unthinkable: Trauma, Truth, and the Trials of American Democracy, Jamie Raskin, Harper, 2022.

Unchecked: The Untold Story Behind Congress's Botched Impeachments of Donald Trump, Rachael Bade et Karoun Demirjian, William Morrow, 2022.

We Are Proud Boys: How a Right-Wing Street Gang Ushered in a New Era of American Extremism, Hachette Books, 2022.

The Room Where It Happened: A White House Memoir, John Bolton, Simon & Schuster, 2020.

Sur la théorie critique de la race et les interdictions de livres

Critical Race theory: The Key Writings That Formed the Movement, Kimberle Crenshaw, Neil Gotanda, Garry Peller, Kendall Thomas, The New Press, 1996.

L'œil le plus bleu, Toni Morrison, 10 X 18, 2008.

Genre queer: Une autobiographie non binaire, Maia Kobabe, Casterman, 2022.

La Servante écarlate, Margaret Atwood, Robert Laffont, 2019 (réédition).

Le Journal d'Anne Frank – Roman graphique, Ari Folman et David Polonsky, Anne Franck, Calmann-Lévy, 2017.

Sur les questions de genre

Le rapport Cass, disponible en ligne

Sam the transformer, KJ Armstrong, Austin Macauley Publishers, 2018.

Sur le sécessionnisme

Texit: Why and How Texas Will Leave the Union, Daniel Miller, Defiance Press & Publishing, 2020.

USA : la prochaine guerre civile, Stephen Marche, Buchet-Chastel, 2023.

American Secession: The Looming Threat of a National Breakup, F.H. Buckley, Encounter Books, 2020.

Sur le nationalisme chrétien

Jesus and John Wayne: How White Evangelicals Corrupted a Faith and Fractured a Nation, Kristin Kobes du Mez, Liveright, 2020.

Defending Democracy from Its Christian Enemies, David P. Gushee, Eerdmans, 2023.

Sur le procès de Donald Trump à New York

Full Disclosure, Stormy Daniels, St. Martin's Press, 2018.

Disloyal: A Memoir: The True Story of the Former Personal Attorney to President Donald J. Trump, Michael Cohen, Skyhorse Publishing, 2020.

Fire and Fury: Inside the Trump White House, Michael Wolff, MacMillan USA, 2018.

Trump: The art of the deal, Donald J. Trump, Tony Schwartz, Random House Publishing Group, 1987.

Sur Donald Trump et J. D. Vance

Confidence Man: The Making of Donald Trump and the Breaking of America, Maggie Haberman, Mudlark, 2022.

Hillbilly Elégie, J. D. Vance, Le Livre de Poche, 2018.

Thank You for Your Servitude: Donald Trump's Washington and the Price of Submission, Mark Leibovich, Penguin

Press, 2022.

Peur-Trump à la Maison Blanche, Bob Woodward, Seuil, 2018.

Cet ouvrage sur l'arrivée au pouvoir de Trump est suivi d'un autre sur son premier mandat (*Rage*), puis, sur la transition avec Joe Biden (*Peril*).

Sur Joe Biden, Kamala Harris et les démocrates

Promets-moi, papa, Joe Biden, L'Archipel, 2021.

Nos vérités – Mon rêve américain, Kamala Harris, Robert Laffont, 2021.

Where Have All the Democrats Gone?: The Soul of the Party in the Age of Extremes, Henry Holt & Company Inc, 2023.

Table des matières

Introduction. Le jour où tout a commencé 7

1. Le jour d'après 23
2. Proud of your boy 39
3. La machine à juger le 6 janvier 55
4. La guerre des utérus 71
5. La guerre des écoles 89
6. La guerre des genres 111
7. Les Proud Boys au banc des accusés 133
8. La bataille pour les cols bleus 153
9. Trump-Biden, le match par défaut 171
10. Le candidat de Dieu 191
11. La guerre de la frontière 209
12. Freedom Corner 227
13. La guerre de Sécession 247

14. Le procès de Donald Trump 261
15. La guerre à Gaza 281
16. Biden doit-il se retirer ? 297
17. Trump qui rit, Biden qui pleure..................... 311
18. Harris qui rit, Trump qui pleure 327

Sources et bibliographie 343